中南大学"双一流"建设文科战略先导专项经费资助

国家自然科学基金项目资助

中南大学

哲学社会科学学术专著文库

企业突破性技术创新管理

游达明　杨晓辉　／　著

中国社会科学出版社

图书在版编目（CIP）数据

企业突破性技术创新管理/游达明，杨晓辉著.—北京：
中国社会科学出版社，2018.5
（中南大学哲学社会科学学术专著文库）
ISBN 978-7-5203-2386-4

Ⅰ.①企…　Ⅱ.①游…②杨…　Ⅲ.①企业管理—
技术革新—研究　Ⅳ.①F273.1

中国版本图书馆 CIP 数据核字（2018）第 076172 号

出 版 人	赵剑英
责任编辑	郭晓鸿
特约编辑	席建海
责任校对	王　龙
责任印制	戴　宽

出　　版	中国社会科学出版社
社　　址	北京鼓楼西大街甲 158 号
邮　　编	100720
网　　址	http://www.csspw.cn
发 行 部	010 - 84083685
门 市 部	010 - 84029450
经　　销	新华书店及其他书店

印　　刷	北京明恒达印务有限公司
装　　订	廊坊市广阳区广增装订厂
版　　次	2018 年 5 月第 1 版
印　　次	2018 年 5 月第 1 次印刷

开　　本	710 × 1000　1/16
印　　张	28
插　　页	2
字　　数	346 千字
定　　价	116.00 元

《中南大学哲学社会科学学术成果文库》和《中南大学哲学社会科学博士论文精品丛书》出版说明

在新世纪，中南大学哲学社会科学坚持"基础为本，应用为先，重视交叉，突出特色"的精优发展理念，涌现了一批又一批优秀学术成果和优秀人才。为进一步促进学校哲学社会科学一流学科的建设，充分发挥哲学社会科学优秀学术成果和优秀人才的示范带动作用，校哲学社会科学繁荣发展领导小组决定自 2017 年开始，设立《中南大学哲学社会科学学术成果文库》和《中南大学哲学社会科学博士论文精品丛书》，每年评审一次。入选成果经个人申报、二级学院推荐、校学术委员会同行专家严格评审，一定程度上体现了当前学校哲学社会科学学者的学术能力和学术水平。"散是满天星，聚是一团火"，统一组织出版的目的在于进一步提升中南大学哲学社会科学的学术影响及学术声誉。

中南大学科学研究部

2017 年 9 月

目　　录

第1章 突破性技术创新概述

1.1 突破性技术创新的意义

自熊彼特提出技术创新理论以来，随着技术创新研究的深入，研究者们根据自身研究的目的和分类标准对技术创新进行了划分，如从创新强度入手，将其分为渐进性技术创新（Incremental Technology Innovation）和突破性技术创新（Breakthrough Technology Innovation）等两种类型（付玉秀、张洪石，2004）。其中，也有研究者将技术创新分为持续性创新（Sustainable Innovation）和根本性创新（Radical Innovation），或者演化性创新（Evolutionary Innovation）和革命性创新（Revolutionary Innovation）（Clark，1982；Darpa & Frank Fernandez，1999）。相对于突破性创新给企业带来的巨大风险与困难，渐进性创新由于对公司的规模和技术能力等各方面要求较低，能充分发挥已有知识基础和技术的潜力，从企业价值链的各方面进行改进，强化公司的核心能力，逐渐产生巨大的累积性经济效益，而被许多公司经营者广泛接受。

然而，随着社会发展，许多大公司虽然在以往的渐进性技术创新项目上获得巨大的成就，并且因此在产业内建立了一定的核心竞争力，但是，面对知识经济的发展和国际一体化进程的加快和新技术的日益涌现，这些企业不仅在市场竞争中表现不尽如人意，甚至还倒闭了，充分表现出企业凭借其以往的创新管理理论和经验难以应对和不知所措（游达明、杨晓辉、程健，2010）。C. M. Christensen（1997）称这个现象为"创新者困境"（The Innovator's Dilemma），并指出这种困境出现的原因是渐进性创新得到了过分重视，而突破性创新被忽略。例如，电子管生产企业正乐此不疲地致力于渐进性创新收获的经济效益时，晶体管的出现给予他们致命打击。又如，个人电脑出现时，当时计算机产业领导者美国数字设备公司（简称"DEC"）主攻迷你电脑研发，而忽视了个人电脑这项新产品技术，然而1981年IBM个人电脑的面世给其沉重的打击，致使其1998年被个人电脑企业康柏（Compaq）并购（付玉秀、张洪石，2004）。类似的例子不胜枚举。虽然，国家和企业要在竞争中不落下风，实现经济快速发展和跨越，必须从渐进性创新走向突破性创新，但是，随着突破性创新活动开展带来的巨大不确定性和风险，如企业组织能力调整的巨额成本和风险，一直困扰着决策者（张洪石、陈劲，2005）。这也构成本书选择突破性创新风险评估与动态演化研究作为研究对象的基本背景。

突破性创新的概念产生可以追溯到熊彼特提出的技术创新理论，但是长期以来，在现实社会中，突破性创新由于其自身的不确定性特征可能导致企业面临巨大风险而不被企业决策者所接受，也导致理论界并没有给予突破性创新充分的重视。然而，进入20世纪末期，社会进入知识经济时代，技术创新周期不断缩短，研究者们在研究企业技术创新时逐渐发现基于渐进性创新的传统创新理论已经不能充分解释为什么许多成熟企业在渐进性技术创新获得成功，而现如今面对新技术和新产品的不断涌现时陷入了无法解决的局面：利润减少，市场地位降低，甚至慢慢破产倒闭或者被并购这一现象（夏恩君、梅洪亮、孙圣兰，2008）。

基于上述原因，学者们将研究视角转向突破性创新，并取得了一系列研究成果。其中，美国哈佛大学 C. M. Christensen 教授对企业技术创新困境的原因和解决的方法进行了系统分析，提出了"创新困境""突破性创新"等一系列具有重要意义的概念（C. M. Christensen，1997）。自此以后，突破性创新作为一个技术创新的重要研究方向不断得到学术界的重视。自20世纪八九十年代开始，国际学术界开始涌现出大量关于企业突破性创新研究的文献，直到今日仍是国际学术界研究的热点课题。

突破性创新是建立在一套不同的科学技术原理之上，通过在产品、工艺或服务领域的变革，改变市场规则和竞争态势，甚至导致整个产业重新洗牌的一类创新。相对于渐进性技术创新而言，突破性创新具有一系列特点，如创新周期长，具有高度不确定性和不可预测性，非线性和不连续性，随机性与偶然性，系统关联性。

突破性创新的自身独特性，决定了国家和企业进行突破性创新既要面对获取经济利益、竞争优势、发展后劲的机会，又要面临经济损失、时间损失、机会损失等风险。显然，突破性创新风险属于投机性风险，它具有普遍存在性和个体差异性。国家和企业从事突破性创新活动，既要有效把握其中的机会，又要合理规避和管理突破性创新中的风险。所以，开展突破性创新风险管理研究既能为企业决策者提供实践依据，又能丰富突破性创新研究的理论意义。

1.2 突破性技术创新的概念与特征

突破性创新（Radical Innovation），这个概念由 Abernathy 和 Utterback 于 1978 年首次提出，自此以后，国内外学者就对突破性创新的概念和内涵进行不断深入的研究。

哈佛大学教授 Christensen(1997) 提出突破性技术创新理论，他认为突破性技术创新是基于突破性技术的创新。他把对现有主流市场产品性能的改善相关的创新称为"渐进性创新"，而将开始于非主流低端市场，对主流企业竞争力起破坏作用的创新称为"破坏性创新"。James 等(2001) 认为突破性技术创新必然包含很难衡量和管理的较高的市场风险和技术风险，这些技术的标志是"破坏性创新"。Greg A. S. & James B. (2003) 认为，突破性技术创新是指企业第一次向市场投放的新产品或新技术，对经济能产生非常重大的影响。F. Hacklin 等(2004) 认为突破性技术创新是能够重新定义以资源为基础的商业模式的创新，突破性技术创新需要将新的资源整合进来，旧的价值链遭到破坏，从而形成新的价值网。Donna Kelley(2009) 等人认为突破性技术创新是包括基于重大技术发展跳跃的产品商品化，产品伴随着全新性能的潜力或者在绩效方面有数量级的提高或者比现有替代品降低成本。Richard Leifer(2000) 等人认为突破性技术创新成果一般具备以下特征：具有全新的性能；性能提高了至少 5 倍；成本降低 30% 甚至更多。

傅家骥等（1998）提出，突破性技术创新是指在技术方面有重大突破的一种创新，在此过程中，许多渐进性的产品和工艺创新也会随之产生，并且会引发产业结构的变。陈劲（2002）研究认为，突破性技术创新是指那些目前并不是以主流客户需求进行改进的创新，或者说是目前还不能契合大部分客户需求的创新，是一种基于突破性技术的创新。张洪石（2004）通过对比渐进性创新，指出突破性技术创新具有以下特征：创新周期长、高度的不可预测性、不确定性、高度的发散性、不连续性等。孙圣兰（2005）认为，要想较为准确地理解突破性技术创新，必须把握以下几个特征：破坏性大，突破性技术创新建立在不同科学技术原理体系之上，对目前市场上存在的主流技术是一种跨越，而不是简单的替代效应；风险性高，突破性技术创新相对于渐进性技术创新而言，具有更大的技术风险。霍海涛等（2007）研究认为，突破性技术创新的特征，主要体现在技术、产品、市场、创新流程、组织结构和竞争战略 6 个方面。

由以上文献可以看出，虽然不同学者对突破性技术创新的概念和特征的阐述有所不同，但是他们基本上都指出突破性技术创新是一种过程充满不确定性、结果具有不可预测性的会对现有技术产生重大影响进而改变现有格局的一种创新。

1.3　突破性技术创新的重要性

Dewar & Dutton（1986）认为，突破性技术创新立足于与以往不同的科学技术原理体系，它常常会颠覆市场格局，带来潜在应用市场和新的市场。Rebecca M. Henderson & Kim B. Clark（1990）指出，渐进性技术创新只能够保证现有产品的竞争力，但当新的突破性技术创新产品出现时，许多成熟的大公司很可能就因此丧失其领先地位。在工业历史上，一种晶体管产品的出现，使得所有的电子管生产企业面临危境；日本石英钟技术的出现，带给瑞士钟表业致命的打击。根据 R. Miller & M. Hobday（1995）的统计表明，美国的技术创新中有78%为首创或技术突破型的。同时，从 Lisa Carter 的市场调查结果来看，北美地区95%的公司高层经理认为企业处于行业的领导者地位，是保持竞争力的保证。而要想成为行业的领导者，企业进行突破性技术创新是必然的选择。Christensen（1997）研究认为，近代科技发展的一系列特点正日益削弱发展中国家和企业的后发竞争优势，迫使这些国家和企业进行突破性技术创新活动。因此，从渐进性技术创新向突破性技术创新的战略转移，是国家和企业实现经济发展与赶超的必然选择。

陈劲（2002）研究认为，在当今科技发展越来越迅速，产品周期越来越短的形势下，我国企业要想积累实力，从而做强做大，在世界上拥有一席之地，突破性技术创新就必须成为我国企业关注的重点。制定合理的战略规划，有效推进突破性技术创新的发展，是企业保持未来长久竞争力的关键。赵明剑等（2003）研究表明，突破性技术创新是实现技术跨越的必然选择。而成功实现技术跨越，并实现经济跨越，可以提高我国企业的技术水平，培育可持续发展的核心竞争力。张洪石等（2005）通过对历史和现实的企业案例研究表明，突破性技术创新是新兴企业战胜成熟企业的利剑。孙圣兰（2006）认为，突破性技术创新的收益性大；从技术发展的历史来看，经济中心的转移（意大利—英国—德国—美国）都是伴随着一国在某一技术领域的成功。同时，她指出突破性技术创新对主导技术不是简单的代替，而是一种跨越，带来的结果往往是一批企业的消亡，另一批新兴企业的诞生。

由以上文献及学者调查结果可以看出，突破性技术创新往往可以颠覆市场，给企业带来新的生机。在全球化的时代里，要想保持竞争力，甚至成为行业的领导者，企业发现突破性技术创新的机会进而研发已是公司日常运行中一个重要的环节。

1.4　相关概念界定

国外学者从不同的研究视角和侧重点，对突破性创新进行了研究，并给出了不同的突破性创新的定义。

在突破性创新早期研究中，许多国外学者称突破性创新为破坏性创新、重大创新、根本性创新、不连续性创新，并且这种提法在中国以往研究中也被普遍接受（陈劲，2002）。其中以熊彼特为最早，他把一种能创造新市场的新需求，同时破坏了基于旧技术存在的市场的一种创新活动，称为"创造性破坏"，也就是我们所说的突破性创新（Joseph Schumpeter，1934）；在美国国家科学基金会（1974）报告《科学指示器》和英国苏塞克斯大学的科学政策研究所（1985）的报告中，都提出技术创新中包括特定的重大技术创新，可引致产业结构的变化。

随着对突破性创新研究的深入，国外许多研究者们从自身研究的目的出发明确了突破性创新的概念和内涵，为该领域进一步研究做出

了极大的贡献。本书拟通过英文单词直译的 3 种意思来细化突破性创新的研究。

1.4.1 破坏性技术创新（Disruptive Innovation）

S. Walsh & J. Linton（2000）指出了破坏性技术创新和不连续创新的区别，他们认为破坏性技术创新的定义侧重于公司的产品技术因素（Bower & Christensen，1995）、全行业产品—工艺技术因素（Abernathy & Clark，1985），基于成本或绩效原则的可替代性技术学习曲线之间的差距（Mckee，1992；Walsh，1996）。不连续创新的定义侧重于消费者行为（Moore，1995）、新奇产品（Carroad，1982）、市场因素（Lambe & Spekman，1997）或者这些因素的结合（Lynn，Morone & Paulson，1996）。

并且，S. Walsh（2004）认为破坏性技术创新的研究存在两种观点。一种观点是倾向于拥有更优越的消费者价值绩效轨迹，而不重视在技术本身上是否完全创新（J. L. Bower & C. M. Christensen，1995）。也就是说，破坏性创新是一种不按照主流客户需求提供的产品或服务的创新，因此具有高度变革性和不连续性的创新。破坏性创新代表一个新的用户需求性能技术轨道，逐渐转变或者取代现有的市场（Christensen，1997，2002；Overdorf，2000），使得主流企业的市场份额减少，甚至破产倒闭（Christensen，1997；Foster & Kaplan，2001）。

另一种观点认为，破坏性技术创新具有根本性技术创新的性质，能使产品、工艺或服务在性能和成本方面获得巨大的改善，或者具有全新的性能特征，甚至创造出一种新产品（Moore，1995；Caroad，1982）。它在产品、工艺和服务领域能产生巨大的变革，能改变现有的产业和市场，或者创造出新的产业和市场（Lambe & Spekman，1997；Lynn，Morone & Paulson，1996）。

1.4.2　根本性技术创新（Radical Innovation）

有研究者认为创新分为渐进性创新、二代创新、根本性创新三种（陈建勋、凌媛媛、王涛，2011）。其中，渐进性创新是在现有技术基础上进行创新，强调成本或已有产品、服务、工艺的提高；二代创新通过在已有创新体系中结合或联合一种新技术做出实质改进，因此比渐进性创新有大得多的影响；根本性创新在技术、工艺、产品和服务方面产生巨大的变化，这些技术、工艺、产品和服务在相当程度上转变现有市场和工业，甚至转变到一个全新的市场或工业（Lawrence Miller，Ruth Miller & JohnDismukesc，2005—2006；Gina Colarelli O'Connor，Ravichandran，T. Robeson & Danial，2008）。

1.4.3　突破性创新（Breakthrough Innovation）

突破性创新比渐进性创新持续的时间长，可能会用到革命性和不稳定性的工艺技术，它面临的市场需求可能尚未察觉，即市场存在高度的不确定性（Day，1993）；它会在产品模式分离和新市场创造方面产生突破性作用（Yvonne M. Bontekoning & Hugo Priemus，2003）；它是复杂的创新，对各个层面以及组织系统都有影响，需要公司改变现有的组织结构和制度措施，以有效抓住其潜力（Christopher Mcdermott & Robert Handfield，2000）。

Benner & Tushman（2003）进一步基于现存技术的进步以及违背现存市场，将突破性研究分为两种类型。第一种是就技术的创新，采用新的先进技术相对于现存市场给消费者的现存产品为消费者提供利益（Garcia & Calantone，2002）。第二种是基于市场的创新，背离现存的服务和主流市场（Greenwood & Hinings，1996）。基于市场的突破性创新包含新的不同的技术，为出现的市场创造了一系列额外的、通常是新的消费者价值。

突破性创新是对产品的商业化，对市场的创造、对公司建立新产业的能力都有重大影响的技术创新。突破性创新能够发生在当前的商业链，也能在所谓的现有商业链的"空白领域"发生，创造新的商业链（Gina Colarelli O'Connor & Alan D. Ayers，2005）。并且，O'Connor & Christopher M. McDermott（2004）在 *The Human Side of Radical Innovation* 中定义了突破性创新的创新强度，指出突破性创新的产品或工艺可能拥有全新的性能或者特征，或者在现有产品或工艺的基础上对性能进行大幅度的提升，或者大幅降低其产品成本或者工艺成本。

国内对于突破性创新的研究较少，还处于起步阶段，特别是对突破性创新的概念和内涵的研究比较缺乏。但是也有少数学者，如陈劲、张洪石等，对突破性创新的概念进行了界定。

陈劲、戴凌燕、李良德（2002）从技术、市场、产品、项目和财务5个方面分别阐述突破性创新的特点，并指出突破性创新是以技术突破为基础的技术创新；它可能脱离了来自主流市场消费者需求反馈的性能改进轨迹，并且短时间内不能使企业目标消费者群体需求得到满足。

在此基础上，付玉秀、张洪石（2004）将其与以往国外研究进行比较分析，归纳总结这些突破性创新的概念之间存在的共性和差异，给出了自己的理解，即"突破性创新是导致产品性能主要指标发生巨大跃迁，对市场规则、竞争态势、产业版图具有决定性影响，甚至导致产业重新洗牌的一类创新"（付玉秀、张洪石，2004）。

综上所述，由于自身研究目的和背景不同，国内外学者们对突破性创新概念说法不一，但是我们可以从这些概念中看出以下5点共性和启示。

（1）突破性创新会对产品的技术性能或产品成本产生很大的改进，甚至创造出新的产品。

（2）与渐进性创新进行比较，突破性创新的创新强度更大。

（3）突破性创新会对市场、产业或者整个经济产生重大影响。

（4）突破性创新面对的是不确定的市场，是非主流市场或者尚未发现的市场，甚至是全新的市场。

（5）突破性创新，与其他创新相比，最大的区别就是突破性创新不是被动地接受现有市场，而是为消费者创造一个新的市场，并且与这个新市场共成长共发展。这让我们注意到突破性创新和市场之间存在一种反馈环路：为消费者创造出新的市场需求，然后由消费者反馈创新成效来改进创新。

在此基础上，我们给出突破性创新的概念：突破性创新是建立在一套不同的科学技术原理之上，通过在产品、工艺或服务领域的变革，改变市场规则和竞争态势，甚至导致整个产业重新洗牌的一类创新。可以看出，突破性创新是企业和国家提高核心竞争力，实现持续高速发展的重要途径。然而，突破性创新时常被视为伴随着巨大风险的、不切实际的投机活动（Gary Hamel，Michael Warren & Alison Seiffer，1998）。具有高度的不确定性和不可预测性作为突破性创新的一个显著特点，在国内外研究中被频频提及，无疑是企业和国家开展突破性创新活动的巨大障碍。

第2章　企业突破性技术创新柔性组织研究

2.1　组织柔性对企业突破性技术创新影响的机理

2.1.1　组织柔性的概念界定

Ansoff(1965) 首次提出柔性的概念，柔性可以从两个方面来衡量：（1）通过资源流动而获得的"内部柔性"；（2）通过多元化的产品市场投资而获得的"外部柔性"。Eppink(1978) 提出柔性是一种组织特性，能够降低组织在面对不可预测的外部变革时的脆弱性，提高组织的应对能力或者提供能对变革做出及时反应的有利条件。Aaker & Mascarenhas(1984) 提出，柔性是组织对实际的、不可预测的、经常发生并且对组织具有深远影响的环境变革的适应能力。Frazelle (1986) & Upton(1994) 认为，柔性是能快速敏捷且低成本地响应变化的能力。Olhager(1993) 认为，组织柔性是企业在短期内利用现有资源适应变化，长期内整合新资源、新技术、新方法并融入现有生产系统的能力。Evans（1991）& March（1995）提出，组织具有敏感、包容、纠错等特性，组织柔性正是这样一种多能力的体现。Phillips & Tuladhar（2000）认为，柔性组织应具有等同于环境变化或强于环境变化的能力。Koornhof（2001）将柔性定义为重新组织企业的资源与能力，从而达到应对环境变化及时做出响应的目标的能力。Volberda（2005）提出，柔性是组织具备的管理能力以及及时调用这些能力的反应速度，以提高组织的适应能力及控制能力。

王迎军、王永贵（2000）认为，组织柔性是组织为了维持自身的市场地位及竞争优势，从而紧跟内外部环境的变化趋势，并对自身进行调整，对各种外部环境、内部环境的变化做出及时反应的能力。万伦来、达庆利（2002）指出，组织柔性是企业通过学习不断进行创新，并对内外部资源加以整合。以应对随时可能发生的环境变化、迎接挑战的能力。聂规划、方澜（2002）提出，柔性可分为敏感性和稳定性两方面：敏感性是指当外部环境发生突发情况时，企业的应急能力与反应能力；稳定性是指企业能随着环境的不断变化，适时调整企业战略，维持企业正常稳定的运行。周玉泉、李垣（2006）认为，组织柔性是组织的一种能力或者潜能，是由组织现有资源的内在柔性与在运用这些资源的能力组成，以组织现阶段拥有的资源或竞争能力为基础。程鹏（2009）指出，组织柔性是企业为了创造有利于运行及发展的条件而形成的常规与积累的资源，为增强组织适应环境变化以及创造市场机会的能力而抛弃某些常规并使用某些积累资源的能力。

基于现有文献的定义，本书将组织柔性定义为：组织在应对环境变化过程中一种有意识适应的动态能力。

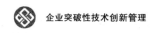

2.1.2 组织柔性在企业突破性创新中实践：二元组织理论

一般情况下，只有行业内的领导企业才有能力去改变市场竞争规则，改变行业竞争态势。但 Clayton Christensen（1997） 通过对挖掘机制造业、磁盘驱动业等行业的数据进行研究分析后发现，这些行业中的领导企业都被一些开展突破性创新并取得成功的新兴中小企业所取代。这就是所谓的"创新者的困境"。Dorothy Leonard - Barton（1992）认为，企业组织柔性的缺乏、组织核心的僵化是导致领先大企业的突破性创新活动夭折的主要原因。因此，Tushman & O'ReillyIII（1996）首次提出了匹配企业尤其是大型企业进行突破性创新的"二元性组织模式"的概念。Robert Stringer（2000） 从分析为什么大部分突破性创新发生在小公司，大公司却不愿意从事突破性创新的现象入手，提出了9条提升突破性创新绩效的策略。Hewitt & Roper（2000） 在 Robert 的基础上，提出组织结构的变化和工艺流程的革新是突破性创新发生的前提条件。Lynn 等 （1996） 进一步指出，组织能力和组织核心的僵化是造成企业突破性创新不能取得成功的首要原因。Donna Kelley（2009） 则指出，企业的创新战略需兼顾探索性与稳定性的关系，保持创新的敏捷性和柔性。

国内学者陈劲（2005） 根据行业中的领导企业进行突破性创新时面临的组织困境，提出了匹配突破性创新活动的"二元组织模式"，并对其优点进行了分析说明。张洪石博士（2005） 也认为，突破性创新的成功进行离不开柔性的工艺流程和宽松的组织结构，并在"二元组织"的基础上，提出了能使企业同时开展渐进性创新和突破性创新的组织形式——"泛二元组织"。陈劲、金鑫等 （2006） 在对一般产业组织模式的研究基础上，提出了"突破型高新技术产业"的概念及特征，并且指出了突破型高新技术产业的一般组织模式和三种具体模式。陈立新（2008）则提出了"结构型惯性"和"认知型惯性"的概念，并指出两种惯性是企业不愿进行突破性创新或者突破性创新中途夭折的根本原因，并提出要经常进行结构分化和认知更新。

魏泽龙、李垣（2009）通过对治理机制和组织学习与突破性创新关系的研究，发现"探索型学习"会促进突破性创新，而"应用型学习"会削弱突破性创新；企业的治理机制会影响企业对探索型学习与应用型学习的选择。王艳秋（2010）提出了与突破性创新项目相适应的二元性组织管理改进模式，在此基础上制定了基于项目负责人制的突破性创新管理模型。曹兴、栗亮亮（2007）也认为项目负责人制度具有高度的灵活性和敏捷性，十分适合管理突破性创新。张洪石（2005）则从另一角度提出了突破性创新的模糊前端管理办法——FFE 法，并提出产品研发是非线性、不连续的过程，因此，研究者们开始重视模糊前端的内容，而忽略了对过程的关注。霍海涛、孙圣兰等（2007）提出了突破性创新的过程模型，并且对突破性创新的各阶段进行了阐述分析。樊霞、朱桂龙（2007）则从投资决策的角度分析了突破性创新的项目管理模式，并基于实物期权提出了突破性创新的投资决策模型。

2.1.3　结构柔性对企业突破性创新绩效的作用分析

组织结构可以从狭义和广义两种角度理解。狭义上的组织结构，是指依照理论按同一目标、同一理念设计形成的各部门、各等级之间稳定的排列方式，共同为企业服务，即组织的结构形式。而本书所指的是广义上的组织结构，不仅包括组织的结构形式，还包括组织各单元、各组织的关联形式，如团队协作、企业联盟、集团公司等形式，范围比狭义的组织结构要广。总的来说，企业的组织结构是指伴随着企业环境变化和企业成长而动态变化的、企业内部各部门、企业与企业之间的关系总和。

随着全球化的竞争越来越激烈，现有的企业竞争已呈现动态性、高度不确定性、强竞争互动性等特点，对于高风险、高不确定性的突破性创新来说，传统的组织结构模式已经暴露出反应慢、沟通困难、结构僵化、效率低等一系列缺点。陈立新（2008）发现，正是企业的结构惯性导致企业的突破性创新在遭遇资源约束的情况下，中层管理者倾向于优先把渐进性创新的创意交给高层，或者具有突破性创新潜能的个体被迫离开，使得企业的突破性创新夭折。组织结构的柔性化已经成为必然趋势。组织结构的扁平化在减少了管理层级的同时，使得组织内部的信息流动更加顺畅，沟通更简便，可以帮助突破性创新克服结构惰性，并且传导企业的创新文化，克服认知惯性。Utterback（1996）发现，当参与决策的层次减少时，信息的流动会提高，有助于促进企业的创新活动。Kolodny & Denis 等（1996）通过对法国、加拿大和瑞典的 12 家高新技术企业的样本采集和实证研究，发现成功的企业组织结构较扁平，信息交流也较扁平。同时，使得组织内部联系更加紧密，有助于将外部资源优势转化为内部能力优势。张守凤、徐伟（2005）认为，在网络经济时代企业结构已具备实现扁平化的条件，员工素质的普遍提高使得"授权"成为可能；网络技术的普及使得组织结构扁平化需要的信息共享也能实现。

随着组织环境的不确定性日益明显，创新使得组织任务的灵活性加大，团队合作备受青睐。由于企业技术创新任务的模糊性和不确定性，企业要将边界扩大，把具备企业技术创新所需的先进知识经验的企业包括进来。张守凤、徐伟（2005）认为，团队组织结构和建立动态联盟是企业实现组织柔性化的主要方式。程鹏（2010）认为，组织结构柔性化有助于企业采纳突破性和渐进性创新。而张洪石（2005）在其博士论文中提到，相对于渐进性创新企业组织结构的扁平化更促进企业的突破性创新；而跨部门的沟通与合作能促进渐进性创新，却抑制突破性创新。Christine 等（2003）提出，跨部门沟通与合作对于突破性创新而言是一把双刃剑：对于创新而言，协作当然是必需的，但在环境不确定和技术复杂的前提下，太多的合作或者太紧密的沟通也会阻碍组织的创新。而外部边界的模糊化，可以降低组织间的交易成本，更方便有效地利用外部信息，特别是动态联盟能较好地结合组织间的优势，实现资源的互补、技术的积累，为突破性创新过程的不确定性提供资源支持。周玉泉、李垣（2006）提出，通过联盟能很好地达到合作学习的目的，实现合作双方的资源及优势互补，更有利于突破性创新。由于突破性创新的市场很难预测，不确定性很高，因此了解客户的需求，或者更好地让客户了解新产品的特性，对于突破性创新后期开辟市场有一定的先导作用。

假设 1：结构柔性对突破性过程创新绩效具有正向的影响作用，即企业的结构柔性越强，越有利于突破性过程创新。

假设 2：结构柔性对突破性产品创新绩效具有正向的影响作用，即企业的结构柔性越强，越有利于突破性产品创新。

2.1.4　资源柔性对企业突破性创新绩效的作用分析

Christensen 明确提出，突破性创新资源的匮乏是许多业绩表现出色的企业创新失败的重要原因。李桦、彭思喜（2011）也提出，当外部环境出现间断变化时，就需要企业沿着新的技术轨道进行创新，这时资源短缺的现象就会发生，并且现有资源也不能或难以及时转换用途，出现了所谓的"资源刚性"。Reinganum（1983）认为，如果新投资使企业更倾向于发展新市场的话，可能就会改变企业在原市场的地位。由于存在资源刚性，企业可能会过分关注现有市场，只进行现有产品或市场的渐进性创新，而忽视突破性创新。由于突破性创新周期长，充满了很多不确定性，要么企业已将大量的资源投入新的技术研发，但是不能很快见到成效，造成企业资源的缺乏，要么就是因为企业的认知惰性，不愿意投入资源进行周期、技术、市场等许多不确定性的创新。因此，资源柔性能帮助企业在不同的生产线之间进行灵活调整，减少资源刚性对突破性创新的负面影响。Mathews（2000）指出，资源柔性能够帮助企业缓解环境变化带来的冲击，尤其是对风险很高的技术创新活动更为明显：资源柔性越高，企业对环境变化的适应性和应对能力越强。而周玉泉、李垣（2006）则认为，资源的柔性越高，专用性就越低，这种资源在其某一用途上的效率还不如专用性资产，因此不利于提高突破性创新的效率。

技术创新本身就是一个涉及人力资源、财物资源、信息资源、技术资源等各种资源的复杂活动，而突破性创新的周期长、成本大、风险高，创新资源的短缺，更容易成为制约突破性创新的瓶颈。而资源柔性越高的企业越容易解决这一问题，其资源的使用成本及转换成本低，资产设备的专用性小，资源的用途也比较广，从而有利于克服创新资源短缺的问题。弋亚群、陈龙波等（2009）认为，资源柔性本质上是在企业环境变化时，以提高资源的适用范围，增加企业的选择权，使企业以相对较小的成本转变其策略：一方面，资源柔性可以弥补创新中资源不足带来的风险；另一方面，资源转换成本低，难度小，能减少创新过程中成本的消耗。Nelson 和 Winter（1982）指出，环境动荡时，资源雄厚的企业采取变化的选择权较小，但能在这种环境下凭借自身的资源优势取得竞争优势。在这种情况下，资源柔性就起到了应付环境变化的"缓冲器"作用：资源柔性越高，企业实现价值的途径就越多，企业就越有能力凭借自身的调整来应付可能随时出现的变化。

假设 3：资源柔性对突破性过程创新绩效具有正向的影响作用，即企业的资源柔性越强，越有利于突破性过程创新。

假设 4：资源柔性对突破性产品创新绩效具有正向的影响作用，即企业的资源柔性越强，越有利于突破性产品创新。

2.1.5　能力柔性对企业突破性创新绩效的作用分析

Hitt（2003）指出能力是指转换、运用、整合资源的能耐。企业能力包括了识别环境的能力、自身内部的能力、利用内外部资源的能力、与其他企业合作联盟的能力，所有的这些方面都可以构成企业的能力。而"能力柔性"指在高度动态的环境下，企业能快速灵活运用这些能力。一方面，能力柔性需要与资源柔性相配合，发现并配置资源；另一方面，还需要应对环境变化带来的挑战。为了维持现有市场地位，防止业务遭受冲击，很多企业都克服了资源刚性，投资开展大量的突破性创新，但受到能力的阻碍，导致失败。李桦（2012）认为，企业的运作也有刚性，其带来的负面影响可通过能力柔性来缓解。"运作刚性"的本质即组织重复的反应模式，动作刚性能够通过重复运用以及结构性的嵌入得到增强。周玉泉、李垣（2006）认为，能力柔性和能力刚性相对应，太强的刚性通常体现为一种难以调整的惰性，这种惰性往往阻碍企业的创新活动。当外部环境发生较大变化时，风险也较大，企业常趋向于开展渐进性创新，突破性创新活动会被驱逐，从而使得企业难以培育新的能力。为保证企业的突破性创新，延续企业在未来的竞争优势，能力柔性是非常必要的。

创新最大的特征就是其高度不确定性和风险性，突破性创新更意味着整个企业在未来很长时间内的不确定性。提高企业对外部环境的动态适应能力，就可以增加企业创新的成功率，减小其在动态环境中的不确定性，降低风险。拥有强能力柔性的企业能及时发现并快速适应环境变化，及时对重要的市场变化做出反应，而且能主动识别并把握机会，因此大大提高了利用现有资源的能力。这样不仅成功促进局部持续改进，还能涉足新的市场领域，开发新的产品，从而促进突破性创新。赵更申、雷巧玲等（2006）就认为，企业的能力柔性越高，就越能提高企业资源的利用率，从而有利于提供企业创新资源的保障。突破性创新要成功，必须经历从研究开发到商业化的阶段，这么长的过程中，往往会出现很多的不确定因素，如技术、市场、政府政策、行业竞争等，如果稍不注意出现失误，每一个环节都有可能出现逆转，导致创新活动的失败。而能力柔性为企业提供了对内外部环境的应变能力，贾榕霞（2009）指出能力柔性本质上不仅体现企业在复杂动荡、充满不确定性的环境中，如何协调整合现有资源的能力，还体现在企业如何通过识别新资源，挖掘现有资源的新功能，降低创新风险、减少创新时间和成本，开辟新市场。然而，能力柔性在市场推广，创新产品商品化方面也能发挥重要作用，它能帮助企业有效识别并把握商业机遇，进而成为行业领先者。弋亚群、陈龙波（2009）认为，能力柔性越强，企业整合资源、应对环境变化的反应时间越短，越能更好地识别市场需求和市场机会，成本也就越低。因此，具有能力柔性的企业能提高对外界的应变能力，探索性地识别新资源并整合现有资源，尽可能最大限度地利用资源。此外，还能快速地适应环境变化，利用环境变化，为突破性创新创造有利条件，适时主动地制造变化，利用资源的优化配置来把握创新先机，这将是突破性创新的制胜关键。

假设5：能力柔性对突破性过程创新绩效具有正向的影响作用，即企业的能力柔性越强，越有利于突破性过程创新。

假设6：能力柔性对突破性产品创新绩效具有正向的影响作用，即企业的能力柔性越强，越有利于突破性产品创新。

2.1.6　文化柔性对企业突破性创新绩效的作用分析

文化柔性是组织内奖励创新和鼓励学习的一种特性，能为员工提供宽松和谐的工作环境，并为企业汲取知识提供良好条件，为创新创造积极氛围，促进创新活动的成功进行。下面试从三个方面予以论述。

首先，利用创新意识塑造的文化下的员工勇于挑战，不拘泥于形式，有创造力，在环境变化时能迅速反应并决策。李垣等（2005）认为，创新文化追求挑战性的任务与对环境压力的承受，能促进企业的自主创新。刘锦英（2010）通过对287家光电子企业的实证表明，创新型文化对企业创新绩效有积极作用。孙爱英等（2004）也认为，创新文化能承受比较大的环境压力，并在压力下寻求技术创新，因此有利于突破性创新，而不利于渐进性创新。彭红霞等（2008）也提出，企业将塑造创新型的企业文化作为焦点，有助于创新活动的开展及创新能力的提高。因此，塑造符合企业目标的企业文化，已成为企业在动态环境中迎接挑战的迫切需求，积极创新的企业文化能增进企业的凝聚力，提高企业规避风险、应对市场变化的能力。此外，创新文化在面对失败时，能够容忍错误，总结失败教训，分享经验，毕竟突破性创新多是在无数次失败后才成功的。创新文化的勇于挑战、承担风险、容忍错误的特点十分适合突破性创新的企业。

其次，职能部门间的和谐互动能为信息在各部门间顺利流通提供基础，从而有效利用外部信息，并协调内外信息。陈衍泰等（2007）就提出，跨部门的协调与合作能促进各部门相互协调并取得创新绩效，并通过实证验证了部门的互动程度对突破性创新的正向影响。孙宝文（2010）也认为，部门间的和谐互动程度更能促进企业员工的工作积极性及创造性。因此，职能部门间的和谐关系能为突破性创新的开展创造良好氛围，良好的互动关系能保证信息流的畅通，这些都能很好地促进突破性创新。

最后，企业中要塑造"处处是学习之处，人人是学习之人"的文化氛围，这是提升企业竞争力的创新之举。彭红霞等（2008）认为，一个鼓励学习的企业文化，有助于创新活动的开展。Leavy（1998）认为，学习在很多方面与创新相关：研发以产生新产品；市场营销及时地把技术行销到市场、运用员工的创意潜力和累积的小想法等从事创新，并加以推行。对于突破性创新来说，持续的小想法以及把新产品推销到市场尤为重要。王飞绒（2013）还指出，知识的获取、传递及运用对技术创新绩效有着显著的正向影响。因此，企业主动的学习氛围能促进员工内部的知识共享，增加企业持续创新的潜力，突破性创新比其他创新更需要创新知识的冲击及创新思想的源泉。

假设7：文化柔性对突破性过程创新绩效具有正向的影响作用，即企业的文化柔性越强，越有利于突破性过程创新。

假设8：文化柔性对突破性产品创新绩效具有正向的影响作用，即企业的文化柔性越强，越有利于突破性产品创新。

2.1.7　环境动荡（态）性对组织柔性与突破性创新绩效关系的调节作用

相关学者的研究已经识别出不同的环境动荡（态）性，与前文保持一致，本书从两个角度分析环境动荡性：技术动荡性和市场动荡性。前者是指组织对技术环境的感知，企业无法完全理解并预测技术的变化；而后者是指客户偏好的变化及竞争强度的变化。因此，在企业动态环境中，需要快速及时地调整产品和服务战略，以应对不断变化的技术和市场。王永贵（2004）研究了不同的环境动荡程度调节组织柔性与竞争绩效的关系，验证了市场动荡性对组织柔性和顾客感知价值之间产生正向调节作用。林萍（2008）通过对 262 份企业样本研究也发现，环境动荡性对组织柔性与绩效间起正向调节作用。组织柔性对突破性创新的影响受环境特征的影响，当环境动荡时组织柔性的效果更显著。项国鹏等（2012）研究了环境动态性对战略柔性与企业绩效关系的调节效应，发现环境动态性对战略柔性与企业绩效关系存在调节效应。项国鹏（2013）又研究了环境动态性对企业家战略能力与企业绩效的调节关系，指出环境动态性对企业家战略能力、企业绩效关系存在调节效应，但对不同维度的企业家战略能力和企业绩效关系的调节效应也是不同的。刘井建（2011）研究动态能力与新创企业绩效的关系时，结果表明：环境响应、技术柔性和组织柔性变量对经营绩效和成长绩效产生影响，环境动态性调节了动态能力与新创企业绩效各维度之间的关系。朱朝晖（2008）提出在开放式创新模式下，市场动荡性和技术动荡性均对探索性学习与创新绩效之间的关系起正向调节作用，即动荡程度越大，探索性创新越有可能促进企业创新；而对于挖掘性学习与创新绩效之间的调节作用却不明显。谢言等

（2013）利用270家中国企业的调研数据，研究组织学习对企业技术创新的影响结果时，显示市场动荡性正向调节获取性学习与企业自主技术创新之间的关系、技术动荡性正向调节实验性学习与企业自主技术创新之间的关系。陈建勋等（2011）以中国企业为样本，对组织结构与技术创新之间的关系尤其是组织学习的中介作用和环境动态性的调节作用做了实证验证，结果表明有机式组织结构与突破性技术创新正相关，环境动荡性也在有机式组织结构与突破性技术创新之间起着正向调节作用，相对于静态的外部环境，动态的外部环境会增强有机式组织结构对突破性技术创新的影响程度。蒋旭灿等（2011）提出市场环境越动荡，企业越可能与供应商、零售商、客户等上下游进行资源共享或合作，进而实现创新资源的互补和溢出效应；而技术越动荡，企业越容易和大学、科研机构甚至竞争对手等进行技术联盟或合作研发。因此，环境越动荡，企业就越需要保持较高的组织柔性，越需要开发突破性的产品与服务，以应付技术与市场的变化，降低突破性创新的风险。

市场需求、竞争对手越难以预测，不确定性越高，相比一般的企业结构，灵活的组织形式与联盟方式更能促进企业内部与外部的交流互动，更有利于企业将内部优势转换为外部优势，对于企业了解客户的需求，对于突破性创新后期的开辟作用更大；而资源的"缓冲器"作用在市场不确定程度较高的情况下，更有利于企业迅速有效地配置现有资源的新用途，提高资源的转换效率，以降低突破性创新的风险及不确定性；适应利用环境并制造机遇的能力也能使企业在面临动荡市场环境下，能冷静判断，做出明智的选择，满足客户现有需求，挖掘市场潜在需求，促进突破性创新的开展；在动荡的市场环境中，越敢于挑战的创新文化氛围越能带领企业团队进行突破性创新，尽早开发出适应市场变化产品与技术，使企业建立自己的竞争优势。因此，市场动荡程度越高，组织柔性各维度对于突破性创新的作用也越强。

技术环境越动荡，扁平化的组织结构层级对于技术信息的顺畅流通作用越明显，组织内部外部的无边界交流也更能加强技术的合作与沟通，越能促进突破性创新的开展；资源和能力柔性越高的企业，也能迅速适应并利用环境中技术的变革，发挥其快速独特的资源配置作用，把握技术革新的机会，在行业中领先，在动荡环境中脱颖而出；而敢于挑战、容忍错误的创新文化与鼓励学习的文化氛围，在技术更新换代较快的时候，也能更好地发挥其对突破性创新的作用，持续不断的学习保证创新技术知识的供给，并且和谐创新的文化氛围能为持之以恒的创新提供保障。因此，技术动荡程度越高，组织柔性各维度对于突破性创新的作用越明显。

假设 9a：市场动荡性正向调节结构柔性与突破性过程创新绩效的关系，即市场动荡性越高，结构柔性对突破性过程创新绩效的正向作用也越大。

假设 9b：市场动荡性正向调节资源柔性与突破性过程创新绩效的关系，即市场动荡性越高，资源柔性对突破性过程创新绩效的正向作用也越大。

假设 9c：市场动荡性正向调节能力柔性与突破性过程创新绩效的关系，即市场动荡性越高，能力柔性对突破性过程创新绩效的正向作用也越大。

假设 9d：市场动荡性正向调节文化柔性与突破性过程创新绩效的关系，即市场动荡性越高，文化柔性对突破性过程创新绩效的正向作用也越大。

假设 10a：市场动荡性正向调节结构柔性与突破性产品创新绩效

的关系，即市场动荡性越高，结构柔性对突破性产品创新绩效的正向作用也越大。

假设 10b：市场动荡性正向调节资源柔性与突破性产品创新绩效的关系，即市场动荡性越高，资源柔性对突破性产品创新绩效的正向作用也越大。

假设 10c：市场动荡性正向调节能力柔性与突破性产品创新绩效的关系，即市场动荡性越高，能力柔性对突破性产品创新绩效的正向作用也越大。

假设 10d：市场动荡性正向调节文化柔性与突破性产品创新绩效的关系，即市场动荡性越高，文化柔性对突破性产品创新绩效的正向作用也越大。

假设 11a：技术动荡性正向调节结构柔性与突破性过程创新绩效的关系，即技术动荡性越高，结构柔性对突破性过程创新绩效的正向作用也越大。

假设 11b：技术动荡性正向调节资源柔性与突破性过程创新绩效的关系，即技术动荡性越高，资源柔性对突破性过程创新绩效的正向作用也越大。

假设 11c：技术动荡性正向调节能力柔性与突破性过程创新绩效的关系，即技术动荡性越高，能力柔性对突破性过程创新绩效的正向作用也越大。

假设 11d：技术动荡性正向调节文化柔性与突破性过程创新绩效的关系，即技术动荡性越高，文化柔性对突破性过程创新绩效的正向作用也越大。

假设 12a：技术动荡性正向调节结构柔性与突破性产品创新绩效的关系，即技术动荡性越高，结构柔性对突破性产品创新绩效的正向作用也越大。

假设 12b：技术动荡性正向调节资源柔性与突破性产品创新绩效的关系，即技术动荡性越高，资源柔性对突破性产品创新绩效的正向作用也越大。

假设 12c：技术动荡性正向调节能力柔性与突破性产品创新绩效的关系，即技术动荡性越高，能力柔性对突破性产品创新绩效的正向作用也越大。

假设 12d：技术动荡性正向调节文化柔性与突破性产品创新绩效的关系，即技术动荡性越高，文化柔性对突破性产品创新绩效的正向作用也越大。

2.2　组织柔性对企业突破性技术创新影响的理论模型与实证研究

2.2.1　突破性创新绩效的衡量标准

虽然 Richard Leifer(2000) 界定突破性创新为：带来全新的性能，性能提高 5 倍或 5 倍以上，产品成本削减 30% 或以上。张洪石（2005）也把突破性创新分为三类：带来全新产品或服务的创新；开创全新业务的创新；开辟全新市场的创新。但是对于突破性创新绩效的研究一直没有统一的结论，以上两种界定也只能作为识别突破性创新的特征，不能作为衡量突破性创新绩效的标准。

Abernathy & Utterback(1978) 认为，突破性创新是一种综合效果的创新，它运用新的技术，开发新的产品或业务，并创造新的市场。

陈劲等（2006）提出，全面的技术创新绩效应当包括生产要素的改进效果与产品的市场绩效两方面。Dewar & Dutton(1984）认为，突破性创新不仅体现在产品上，还体现在服务和过程中。Tushman & Nadler(1986），Utterback(1994）都曾从过程创新与产品创新的角度研究过突破性创新绩效。之后，许多学者也沿用了这一分类（如 Sanchez & McKinley，1998；Zahra et al.，2000；秦剑，2010）。因此，本书也沿用这一标准。下面试从 3 个方面予以论述。

（1）过程创新

过程创新指产品技术的更新，包括工艺的革新、设备的更换、运营流程的变革等（Bigoness & Perreault，1981），主要针对具体的生产活动引入的新要素，如产品生产过程中所学习的新知识、控制投入产出的新工具等（Utterback & Abernathy，1975；Ettlie & Reza，1992）。过程创新可以从其物理特性及其工艺水准两方面来理解，物理特性则体现为各工艺单位之间的链接机制，工艺水准则体现为质量与规模两方面。Tushman & Nadler（1986）又进一步提出，将过程创新分为渐进性过程创新、系统性过程创新以及不连续性过程创新三种创新模式。渐进性过程创新即现有的对渐进性创新评价的工艺创新，通过对工艺单元之间的链接机制作微小的连续性改进，从而带来产品质量的连续性提高和生产成本的持续性降低。系统性过程创新则只是扩大工艺流程的规模、提高工艺速度及生产效率；不连续性过程创新则是对现有的工艺单位之间的链接机制进行破坏再造，形成全新的工艺流程和产品制造方式，这对于工艺流程而言是一种质的飞跃。显然，突破性创新的过程创新应该是不连续性的过程创新。过程创新还能带来产品质量的提升。

（2）产品创新

产品创新是指为满足市场现有客户需求或潜在客户需求，而开发新产品或提供新服务（Damanpour，2001）或者对现有产品的质量性能进行改进的活动（Abernathy & Utterback，1978）。根据设计理论，单位组件以及各单位组件之间的关系被认为区分产品外部特性的两个方面，而单位组件之间的联系也可以表现为单位组件之间的链接机制，组件又可进一步分为"核心组件"与"外围组件"（秦剑，2010）。从某种程度上来看，产品就是由一个个嵌套的子体系的分层次系统与链接机制构成的（Tushman & Murmann，1998）。核心子体系的变化对整个产品体系会产生很大影响，而外围子体系的变化对整个产品体系的影响是小范围的（Gatignon，2002）。毫无疑问，突破性的产品创新是由核心子体系的变化引起的。

（3）过程创新与产品创新的比较

从表现形式上看，过程创新关注的是生产传递模式，而产品创新关注的是最终成果。从所需知识上看，Gopalakrishnan 等（1999）认为创新与隐藏于组织体系、运营流程、设备工具、组织常规、个人操作中的各种知识密切相关，但过程创新的知识比产品创新的更为复杂。从耗费资源上来看，过程创新比产品创新耗费的资源更多，消耗的时间也更长；从收益上来看，产品创新的收益更为直观，并且收益过程更快。因此，企业往往更愿意对产品创新进行投资（Teece，1986）。但过程创新与产品创新共同构成了创新的完整系统，两者相互依赖，并且过程创新会促进产品创新的产生（秦剑，2010）。

2.2.2 组织柔性的构成维度

本书从组织动态能力角度出发，认为组织柔性是组织在应对环境变化过程中一种有意识适应的动态能力。一个组织的柔性越高，就越能迅速地对环境变化做出反应。随着环境中不确定性因素的增加，组织柔性显得越来越重要，具备柔性的企业才能合理应对不可预测的未来及时刻动荡的环境带来的威胁与挑战。

尽管组织柔性的分类有很多，本书研究的主题是探究组织柔性与突破性创新绩效之间的关系，这一主旨确定了本书对组织柔性的划分标准。国外现有文献比较成熟的柔性划分是基于生产制造领域的柔性，但是企业内部的功能结构多种多样，生产制造只是组织职能的一个组成部分，本书决定要在前人研究基础上，拓宽柔性的范围，突破现有成熟的制造领域柔性维度划分约束，从把企业的其他职能纳入进来。国内成熟的组织柔性划分主要基于战略角度，从资源和能力两方面进行研究，认为企业的技术变革最先从内部组织结构的改变开始的；创新成功的关键因素之一也是组织结构。因此，任何资源和能力的运用都应该是建立在组织结构的柔性化基础上的，组织结构是企业柔性的主干，Utterback & Abernathy（1975）明确提出从结构柔性角度研究柔性与创新的关系。因此，本书基于组织角度，将组织柔性划分为结构柔性、资源柔性和能力柔性、文化柔性4个维度，企业整体柔性应该是这些系统柔性的有机组合。下面具体对组织柔性的4个维度进行论述。

（1）结构柔性

张守凤、徐伟（2005）提出柔性的组织结构是在动态竞争条件下一种自发适应的新型组织形式，其反应敏捷，塑造性高，并且认为柔性化组织结构应该具有扁平化、敏捷化、虚拟化和无边界化 4 个特征。谢卫红、蓝海林等（2001）将以有机组织结构为主的组织归纳为柔性组织，其结构表现为网络化与扁平化。程鹏（2009）认为，组织结构柔性是企业内部按照信息交流的需要，明确工作职责，划分权力范围，从而建立的部门之间横向交流的渠道。它具体包括：减少纵向组织层级，扩宽横向管理范围、权力下放，缩短流通途径等措施来增强企业对信息的获取能力，提高组织对外部环境的反应速度，从而提升企业的适应能力。

因此，本书认为结构柔性是一种具有弹性的组织形态，并且具有学习性、创新性、敏锐性及适应性等特点，它是动态竞争条件下企业的必然选择。在复杂的外部环境下，传统的组织结构无法做到对外部变化的快速反应，只有灵活、柔性的组织结构才能适应当今快速变化的外界环境。组织结构是组织的基础，为企业的资源和能力的发挥提供条件。结构柔性中结构的灵活及敏锐体现在两个方面：组织结构的扁平化程度、组织边界的模糊化程度。

组织结构的扁平化是指企业扩大管理幅度，减少组织层级，缩短组织中烦琐的中间层次和信息传递的途径，加快高层的决策速度。另外，扁平化的组织结构可以实现权力中心的转移，通过"有控制的授权"使权力向下层转移，不再高度集中于上层，使组织在动态环境中更快速有效地进行决策，在提高快速反应能力的同时减少内耗，节省资源。

组织边界的模糊化并不是指物理边界的模糊，而是指交易边界的可变性和柔性化，是柔性结构有别于传统的组织结构的显著特征。首先，从内部边界来看，通过围绕业务组建部门、跨职能团队等方式打破各部门之间的界限。其次，上下级之间信息共享、民主决策、组建跨层级团队模糊了组织层级。最后，在外部边界方面，现有的竞争已经不是个别企业的竞争，是企业联盟、企业合作的竞争，因此企业已经不能局限于自己的外部边界，而是与上游供应商、下游合作商，以及行业中资源的佼佼者合作，通过战略联盟等级方式淡化外部边界。此外，在市场经济时代，企业也越来越关注客户的需求，要想领先市场，就必须要了解顾客，因此与客户的互动也越发重要，企业应打破自身固有的观念与界限，打破企业与市场的明显边界，通过各种方式增加与顾客的沟通交流，以便在瞬息万变的市场中占据一席之地。

（2）资源柔性

企业的资源可以分为内部资源和外部资源。企业的内部资源可分为：人力资源、财物资源、信息资源、技术资源等。而企业的外部资源可分为：行业资源、产业资源、市场资源、外部环境资源。而资源柔性中所指的资源是企业所有现存的、需要但还没有的资源，总的来说，包含物力、财力、人力、关系、信息、技术、市场等资源。从物质形态上区分，资源包括企业的有形资源和无形资源：有形资源如生产设备、技术人员研究开发所需的设备等；无形资源如企业信誉、人力资源、与顾客供应商的合作关系、融资能力等。因此，资源柔性可包括物质资源柔性、信息技术资源柔性、人力资源柔性等有形的或无形的、外部的或内部的资源柔性。Sanchez 强调，资源的柔性不只体现在企业现有资源的多样性与可选择性上，还体现为企业还未拥有，但能通过一些方法使其能被企业所利用或者被企业占有的本领。因此，资源柔性不仅要保持和扩大现在资源的用途与价值，还要与企业的能力相配合，发现并配置新资源，增加企业总体资源的可利用性。赵更申等（2006）从资源的"共享程度"和"多用途性"两方面研究资源柔性。李桦（2011）认为，资源柔性的维度反映了企业的内部资源可以高效地用于研发、生产、销售或营销不同类别的产品的"广泛程度"、"成本"以及"效率"问题。

因此，本书认为资源柔性即外部环境动态变化时，企业能够迅速有效地配置现有资源的新用途，提高资源的转换效率，以降低风险及不确定性。资源柔性中资源的使用及转变可以分为三个层次：资源转变用途的成本、资源转变用途的时间、现有资源的适用范围。当企业的资源从一种用途转变到其他用途的时间较短，当企业的资源转换其他用途的难度较小，成本较低，当企业的资源可用范围较广，就说明资源的柔性较高。

王铁男等（2011）发现，企业不同资源的可调整范围和适用性都会不同。例如，专用资产的可调整范围就较小，不合理的路径依赖比较多，而可用于不同用途的资产可调整范围就较大，柔性也就比专用资产高；具备多种能力的全能人才工作的可调整范围也会比其他员工广，工作会更具弹性。柔性生产系统、通用的技术、知识等就属于柔性资源，不仅适用于多种生产流程，而且能快速敏捷地转换不同用途。非生产型企业也存在类似现象，资源使用范围越广，转换时间越短，效率就会越高；转换的成本也就越低，资源的柔性也就越高。资源柔性不同的表现形式对企业的效率有不同的影响。

（3）能力柔性

Sanchez（1997）将能力柔性称作"协调柔性"，将其定义为：发现并使用现有资源的能力，侧重组织拥有的资源。其实质含义是：①识别新资源的功能，扩展现有资源的使用领域；②分辨哪些资源是可用的；③怎样更好地使用这些资源。协调柔性的一个重要缺陷就是没有重视"识别并配置资源"。而动态能力学派如 Sirmon & Hitt（2003）则提出，在动态环境下企业的动态能力显得尤为重要，自身动态能力的提升有助力企业协调资源，建立内部能力和外部能力，以适应外界环境的变化。Eisenhardt & Martin（2000）指出动态能力是组织能力的动态集合，通过确定组织流程和行为规则，实现资源识别能力、资源协调能力、资源获取能力和转让能力的有效提升。Zollo & Winter（2002）、Winter（2003）也区分了动态能力和运营管理能力，指出"运营管理能力"是维持企业运行的基本能力，而"动态能力"是能根据环境动态变化，适时调适运营管理能力，提升企业适应性的能力，这体现了动态能力与柔性的特征。本书采用动态能力学派的观点，认为资源柔性应该是集资源运用、资源转换、资源识别、资源配置于一体的动态能力。

资源柔性主要是确保同一种资源在不同用途的转化效率，这种转化只能实现关联较大、幅度较小的改善，无法带来大的创新。因此，能力柔性能弥补这一不足，赵更申、雷巧玲等（2006）提出，企业家们采用探索的思维模式来识别并利用机会，整合并配置企业拥有的资源，使资源发挥更大的价值，这恰好是能力柔性的价值贡献所在。王铁男、陈涛等（2010）认为，能力柔性实际上是对外部机遇的判别与把握，还包括企业对环境动态变迁做出响应的时间与成本。因此，能力柔性不仅体现于企业如何整合资源，挖掘企业价值，还体现于在复杂动荡的环境下企业如何识别新资源，如何发现现有资源的新功能，尽可能降低创新所耗费的时间和成本。赵更申、陈金贤（2007）从能力与资源的相互配合进行研究，认为能力柔性分为三个层次：识别并配置新的资源、应对环境的不确定性、判别并转换资源的新用途。孙宝文、涂艳（2010）认为，能力柔性不是孤立的，还与资源的支柱作用、求知水平、探索精神、协调能力相联系的，因此，就企业的能力柔性而言，分为四个维度：危机处理能力、创新能力、战略决策能力和品牌维系能力。

因此，本书认为能力柔性是一个多角度能力的表述，企业通过学习、探究、创新、协调的力量相整合，使企业的适应能力、开拓能力以及竞争力都能有相当好的提高与表现；并且，能力柔性除了对自身要素的整合外，还包括资源与能力的互动促进。因此，对于能力柔性反映为两方面：企业对外部机遇的判别与把握、企业对环境变革做出反应的时间与成本。它同样可以从三个层次来体现，企业在动态环境中适应环境变革、利用环境变革及主动创造变革，从而抢占先机的能力。

（4）文化柔性

文化柔性是指企业的文化对于外界环境发生各种变化时的重塑性。罗珉（2006）认为，世界成功企业经久不衰的原因在于优质的产品、优良的经营与服务模式、深厚的文化底蕴。其中，企业的文化底蕴也是前两者的基础。董超（2001）也认为，企业文化是企业核心能力的深层因素，它通过影响员工的偏好与行为方式，来影响企业技术实践、管理实践。因此，企业文化是企业在长期经营过程中逐渐形成的共同文化理念，是管理者倡导、员工认同的行为准则。

当企业处于外部动态环境时，企业文化能否适应环境的需要，及时调整行为准则，以保持企业创新绩效的灵活程度尤为重要。刚性的文化理念不能适应环境的动态变化，更不能提供创新的源泉。孙宝文（2010）提出，文化柔性体现在个人的心智模式、认知风格、行为模式以及企业的社会文化、集体思维过程、社会价值观念等方面。刘益等（2005）则认为，文化柔性除了体现在经营理念、企业价值观方面外，还体现在组织氛围、群体和谐性方面。因此，首先，企业要在价值观、经营理念、管理风格等方面达成一致，进而创造和谐的文化氛围；其次，企业良好的互动关系是各职能部门良好沟通的前提与保障，尤其是创新思想、资源的流通，这会直接提升企业的效率，缩短时间；最后，每位员工都有积极主动学习的愿望和吸取知识的观念，积累创新需要的知识，不断更新现有的知识结构，与外界环境相适应。因此，本书从三个方面对文化柔性进行测度：塑造创新文化、职能部门间的互动程度、主动的学习机制。

Barney（1991）认为，文化是维持企业竞争优势的一个重要源泉。企业的成功往往取决于这个企业的文化支撑程度，企业文化既可以是积极向上的、促进企业发展的，也可以是落后保守的、对企业不利的。正向的、具有灵活性的企业文化更能适应环境的变化，推动企业的发展。刘益等（2005）通过实证就发现竞争环境变化时，许多企业正是由于文化的不可管理性阻碍了企业的变化，导致其不能及时根据环境改变战略，最终失败。因此，塑造与企业相适应的、和谐的、柔性的企业文化，构建能激励员工、促进员工交流的良好环境，对企业的成功十分重要。而创新文化正是这样一种文化，有创造力，以潜在客户需求为导向，容忍失败与不切实际，勇于挑战，敢于承担风险。职能部门的互动程度能使员工更好地发挥主观能动性，更积极地工作，为资源信息的流通创造良好条件，进而推动创新的发生。Zahra 等（2006）认为，企业的学习机制是创新之源，不管新兴企业还是成熟企业，都应该通过干中学、试错、试验、即兴发挥等方式来应对环境变化。

2.2.3 组织柔性对企业突破性创新绩效影响的概念模型

通过前文关于突破性创新绩效的衡量标准、组织柔性的分类、组织柔性各维度对突破性创新影响的分析以及环境动荡性对组织柔性与突破性创新关系的调节作用分析，可以发现，组织柔性对于企业突破性创新绩效会产生一定的作用，结构柔性为企业灵活应对外界环境变化奠定基础，资源柔性有利于企业及时转换资源用途；能力柔性有利于企业把握环境、利用环境变化创造机会；文化柔性为突破性创新提供良好的创新学习氛围。因此，无论是结构柔性、资源柔性、能力柔性还是文化柔性，对于突破性创新绩效都有一定的影响。所以，本书在前文机理分析的基础之上并结合研究目的，提出组织柔性对企业突破性创新影响概念模型如图 2 - 1 所示。

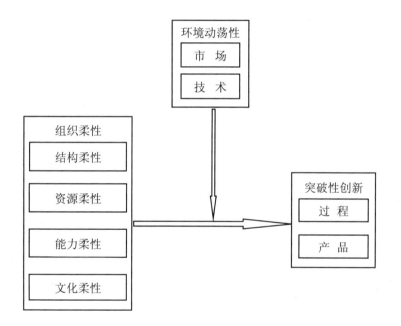

图 2 - 1　组织柔性对企业突破性创新影响概念模型

2.2.4　研究设计

问卷调查法是国内实证研究常用的数据收集方法，优点是简单灵活，并且能获得详细真实的一手资料。因此，问卷设计是研究分析的开端，是提高研究精准度的基础。本书的问卷设计参考了陈晓萍、徐淑英（2008）提出的问卷设计过程，按照以下 3 个步骤进行本研究的问卷设计。

（1）检索相关文献，搜寻与待测变量有关的研究量表，为问卷的设计做好前提准备。为了提高量表的信度、效度，并且方便与其他研究做对比，维持突破性创新研究的持续性与一致性，本书中的量表尽量参考相关领域已被验证有用或是比较成熟的指标，然后整理出国内外关于结构柔性、资源柔性、能力柔性、文化柔性、技术动荡性、市场动荡性以及突破性过程创新、产品创新的相关文献，并根据中国情境，总结出能够测量各观察变量的初步量表。

（2）专家小组研讨，进行访谈修改，形成初始问卷。将初始量表交给课题组的专家进行研讨，对测量项的合理性等进行了详细讨论，根据内部专家提出的建议，对量表进行修改完善，形成初始问卷。

（3）小样本预测试。在进行大范围正式发放问卷前进行小规模的问卷的预测试，然后根据预测试结果来检测这份问卷的精准度。预测试分两步进行：首先，将初始问卷发放给中南大学商学院部分工商管理硕士（MBA）进行填写，通过问卷填写效果进行改进；同时，将初始问卷投放到互联网进行小规模测试。将得到的测试结果与专家再进行沟通讨论，对问卷进行了进一步修正，得到本书的正式问卷。

本书的主题是研究组织柔性对企业突破性创新绩效的影响研究，因此问卷的设计也是围绕这一主题的概念模型展开的，要求问卷的各部分内容能为研究提供需要的有效数据。围绕研究目的和研究内容，问卷涵盖了以下4方面内容。

（1）公司及个人基本信息。包括公司成立年限、地点、行业、员工总数以及答卷者的职务等信息。

（2）组织柔性。组织柔性分为4个维度：结构柔性主要考察结构的扁平化及组织边界的模糊化；资源柔性主要考察资源的适用范围及转换程度；能力柔性则主要从适应环境、应对环境、利用环境三方面来考察；文化柔性则是从塑造企业文化、和谐互动关系及主动学习机制来考察。

（3）突破性创新绩效。包括过程创新绩效及产品创新绩效。

（4）环境动荡性。环境动荡性分为两个方面：市场动荡性主要考察顾客需求变化及竞争对手变化；技术动荡性则主要考察行业技术变化及产品更新速度。

问卷多数题项采用 Likert 七级量表进行测量，因此答卷者的回答难免建立于主观评价基础之上。针对 Fowler（2002）提出的可能造成答卷者回答不准确，进而导致数据偏差的 4 个主要问题，采取了如下 4 项控制措施，以尽量降低其负面影响。

（1）为防止答卷者不了解相关信息所出现的偏差，本书选择了企业的中高层管理者、研发人员等对企业技术研发情况较为熟悉的人员来填写问卷，并标明若"有不清楚的问题请向企业知情者咨询"。

（2）为防止答卷者无法回忆起相关信息带来的偏差，问卷中题项所涉及问题都是企业现阶段或者近三年的情况，从而避免因记忆问题而带来的偏差。

（3）为防止答卷者明知答案而不愿回答或不愿真实回答引起的偏差，问卷明确注明了本研究的目的及意义，并承诺纯属学术研究，不用于任何商业目的，并采用匿名填写的方式，对答卷者提供信息保密。

（4）为防止答卷者不能理解题项含义带来的偏差，问卷在设计过程中就反复听取了课题组专家及成员的意见，并通过预测试，对问卷的措辞进行反复修订与完善，以尽量减少题项难以理解或表达不清的情况发生。

此外，按照 Lee 等（2001）的研究意见，问卷没有说明拟研究的

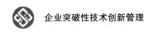

逻辑,并将突破性创新题项放在了其他因素题项后面,排除答卷者受因果关系暗示,以保障问卷的可靠性。

2.2.5 变量的测度

(1) 结构柔性的测度

问卷从组织结构的扁平化和组织边界的模糊化两方面来测量结构柔性,借鉴 Khandwalla (1977)、Higgiins & Diffenbach (1989)、孙宝文等 (2010) 开发的量表,本书共采用 6 个指标来测量结构柔性,如表 2 - 1 所示。

表 2 - 1 结构柔性量表

变量	指标描述	指标来源
结构柔性	贵公司管理层级较少,管理幅度大	Khandwalla, 1977; Higgiins & Diffenbach, 1989;孙宝文等,2010
	贵公司在一定范围内给员工更大的决定权	
	贵公司上下级之间信息交流通畅	
	贵公司内部存在跨部门合作团队	
	贵公司与其他公司存在合作或战略联盟	
	贵公司与供应商/顾客沟通顺畅	

(2) 资源柔性的测度

对于资源柔性,学者们比较认可的是周玉泉、李垣 (2006) 开发的量表,从资源转换的时间、成本以及资源的适用范围三方面来衡量。王铁男等 (2011)、李桦 (2011) 也采用了这一量表,并实证验证了其可靠性。因此，本书沿用这一量表，结合实际，采用了 4 个指标测量资源柔性，如表 2 - 2 所示。

表 2 - 2　　　　　　　　　　　资源柔性量表

变量	指标描述	指标来源
资源柔性	贵公司转变资源用途的成本较低	Sanchez, 1997；周玉泉、李垣, 2006；李桦, 2011；王铁男等, 2011
	贵公司转变资源用途的难度较小	
	贵公司转变资源用途的时间较短	
	贵公司现有资源的适用范围比较广	

（3）能力柔性的测度

本书主要借鉴贾榕霞（2009）对能力柔性的测度，将能力柔性分为适应环境变化、利用环境变化以及制造变化三个层次进行测度，再结合已有的能力柔性的量表，采用 4 个指标测量能力柔性，如表 2 - 3 所示。

表 2 - 3　　　　　　　　　　　能力柔性量表

变量	指标描述	指标来源
能力柔性	贵公司总是能够清晰地明确现有资源的适用范围	贾榕霞, 2009；Hambrick, 1997；汪建成, 2008
	贵公司较易识别环境变化并及时转变资源的用途	
	贵公司总是能够发现现有资源的新用途	
	贵公司能够不断获取和处理新资源	

（4）文化柔性的测度

本书主要借鉴刘益、李垣等（2005）、Mintzberg（1998）、Zahra（2006）的研究成果，总结出文化柔性的测量量表，如表2－4所示。

表2－4　　　　　　　　　　　文化柔性量表

变量	指标描述	指标来源
文化柔性	贵公司时常利用创新意识或新知识重塑企业文化,以适应新环境	刘益、李垣等,2005；Mintzberg,1998；Zahra,2006
	贵公司各职能部门间具有良好和谐的合作互动关系	
	贵公司员工具有主动学习或积极思考的行为模式	

2.2.6　突破性创新绩效的测度

根据 Leifer 等（2000）以及张洪石（2005）对突破性创新的区分，总结出突破性创新的特征：①带来全新的产品或服务；②开创全新的业务；③开辟全新的市场。本研究在问卷的基本情况调查中对这些特征进行了标注，若某公司近三年内未研发出与以上任一特征相符的突破性技术，不符合条件，则排除在样本之外；若企业符合突破性技术的特征，则从过程创新与产品创新两方面衡量其创新绩效。

1. 突破性过程创新绩效的测度

本书参考 Papinniemi(1999)、Zahra 等（2000）、秦剑（2010）对过程创新绩效的测量指标，综合本研究，形成了本研究中突破性过程创新绩效的量表体系（见表2－5）。

表 2 - 5 突破性过程创新绩效的量表

变量	指标描述	指标来源
突破性过程创新绩效	和同行业竞争者相比,贵公司可以及时革新生产设备	Papinniemi,1999;Zahra 等,2000;秦剑,2010
	和同行业竞争者相比,贵公司可以有效革新工艺流程	
	和同行业竞争者相比,贵公司可以有效引进全新的管理控制系统	
	和同行业竞争者相比,贵公司可以有效运营	

2. 突破性产品创新绩效的测度

现有研究在产品绩效的测量方法上差异较大,如 Gemtinden 等 (1996) 从产品开发、现有产品改良两方面测量产品创新绩效。Maria & Orjan(2004) 用减少成本、增加销售额、提高利润率、提升产品质量四项指标来测量产品的创新绩效。Chandy & Tellis(1998) 从产品质量、品牌、顾客满意度来测量,信度系数达到 0.8771。因此,本书在这些研究基础上,确定了突破性产品创新绩效的量表(见表 2 -6)。

表 2 - 6 突破性产品创新绩效的量表

变量	指标描述	指标来源
突破性产品创新绩效	和同行业竞争者相比,贵公司可以开发更多的新产品	Chandy & Tellis, 1998;Subramaniam, 2001;Song & Thieme(2009)
	和同行业竞争者相比,贵公司的新产品具有更好的性能和质量	
	和同行业竞争者相比,贵公司的新产品更能满足客户需求	
	和同行业竞争者相比,贵公司的品牌和市场美誉度更高	

3. 环境动荡性的测度

环境动荡性是指外部环境不断变化，而且这种变化不可预测。本书把环境动荡性分为技术动荡性和市场动荡。参考 Kohli & Jaworski (1990)、王永贵（2003）的研究成果，从技术变化与突破两方面测量技术动荡性、从顾客需求、竞争者变化两方面测量市场动荡性，结合本书研究目的，确定了 6 个测量指标，如表 2-7 所示。

表 2-7   环境动荡性量表

变量	指标描述	指标来源
技术动荡性	本行业的技术经常连续变化	Kohli & Jaworski, 1990；王永贵,2003
	本行业的产品更新速度很快	
	本行业的技术变化很难预测	
市场动荡性	客户不断对产品提出新的要求	
	客户需求变化情况很难预测	
	本行业的竞争者行为很难预测	

2.2.7 数据分析方法

本研究借助 AMOS7.0 和 SPSS19.0 两个统计软件进行数据的统计分析，主要进行数据的描述性统计分析、量表的信度分析和效度分析、结构方程模型、多元回归分析 4 种分析。

1. 描述性统计分析

描述性统计分析主要针对企业的基本情况进行统计分析，对被调查企业的性质、规模、所属行业等进行变量统计分析，主要从样本类型及特性方面进行描述。

2. 量表的信度分析

信度分析是评价量表的一致性及稳定性（贾怀勤，2006），信度的好坏关系着研究结果的好坏。常用的信度指标有 Cronbach's Alpha（Cronbach'sd）系数和折半信度。本书采用 Cronbach's Alpha 系数来检验量表的信度。Cronbach's Alpha 系数是通过检验变量的不同测量问项间的相关程度来检验量表内部一致性的指标。

3. 量表的效度分析

效度是指测量工具进行测量时的准确程度，体现为测量工具能否真实客观地反映属性的差异（贾怀勤，2006）。效度可以分为校标关联效度、内容效度和构念效度三种。本研究中的题项都属直接测量，很难找到其他标准资料作辅助，因此，无法进行校标关联效度的分析。内容效度即检验测量内容的适切性，本书以相关理论为基础，借鉴现有的实证研究进行的问卷设计，并通过专家讨论、小样本预测试等方法加以修订完善，能在一定程度上保证量表的内容效度。构念效度即测量指标测量出理论特质或概念的程度。本研究将采用验证性因子分析来检验问卷的效度。

4. 结构方程模型

结构方程模型是用来研究变量指标与潜变量以及潜变量之间关系的一种统计多变量的研究方法，具体是用收集的数据来检验在理论基础下构建的理论模型。简单来说，结构方程模型可通过变量指标来间接度量潜变量并衡量两个或多个潜变量之间的关系，还可以自动过滤测量误差（陈晓萍、徐淑英，2008）。结构方程模型的流程包括理论模型的推导、路径关系图的构建、模型估计、拟合程度的评价等。本书采用 AMOS7.0 来验证组织柔性对突破性创新绩效影响的主效应结构方程模型，估算每一构面与其观察变量间的影响，对相关假设进行检验。

5. 多元回归分析

多元回归分析用于研究一个解释变量和多个解释变量间的线性统计关系（马庆国，2002）。本研究将通过 SPSS19.0 统计软件，利用多元回归分析对环境动荡性与组织柔性和突破性创新绩效之间关系的调节作用进行验证。

2.2.8 数据分析及结果讨论

本章在 2.2.3、2.2.4 两小节提出概念模型、研究假设以及收集的问卷数据的基础上，对问卷进行描述性统计分析样本特征，进而对量表进行信效度分析，以验证问卷的合理规范性，然后运用结构方程模型、多元回归分析，研究各变量之间的关系，对本书的理论研究假设进行实证检验。

2.2.8.1 样本的描述性统计

本研究发出《组织柔性对企业突破性创新绩效的影响研究》调查问卷共 600 份，部分问卷由于种种原因未得到反馈，共收回问卷 341 份，回收率为 56.83%。问卷中设置了突破性创新的筛选标准：①带来全新产品或服务；②开创全新业务；③开辟全新市场。若某公司近三年内未研发出与以上任一特征相符的突破性技术，则予以剔除。因此在回收问卷中，剔除不符合突破性创新的或者填写不完整的问卷，有效问卷共 242 份，有效回收率为 40.33%。大部分学者都认为，利用最大似然法对结构方程模型进行估计，样本数应达到 100 以上，因此，本次问卷调查有效样本数符合统计分析要求。

1. 所属行业描述性统计

如表 2 - 8 所示，本研究的样本企业所属行业主要涉及工业机械设备、钢铁及材料、计算机/软件、汽车及相关、信息及网络通信、能源资源、家电、化学化工等行业。其中，属于工业机械设备行业的企业最多，占到样本企业的 18.6%，其次是属于信息及网络通信和能源资源业，分别占比 15.3% 和 14.9%，然后是属于家电行业，占比 14.0%。

表 2 - 8　　　　　　　　　　所属行业描述性统计

行业类型	样本数(份)	百分比
工业机械设备	45	18.6%
钢铁及材料	28	11.6%
计算机/软件	10	4.1%
汽车及相关	22	9.1%
信息及网络通信	37	15.3%
能源资源	36	14.9%
家电	34	14.0%
化学化工	10	4.1%
其他行业	20	8.3%
合计	242	100%

2. 企业性质描述性统计

本书根据企业资本的主要来源对样本企业的性质进行分类，如表2-9所示，受调查的企业中，民营（33.5%）、国有或国有控股（32.6%）占了大多数（66.1%）。

表 2-9　　　　　　　　企业性质描述性统计

企业类型	样本数(份)	百分比
国有或国有控股	79	32.6%
民营	81	33.5%
三资—外资控股	25	10.3%
三资—内资控股	31	12.8%
集体	16	6.6%
其他	10	4.1%
合计	242	100%

3. 企业营业额描述性统计

如表2-10所示，样本中企业营业额10亿—50亿元的最多（22.3%），其次是1亿—10亿元（21.9%），50亿—200亿元（19.0%）。

表 2-10　　　　　　　　企业营业额描述性统计

企业营业额	样本数(份)	百分比
5000 万元以下	27	11.2%
5000 万元—1 亿元	42	17.4%

企业营业额(元)	样本数(份)	百分比
1 亿元—10 亿元	53	21.9%
10 亿元—50 亿元	54	22.3%
50 亿元—200 亿元	46	19.0%
200 亿元以上	20	8.3%
合计	242	100%

4. 受调查人员的职位描述性统计

表 2 - 11 对受调查人员的所在职位进行了简单统计,参与创新活动、熟悉企业创新情况的研发人员比例占 40.5%,而对企业情况比较了解的中层管理者、高层管理者也分别占 27.7% 和 15.3%。

表 2 - 11　　　　　　　受调查人员的职位描述性统计

职位类别	样本数(份)	百分比
高级管理者	37	15.3%
中层管理者	67	27.7%
研发人员	98	40.5%
其他	40	16.5%
合计	242	100%

综上所述,无论是从企业性质、所属行业还是从营业额、受调查人员工职位来看,本研究的样本覆盖范围都很广泛,具有较好的代表性。

2.2.8.2 研究量表检验

量表的信度分析是为了评价量表内部的一致性、稳定性及可靠性。信度的优劣有关研究结果的好坏，因此首先要对量表进行信度分析。

本书采用 Cronbach's Alpha 值检验量表的信度，衡量同一变量的不同问项间的相关程度，Cronbach's Alpha 值越大，信度越高。一般而言，量表的信度系数在0.6—0.7表示可以接受，0.7以上表示具有高信度。这就说明，若量表的信度系数在0.6以下应增加、删减题项或重新修订量表。本书利用 SPSS19.0 for Windows 统计分析软件检验量表的内部一致性，如表2-12所示，各测量因子的量表都具有较高的信度，量表可以接受。

表2-12 量表信度检验汇总

因 子	测量变量数	Cronbach's Alpha
结构柔性	6	0.892
资源柔性	4	0.831
能力柔性	4	0.844
文化柔性	3	0.753
突破性过程创新	4	0.738
突破性产品创新	4	0.776
市场动荡性	3	0.757
技术动荡性	3	0.816

本书运用验证性因子分析来检验量表的构思效度。验证性因子分析是在已知因子的前提下验证数据是否按预想的结构方式作用，因此，能够达到检验因子是否拟合实际数据的能力。

下面分别论述 8 个验证性因子的分析结果。

1. 结构柔性的验证性因子分析

运用 AMOS7.0 对结构柔性进行验证性因子分析。图 2 - 2 是结构柔性的验证性因子分析结果，结构柔性由 X_1、X_2、X_3、X_4、X_5、X_6 6 个观测变量构成。

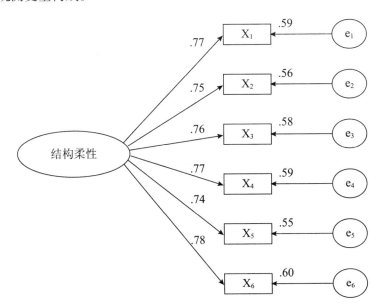

图 2 - 2　结构柔性的验证性因子分析

如表 2 - 13 所示，结构柔性的各观测变量均达到了显著性水平要求（$P < 0.001$），即具有较好的收敛效度。

表 2 - 13　　　　　　　　　结构柔性效度分析结果

一阶因子	观测变量	标准载荷系数 λ	P
结构柔性	X_1	0.765	—
	X_2	0.749	***
	X_3	0.763	***
	X_4	0.769	***
	X_5	0.741	***
	X_6	0.775	***

注:"***"表示 0.01 水平上显著,下同。

2. 资源柔性的验证性因子分析

运用 AMOS7.0 对资源柔性进行验证性因子分析。图 2 - 3 是资源柔性的验证性因子分析结果,资源柔性由 X_7、X_8、X_9、X_{10} 4 个观测变量构成。

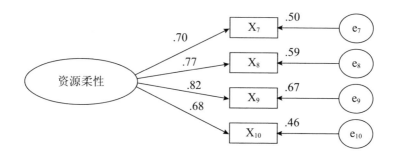

图 2 - 3　资源柔性的验证性因子分析

如表 2 - 14 所示,资源柔性的各观测变量均达到了显著性水平要求($P < 0.001$),即具有较好的收敛效度。

表 2-14　　　　　　　　　资源柔性效度分析结果

一阶因子	观测变量	标准载荷系数 λ	P
资源柔性	X_7	0.705	—
	X_8	0.768	***
	X_9	0.820	***
	X_{10}	0.681	***

3. 能力柔性的验证性因子分析

运用 AMOS7.0 对能力柔性进行验证性因子分析。图 2-4 是能力柔性的验证性因子分析结果，能力柔性由 X_{11}、X_{12}、X_{13}、X_{14} 4 个观测变量构成。

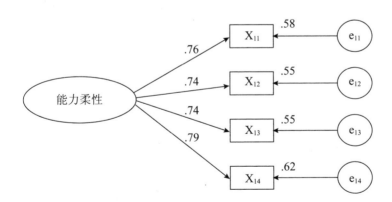

图 2-4　能力柔性的验证性因子分析

如表 2-15 所示，能力柔性的各观测变量均达到了显著性水平要求（$P < 0.001$），即具有较好的收敛效度。

表 2 – 15 能力柔性效度分析结果

一阶因子	观测变量	标准载荷系数 λ	P
能力柔性	X_{11}	0. 762	—
	X_{12}	0. 742	***
	X_{13}	0. 742	***
	X_{14}	0. 786	***

4. 文化柔性的验证性因子分析

运用 AMOS7. 0 对文化柔性进行验证性因子分析。图 2 – 5 是文化柔性的验证性因子分析结果，文化柔性由 X_{15}、X_{16}、X_{17} 3 个观测变量构成。

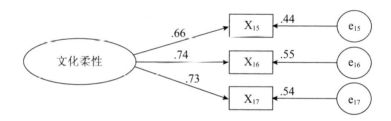

图 2 – 5 文化柔性的验证性因子分析

如表 2 – 16 所示，文化柔性的各观测变量均达到了显著性水平要求（$P < 0.001$），即具有较好的收敛效度。

表 2 – 16 文化柔性效度分析结果

一阶因子	观测变量	标准载荷系数 λ	P
文化柔性	X_{15}	0. 660	—
	X_{16}	0. 744	***
	X_{17}	0. 732	***

5. 突破性过程创新的验证性因子分析

运用 AMOS7.0 对突破性过程创新进行验证性因子分析。图 2-6 是突破性过程创新的验证性因子分析结果，突破性过程创新由 X_{18}、X_{19}、X_{20}、X_{21} 4 个观测变量构成。

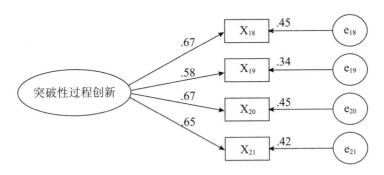

图 2-6　突破性过程创新的验证性因子分析

如表 2-17 所示，突破性过程创新的各观测变量均达到了显著性水平要求（$P < 0.001$），即具有较好的收敛效度。

表 2-17　　　　　　突破性过程创新效度分析结果

一阶因子	观测变量	标准载荷系数 λ	*P*
突破性过程创新	X_{18}	0.671	—
	X_{19}	0.580	***
	X_{20}	0.670	***
	X_{21}	0.651	***

6. 突破性产品创新的验证性因子分析

运用 AMOS7.0 对突破性产品创新进行验证性因子分析。图 2-7 是突破性产品创新的验证性因子分析结果，突破性产品创新由 X_{22}、

X_{23}、X_{24}、X_{25} 4 个观测变量构成。

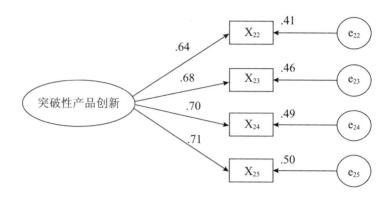

图 2 - 7   突破性产品创新的验证性因子分析

如表 2 - 18 所示，突破性产品创新的各观测变量均达到了显著性水平要求（$P < 0.001$），即具有较好的收敛效度。

表 2 - 18   突破性产品创新效度分析结果

一阶因子	观测变量	标准载荷系数 λ	P
突破性产品创新	X_{22}	0.641	—
	X_{23}	0.678	***
	X_{24}	0.698	***
	X_{25}	0.710	***

7. 市场动荡性的验证性因子分析

运用 AMOS7.0 对市场动荡性进行验证性因子分析。图 2 - 8 是市场动荡性的验证性因子分析结果，市场动荡性由 X_{26}、X_{27}、X_{28} 3 个观测变量构成。

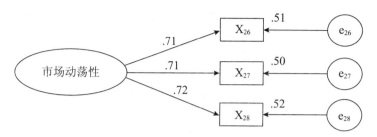

图 2 - 8　市场动荡性的验证性因子分析

如表 2 - 19 所示，市场动荡性的各观测变量均达到了显著性水平要求（$P < 0.001$），即具有较好的收敛效度。

表 2 - 19　　　　　　　　市场动荡性效度分析结果

一阶因子	观测变量	标准载荷系数 λ	*P*
	X_{26}	0.714	—
市场动荡性	X_{27}	0.706	***
	X_{28}	0.722	***

8. 技术动荡性的验证性因子分析

运用 AMOS7.0 对技术动荡性进行验证性因子分析。图 2 - 9 是技术动荡性的验证性因子分析结果，技术动荡性由 X_{29}、X_{30}、X_{31} 三个观测变量构成。

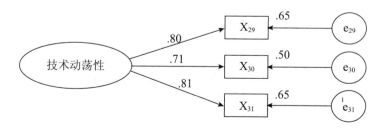

图 2 - 9　技术动荡性的验证性因子分析

如表 2-20 所示，技术动荡性的各观测变量均达到了显著性水平要求（$P < 0.001$），即具有较好的收敛效度。

表 2-20　　　　　　　　技术动荡性效度分析结果

一阶因子	观测变量	标准载荷系数 λ	P
技术动荡性	X_{29}	0.805	—
	X_{30}	0.709	***
	X_{31}	0.805	***

2.2.8.3　结构方程模型分析

结构方程可以通过设定观测变量来测量难以被直接测量的潜变量，通过分析观测变量之间的统计关系来研究潜变量之间的关系，并且可以同时处理多个因变量，允许变量存在测量误差。这些是优于传统的统计分析方法的。结构方程模型还允许衡量潜变量之间关系时，自变量之间存在多重共线性（陈晓萍、徐淑英、樊景立，2008）。本书采用 AMOS7.0 分析软件来进行结构方程的路径分析、假设检验，用于证明潜变量之间关系的同时，还可以验证模型的收敛性。

本研究利用 AMOS7.0 设定了组织柔性对企业突破性创新影响作用的结构方程模型（不包括调节变量），如图 2-10 所示。根据理论和图示，模型共有 6 个潜变量和 25 个观测变量，其中，结构柔性、资源柔性、能力柔性和文化柔性这 4 个是外生潜变量（Exogenous Latent Variables），突破性过程创新和突破性产品创新这 2 个是

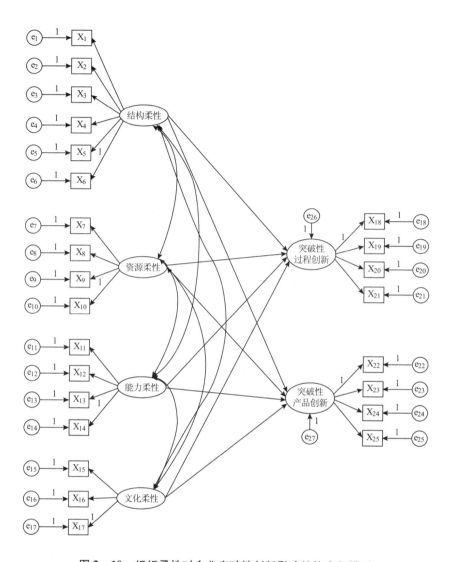

图 2 - 10 组织柔性对企业突破性创新影响结构方程模型

内生潜变量（Endogenous Latent Variables）。除了潜变量和观测变量外，模型中还存在着 e_1—e_{25} 共 25 个观测变量的残差变量和 e_{26}、e_{27} 这 2 个内生潜变量的残差变量，它们的路径系数默认值为 1。

利用 AMOS7.0 对"组织柔性对企业突破性创新影响作用的结构方程模型"进行参数估计，结果如图 2 - 11 所示。

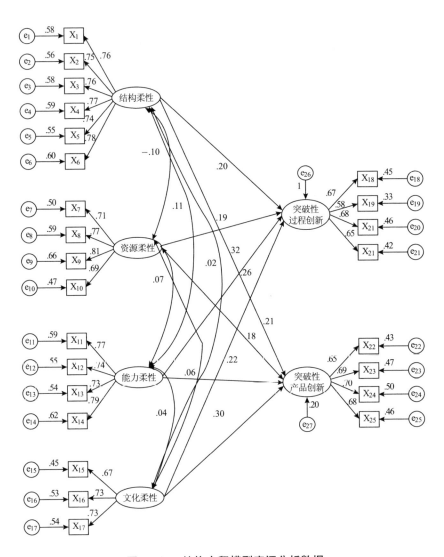

图 2-11　结构方程模型实证分析数据

模型整体拟合优度指标主要有四类：绝对拟合优度指标（χ^2、χ^2/df、GFI、AGFI）、增量拟合优度指标（NFI、TLI、IFI、CFI）、简约拟合优度指标（PNFI）以及近似误差指数（RMSEA）。利用 A-MOS7.0 计算出来模型的各个拟合指标，如表 2-21 所示。

表 2 – 21　　　　　　　　整体模型的拟合优度检验

$\chi^2 = 276.388$	$df = 261$	
拟合指数	数值	理想数值
χ^2/df	1.059	1 – 3
AGFI	0.900	>0.8
GFI	0.920	>0.9
RMSEA	0.016	<0.08
NFI	0.885	>0.9
IFI	0.993	>0.9
CFI	0.993	>0.9
TLI	0.992	>0.9
PNFI	0.770	>0.5

　　拟合优度指标反映的是整体结构模型的可接受程度。绝对拟合优度指标将设定模型与饱和模型对比反映模型拟合效果,从表 2 – 21 结果来看,模型的 χ^2 值为 276.388,自由度为 261。χ^2/df 为 1.059,表示指数水平可接受 GFI 值为 0.920,大于标准值 0.9;AGFI 为 0.900,大于标准值 0.8,表示模型的绝对拟合度符合标准。

　　增量拟合优度指标是将设定模型与基准模型比较,反映改进程度的指标。从表 2 – 21 可以看出,模型的 NFI 值为 0.885,略低于标准值 0.9;IFI 为 0.993,大于标准值 0.9;CFI 为 0.993,远高于标准值 0.9;TLI 为 0.992,也大于标准值 0.9,表示模型的增量拟合度良好。

对于简约拟合度指标而言，模型参数越多，指标越不理想。本书设定的模型参数较多，因此简约拟合度指标 PNFI 略低于其他指标，但 PNFI 值也达到了 0.770，远大于标准值 0.5，这表示模型简约拟合度也在可接受的范围内。

从分析结果来看，近似误差平方根 RMSEA 值为 0.016，小于标准值 0.08，说明模型近似误差平方根拟合较好。

通过以上分析，模型的拟合度都在可以接受的范围内，样本数据与理论模型拟合较好，说明模型的设定的合理的，因此进行下一步的假设检验。

表 2－22 所示为模型各潜变量之间的路径关系系数估计结果，对研究假设进行检验。

表 2－22　　　　　　　　潜变量之间的路径关系系数估计结果

			Estimate	S. E.	C. R	P	Estimate（标准化）
突破性过程创新绩效	<——	结构柔性	0.169	0.064	2.652	0.008	0.204
突破性产品创新绩效	<——	结构柔性	0.167	0.060	2.793	0.005	0.213
突破性过程创新绩效	<——	资源柔性	0.186	0.076	2.442	0.015	0.194
突破性产品创新绩效	<——	资源柔性	0.161	0.071	2.270	0.023	0.177
突破性过程创新绩效	<——	能力柔性	0.251	0.065	3.882	***	0.319
突破性产品创新绩效	<——	能力柔性	0.165	0.059	2.815	0.005	0.220
突破性过程创新绩效	<——	文化柔性	0.236	0.077	3.059	0.002	0.259
突破性产品创新绩效	<——	文化柔性	0.260	0.074	3.521	***	0.301

假设 1 检验：如表 2 - 22 所示，结构柔性到突破性过程创新绩效之间路径系数的标准化估计值为 0.204，临界值（C. R.）为 2.652，大于标准值 1.96，路径系数在 0.01 的水平上显著，说明结构柔性有利于企业的突破性过程创新，即假设 1 成立。

假设 2 检验：如表 2 - 22 所示，结构柔性到突破性产品创新绩效之间路径系数的标准化估计值为 0.213，临界值（C. R.）为 2.793，大于标准值 1.96，路径系数在 0.01 的水平上显著，说明结构柔性有利于企业的突破性产品创新，即假设 2 成立。

假设 3 检验：如表 2 - 22 所示，资源柔性到突破性过程创新绩效之间路径系数的标准化估计值为 0.194，临界值（C. R.）为 2.442，大于标准值 1.96，路径系数在 0.05 的水平上显著，说明资源柔性对企业的突破性过程创新绩效的影响不显著，资源柔性并没有给企业的突破性过程创新带来正向的驱动作用，即假设 3 不成立。

假设 4 检验：如表 2 - 22 所示，资源柔性到突破性产品创新绩效之间路径系数的标准化估计值为 0.177，临界值（C. R.）为 2.270，大于标准值 1.96，路径系数在 0.05 的水平上显著，说明资源柔性对企业的突破性产品创新绩效的影响不显著，资源柔性并没有给企业的突破性产品创新带来正向的驱动作用，即假设 4 不成立。

假设 5 检验：如表 2 - 22 所示，能力柔性到突破性过程创新绩效之间路径系数的标准化估计值为 0.319，临界值（C. R.）为 3.882，大于标准值 1.96，路径系数在 0.001 的水平上显著，说明能力柔性有利于企业的突破性过程创新，即假设 5 成立。

假设 6 检验：如表 2 - 22 所示，能力柔性到突破性产品创新绩效之间路径系数的标准化估计值为 0.220，临界值（C. R.）为 2.815，大于标准值 1.96，路径系数在 0.01 的水平上显著，说明能力柔性有利于企业的突破性产品创新，即假设 6 成立。

假设 7 检验：如表 2 - 22 所示，文化柔性到突破性过程创新绩效之间路径系数的标准化估计值为 0. 259，临界值（C. R. ）为 3. 059，大于标准值 1. 96，路径系数在 0. 01 的水平上显著，说明文化柔性有利于企业的突破性过程创新，即假设 7 成立。

假设 8 检验：如表 2 - 22 所示，文化柔性到突破性产品创新绩效之间路径系数的标准化估计值为 0. 301，临界值（C. R. ）为 3. 521，大于标准值 1. 96，路径系数在 0. 001 的水平上显著，说明文化柔性有利于企业的突破性产品创新，即假设 8 成立。

2.2.8.4　环境动荡性的调节效应检验

假设 9a、9b、9c、9d 提出市场动荡性能够正向调节组织柔性各维度对突破性过程创新绩效的影响，假设 10a、10b、10c、10d 提出市场动荡性能够正向调节组织柔性各维度对突破性产品创新绩效的影响，假设 11a、11b、11c、11d 提出技术动荡性能够正向调节组织柔性各维度对突破性过程创新绩效的影响，假设 12a、12b、12c、12d 提出技术动荡性能够正向调节组织柔性各维度对突破性产品创新绩效的影响。参考温忠麟、侯杰泰等（2005）提出的调节效应的检验办法，用带有乘积项的回归模型做层次回归分析：①做突破性创新对三种组织柔性维度和环境动荡性的回归；②将组织柔性与环境动荡性的交叉项加入模型中做回归。为降低多重共线性，将变量做标准化处理。

利用 SPSS19. 0 对模型进行逐步回归分析，结果如表 2 - 23 所示，市场动荡性对结构柔性、文化柔性与突破性过程创新绩效之间关系的调节效应都不显著，只有对资源柔性、能力柔性与突破性过程创新绩效之间调节作用显著（$b = 0.142$，$P < 0.01$；$b = 0.115$，$P < 0.05$），并且是正向的。而技术动荡性对结构柔性、能力柔性、文化柔性与突破性过程创新绩效之间关系具有显著的调节作用（$b = 0.157$，$P < 0.01$；$b = 0.152$，$P < 0.01$；$b = 0.094$，$P < 0.05$），并且是正向的，但是技术动荡性对资源柔性与突破性过程创新绩效之间的关系没有调节作用。因此，假设 9a、9d 不成立，假设 9b、9c 成立；假设 10a、10c、10d 成立，假设 10b 不成立。对于产品创新绩效，市场动荡性对结构柔性、文化柔性与突破性产品创新绩效之间的关系具有显著的正向调节作用（$b = 0.181$，$P < 0.01$；$b = 0.209$，$P < 0.001$），而市场动荡性对于资源柔性、能力柔性与突破性产品创新绩效关系的调节效应却没有得到验证。技术动荡性对于能力柔性、文化柔性与突破性产品创新绩效之间的关系具有显著的正向调节作用（$b = 0.143$，$P < 0.01$；$b = 0.132$，$P < 0.05$），而对结构柔性、资源柔性与突破性产品创新绩效关系的调节作用不成立。因此，假设 11a、11d 成立，假设 11b、11c 不成立；假设 12c、12d 成立，假设 12a、12b 不成立。

表 2 – 23　　　　　　　　　　调节效应的检验结果

变　量	突破性过程创新绩效		突破性产品创新绩效	
	模型 1	模型 2	模型 1	模型 2
结构柔性	0.185**	0.189**	0.180**	0.177**
资源柔性	0.173**	0.179**	0.135*	0.133*
能力柔性	0.254***	0.263***	0.168**	0.193***
文化柔性	0.202***	0.218***	0.222***	0.244***
市场动荡性	− 0.157**	− 0.110	− 0.004	0.041

变　量	突破性过程创新绩效		突破性产品创新绩效	
	模型 1	模型 2	模型 1	模型 2
技术动荡性	- 0.058	- 0.036	- 0.043	- 0.008
结构柔性 * 市场动荡性		- 0.003		0.181 **
资源柔性 * 市场动荡性		0.142 **		0.052
能力柔性 * 市场动荡性		0.115 *		0.073
文化柔性 * 市场动荡性		0.092		0.209 ***
结构柔性 * 技术动荡性		0.157 **		0.014
资源柔性 * 技术动荡性		0.094		0.058
能力柔性 * 技术动荡性		0.152 **		0.143 **
文化柔性 * 技术动荡性		0.094 *		0.132 *
F	6.568 ***	6.698 ***	5.265 ***	5.613 ***
R^2	0.218	0.298	0.214	0.334
调整后 R^2	0.179	0.254	0.165	0.276
$\triangle R^2$		0.080		0.120

注:"***"表示 $P < 0.001$,"**"表示 $P < 0.01$,"*"表示 $P < 0.05$。

2.2.8.5　结果讨论

经过前文运用 AMOS7.0 对组织柔性各维度对突破性过程创新绩效和产品创新绩效影响的分析和 SPSS19.0 对环境动荡性调节作用的验证,本研究的假设检验结果汇总如表 2 - 24 所示。

表 2 - 24　　　　　　　假设检验结果汇总

假设	假　设　内　容	验证结果
假设 1	结构柔性对突破性过程创新绩效具有正向的影响作用	成立
假设 2	结构柔性对突破性产品创新绩效具有正向的影响作用	成立
假设 3	资源柔性对突破性过程创新绩效具有正向的影响作用	成立
假设 4	资源柔性对突破性产品创新绩效具有正向的影响作用	成立
假设 5	能力柔性对突破性过程创新绩效具有正向的影响作用	成立
假设 6	能力柔性对突破性产品创新绩效具有正向的影响作用	成立
假设 7	文化柔性对突破性过程创新绩效具有正向的影响作用	成立
假设 8	文化柔性对突破性产品创新绩效具有正向的影响作用	成立
假设 9a	市场动荡性正向调节结构柔性与突破性过程创新绩效的关系	不成立
假设 9b	市场动荡性正向调节资源柔性与突破性过程创新绩效的关系	成立
假设 9c	市场动荡性正向调节能力柔性与突破性过程创新绩效的关系	成立
假设 9d	市场动荡性正向调节文化柔性与突破性过程创新绩效的关系	不成立
假设 10a	市场动荡性正向调节结构柔性与突破性产品创新绩效的关系	成立
假设 10b	市场动荡性正向调节资源柔性与突破性产品创新绩效的关系	不成立
假设 10c	市场动荡性正向调节能力柔性与突破性产品创新绩效的关系	成立
假设 10d	市场动荡性正向调节文化柔性与突破性产品创新绩效的关系	成立
假设 11a	技术动荡性正向调节结构柔性与突破性过程创新绩效的关系	成立
假设 11b	技术动荡性正向调节资源柔性与突破性过程创新绩效的关系	不成立

假设	假 设 内 容	验证结果
假设 11c	技术动荡性正向调节能力柔性与突破性过程创新绩效的关系	不成立
假设 11d	技术动荡性正向调节文化柔性与突破性过程创新绩效的关系	成立
假设 12a	技术动荡性正向调节结构柔性与突破性产品创新绩效的关系	不成立
假设 12b	技术动荡性正向调节资源柔性与突破性产品创新绩效的关系	不成立
假设 12c	技术动荡性正向调节能力柔性与突破性产品创新绩效的关系	成立
假设 12d	技术动荡性正向调节文化柔性与突破性产品创新绩效的关系	成立

通过实证发现，结构柔性、资源柔性、能力柔性和文化柔性对企业的突破性创新绩效都有显著的正效应，验证了假设 1、假设 2、假设 3、假设 4、假设 5、假设 6、假设 7、假设 8，这表明组织柔性十分有利于企业的突破性创新绩效。

扁平化的组织结构往往能帮助企业克服结构惰性，克服认知惯性，并且传导企业的创新文化，促进企业内部的信息流通，使得组织内部联系更加紧密，有助于将外部资源优势转化为内部能力优势，有利于企业过程和产品的创新。组织边界的模糊化能促进企业内部跨部门的沟通与交流，还可以降低组织间的交易成本，更方便有效地利用外部信息，特别是动态联盟能较好地结合组织间的优势，实现资源的互补、技术的积累，及时掌握市场的动态，从而促进突破性创新。因此，结构柔性越强，对突破性过程创新、产品创新越有利。这与假设 1、假设 2 的验证结果相符。

资源的适用范围广，转换的成本小、时间短、难度小，可以在企业开展不确定的技术创新时，充分利用资源，提高对动态环境的适应能力，维持并提升核心竞争优势。随着资源柔性的增强，企业资源可以更迅速、低成本地转变用途，企业就可以把资源投入新的创新环节、创新领域中，降低风险，获取新竞争优势。技术创新是一个涉及各种资源的复杂过程，而突破性创新的周期长、成本大、风险高，创新资源的不足，更容易成为制约突破性创新的瓶颈。资源柔性能很好地起到"缓冲器"的作用，资源柔性越强，企业越有能力应付动态环境中的不确定性因素，从而促进企业创新活动的开展。因此，资源柔性越高，越有利于企业突破性过程创新、产品创新的进行。这与假设3、假设 4 的验证结果相符。

能力柔性指企业在应对环境变化时，采用探索性的方法发现新资源并整合配置现有资源，以使资源发挥更大价值。其本质上体现为对机会的识别与把握，以及对环境反应的时间与成本。在快速多变的环境中，创新不仅需要企业对现有资源关注，也需要企业对获取新资源、整合配置企业内外部资源，更好地适应动态环境的能力的关注。能力柔性越强，企业适应动态环境的能力就越强，越能发现新机会，迅速通过创新成为市场领先者。因此，能力柔性越强，越能促进企业的突破性创新，这与假设 5、假设 6 的验证结果相符。

塑造与企业相适应的、柔性和谐的文化，能在内部创造出激发、增加与方便企业员工沟通交流的环境。另外，运用创新意识或知识塑造的创新文化，能增进企业的凝聚力。这样的企业更能容忍错误，接受挑战，企业规避风险、应对市场变化的能力更强。而部门间的和谐互动能促进企业员工的工作积极性及创造性，主动的学习机制能促进员工内部的知识共享，增加企业持续创新的潜力，从而促进企业的突破性创新。因此，文化柔性越强，越有利于企业的突破性创新绩效。这与假设 7、假设 8 的验证结果相符。

　　实证结果表明，市场动荡性对资源柔性、能力柔性与突破性过程创新绩效之间关系的调节作用显著，对结构柔性、能力柔性、文化柔性与突破性产品创新绩效之间关系的调节作用显著。技术动荡性对结构柔性、文化柔性与突破性过程创新绩效；能力柔性、文化柔性与突破性产品创新绩效之间的关系起显著调节作用，说明在市场需求变化越剧烈、越难预测，竞争对手的行为越难预测时，资源柔性与能力柔性对于突破性过程创新的作用更明显；转换现有资源在不同部门、不同生产线等方面的用途并整合配置现有资源，必要时利用新发现资源以促进生产设备、工艺的改造以及运营的有效性。而在技术、产品更新换代越快、越难预测的环境中，结构与文化的柔性更有利于突破性过程创新；企业结构的扁平化、柔性化、网络化，文化的包容性、和谐性、主动性更有利于过程的创新。市场越动荡，结构、能力、文化柔性越有利于突破性产品创新，即竞争越激烈、市场变化越快时，结构柔性、能力柔性、文化柔性的作用越凸显，扁平化、模糊边界的企业结构利用新资源、整合配置现有资源，更能带来新性能质量，满足于市场需求的突破性技术的新产品。同时，在动荡的市场环境中，创新型的文化、和谐的部门互动、主动的学习机制更有利于产品的突破性创新。而技术环境越动荡，能力柔性、文化柔性越能促进产品的突破性创新，技术变化越迅速、产品更新换代越频繁；适应并利用环境、把握先机的能力，勇于挑战、不怕失败、主动学习的文化对于产品的突破性创新绩效的作用更明显。

　　对于没有得到实证验证的调节效应假设关系，本书认为可能有以下五点原因：第一，可能与样本结构的偏态分布有关，由于问卷发放与回收的限制，企业所在地多集中在广东、湖南、湖北、云南，因此影响了研究结论的可靠程度。第二，和本研究对组织柔性与环境动荡性的测量方式有关，即答卷者凭主观判断来评价组织的结构柔性、资源柔性、能力柔性、文化柔性以及外部环境的动荡程度，受主观感知的影响，导致部分调节效应没有得到支持。第三，在中国情境下，经济还没有完全市场化，大部分企业对于外部环境变化不敏感，无法及时识别环境并做出调整，因此导致部分调节效应不显著。第四，组织柔性本身就是企业在环境动态变化情况下主动响应的适应性行为，环境动荡性对组织柔性本身就有一定的影响，因此，环境动荡性的调节作用被稀释或者分散了，出现不显著的检验效果。第五，相较于渐进性创新，突破性创新的周期比较长，并且外部环境的影响也需要长期的跟踪研究，而限于研究时间的限制，导致研究结果与预想结果有一定差异。

2.2.9　启示与建议

2.2.9.1　提高企业对环境变化的识别能力

随着市场经济的发展，外部环境瞬息万变，突破性创新寻求的是颠覆性的技术与潜在的市场需求，更应该及时关注环境的动态变化，快速识别环境中的有利机遇和不利挑战，从而提升突破性创新的能力。企业应随着环境的变化不断调整方案，不断观察自身在市场格局中地位的变化，使其能在动态环境中掌握新技术、新知识、新客户。

从市场环境动荡的角度来看，消费者需求偏好变化较快，也难以预测，行业竞争者的行为也难预测，因此，企业若对市场环境有比较强的识别能力，对变化趋势有较准确的判断，就能及时捕捉到市场的动态变化及潜在需求，根据变化做出调整，先入为主，制造先发优势。从技术动荡的角度来看，公司应该密切关注行业及业务领域技术的变化，科学地预测未来技术主导的方向，并在现有的技术领域里有所突破，以开辟新的业务及市场。只有提高对市场和技术环境的识别能力，有机将这两者结合起来，才能为突破性创新提供良好的支持。这些可以从以下三个方面入手：

第一，加强企业高管对环境变化的关注。使企业高管意识到市场、技术信息变化对于突破性创新重要性的关注，进而使得信息获取受到重视，为及时获取有利信息做好准备工作。

第二，建立企业信息网络平台。信息平台是企业主动获取信息的重要渠道。企业可以根据实际需要，适当投入人力、财力及技术，提高企业对信息的识别及利用效率。

第三，提高企业员工的信息意识与素质。员工是信息的直接获取者和利用者，一方面，企业充分了解其对信息的需求，有利于员工很好地开展工作；另一方面，员工对信息的辨别、获取和利用能力，也能使企业提高信息利用效率，对创新工作有重要意义。

2.2.9.2　培育突破性创新企业的组织柔性

侯玉莲、张扬认为，组织柔性与创新能力的提升都是随着环境变化而变化的，如果企业缺少组织柔性就意味着缺乏技术创新能力。通过本书的实证研究，也表明企业的组织柔性对于突破性创新至关重要，因此在实践中，企业应该更加关注对组织柔性的运用。通过增强企业的组织柔性，提升技术创新能力，具体涉及以下4个方面。

（1）培育企业的结构柔性

结构柔性对突破性创新的影响是通过企业的结构调整来实现的，结构是企业资源、能力与文化的硬性载体。为了在动态的复杂环境中生存发展，企业的组织结构不仅要满足组织形式目标的需要，还要适应环境的变化，促进创新的顺利进行。通过减少管理层级，增加管理幅度，促进企业组织形式向扁平化的水平网络式转型。此外，通过项目小组、虚拟经营、战略联盟等形式实现组织结构的弹性化、网络化。就像杰克·韦尔奇在通用电气（GE）公司提出的创建"无边界化企业"一样，去除各职能部门之间的交流阻碍，使得研发、生产、销售、财务等各部门之间都能无障碍沟通，信息能自由流动，做到透明化，同时接纳其他公司的好经验及建议。同时，结构的柔性还需要努力确保组织设计符合企业创新与环境的需求，大胆探索富有柔性的工作流程，提高对变化的快速反应能力及对创新的敏感程度。因此，企业应该从以下三个方面进行。

第一，适当减少企业的管理层级。减少企业的结构层次，扩大管理幅度，使企业的管理层级设计更科学合理，进而使企业的运营变得更灵活敏捷，最终提到管理效率与效能。

第二，成立项目小组。项目小组分为稳定小组和流动小组两类，前者的结构相对稳定，部分成员流动，完成项目，小组也不会解散。而后者是为解决短期具体问题而组建的，项目完成意味着小组也自动解散。项目小组的形式弹性大，适应性强，在充分利用资源的前提下可以对外界做出快速有效的反应。

第三，适时建立动态联盟。在高度不确定的环境中，企业以动态合作的方式组成动态联盟，动员各种优势资源临时组成事业共同体，发挥资源共享的乘数效应，实现以更快的速度响应市场需求和机遇，快速地研发并生产出更具竞争性的产品和服务，谋求更强的创新与竞争优势。

（2）培育企业的资源柔性

增强资源的适用性与可调整性是培育企业资源柔性的基本途径，提高资源的适用范围与转换成本可以增加企业在外部环境变化时的选择权，帮助企业以较小的成本转变战略。企业不同资源的适用范围和可调整性存在差异，如具有多种用途的设备柔性较高，可调整性较强，而专用性资源的刚性比较强，可调整性就较弱；综合性人才适应的工作范围就比较广泛，而一般员工适应的工作范围就比较窄；通用的技术知识、柔性的制造系统这些资源不仅用途广泛，而且能低成本快捷地从一种用途转变到其他用途，而高度专业化的人员、专用的生产线等非柔性的资源就不能移作他用，或只有耗费大量时间成本后才能移作他用。因此，要根据需要适时地增加适用范围广、转换性强的资源，降低反应时间与成本，增强资源柔性，具体来说要从以下三个方面进行。

第一，开拓现有资源的新用途。除专用资源外，许多资源都有很多潜在用途，由于尚未被企业开发或者利用，造成了资源的浪费。例如，一些研发资源不仅可以用于某一个项目，还可以用于其他项目。突破性创新的资源匮乏是一大问题，如果企业能对所有资源进行详细的研究开发，挖掘出资源的新用途，对于突破性创新解决资源问题十分有利。

第二，提高无形资源的利用。企业资源分为无形资源和有形资源，前者更具有柔性的特点。相当一部分有形资源不能移作他用或者需要花费大量成本与时间，因此，无形资源如知识资源、研发资源等，能在更大范围内花费较少成本，更快速地移作他用，提高这些无形资源的利用率，能大大降低资源的转移成本。

第三，提高企业对资源转换的承接能力。资源转换的效率不仅在于资源本身的转换效率，还取决于企业的承接能力。资源快速转换用途后，企业能快速地适应转换的资源，使其迅速融入系统，正常运作，才能真正意义上增强企业的资源柔性。

（3）培育企业的能力柔性

发现新资源并整合配置现有资源，将企业的探索、学习、创新、调整的力量相协调，使企业在适应性、开拓性、竞争性上的能力都有充分的体现，这不仅包括自身要素的整体协调，还涉及资源与能力的相互促动。因此，对于能力柔性的提高，建立在对环境的识别能力上，只有对环境变化具有较准确的判断，才能做到对机会的把握，及时低成本地对环境做出反应，做到适应环境，然后利用环境变化调整战略，制造先发优势，最后达到能主动制造变化，先入为主，把握先机。具体来说，培育企业的能力柔性要从以下三个方面进行。

第一，基于动态环境建立企业的资源配置机制。企业之间、行业之间面临的外部环境是有差异的，同样的环境，对于不同的企业也是不一样的。因此，需要企业根据动态环境建立资源配置机制，明确不同环境下资源如何进行调配，对于适应环境、利用环境有重要意义。

第二，提高企业资源的协调性。企业不同结构层次对资源的要求不同，每项资源要求柔性的程度也不同。因此，每个层次的资源除了要符合各自要求外，企业还要根据战略目标来协调整合各部分的资源，使得各资源能相互协调组合，整体抵御环境变化。

第三，提高企业的战略决策能力。由于环境的复杂性和不确定性，使得企业很难在信息爆炸时代做出满意的决策。因此，提高企业的战略决策能力至关重要，高质有效的战略决策使企业利用环境变化有利因素的同时，还能主动制造变化为自己提供有利条件。

（4）培育企业的文化柔性

企业文化是重要的战略变量，对企业的影响是潜移默化的、深层次的，其与环境的适应性越高，对企业创新的促进作用就会越大。文化柔性是企业的软实力，要致力于培育创新型的文化和学习性的氛围，营造持续创新的精神和崇尚学习的文化氛围，有效开展组织交流与学习，让员工勇于挑战、积极创新，并且有能力不断学习，扩展未来能力。增强文化柔性的关键就是在组织中营造不断学习、积极创新的理念及氛围等文化背景，提倡有利于员工和企业提高学习能力的观念，在企业中形成不断学习创新的氛围。具体从以下两方面着手。

第一，建立良好的沟通与学习机制。创新活动中出现的很多问题都由于沟通的失败，尤其是内部职能部门间沟通的障碍。此外，突破性创新对知识和技能的依赖远大于其他创新。有研究表明，创新活动的驾驭需要员工具备必需的技术与自信，而这些是需要长期的培训和学习来实现的。因此，建立一个员工能自由良好沟通的平台和深入的员工培训与发展计划，有利于企业的创新，促进企业核心竞争力的发展。

第二，创建企业的创新型文化。创新首先需要创新意识。企业的文化对于企业的创新与发展具有深远影响。由于突破性创新在各方面都还不成熟，需要进一步的探索，因此，传统文化中的许多理念与价值不适合突破性创新的发展。而创新型文化对于培养员工的创新能力、责任感，鼓励员工创新，容忍创新失败，营造宽松的创新氛围都有重要的引导作用，尤其是培养员工的创新能力，毕竟空有创新意识是不够的。创新型文化还能促进员工积极提高自身创新能力，促进创新人才队伍的建设。

2.2.9.3　预防组织柔性的陷阱

虽然本书实证结果未验证柔性对创新的曲线效应，但前人的理论与研究都表明柔性并非越强越好，过高的柔性可能会给企业带来负面的作用，形成心理上的优势，从意识上削弱对环境变化的关注，从而较少关心市场动态、行业竞争，使得企业忽视积极参与创新竞争的能力。若不能创造"可持续的柔性"，追求过高的柔性并不能给企业带来任何好处，相反，使企业陷入"柔性陷阱"。具体可以从以下两方面进行。

第一，选择合理的柔性规模。过度的柔性有可能会给企业带来不利的影响外，企业柔性建设是需要投入的，这些投入都是存在时间价值与成本的，柔性规模过大，企业整体的效率反而会降低。因此，通过对企业自身的合理分析，选择适当的柔性规模，保持企业整体效益最大化，才是明智的选择。

第二，保持柔性的动态适应性。环境动荡程度不同，要求的柔性水平不同，要求的柔性组合也不同，环境的特征决定了柔性组合与柔性水平的构成。一方面，柔性的组合与水平要与环境的动荡程度保持一致；另一方面，又受到环境变化的持续威胁。因此，适时地针对环境保持柔性的动态适应性，才能应对环境的威胁。

2.2.9.4　完善企业突破性创新的管理体制

突破性创新的成功进行仅靠组织柔性是不行的，还需要有完善的管理制度对突破性创新起到辅助作用。因此，高效的管理体系是创新的基础，合理安排管理人员，确定创新目标与流程，制定一系列的配套管理与运行机制，加强创新激励等管理必须与创新性质相符合。具体可以从以下四个方面进行。

第一，企业应该建立完善产权制度，做到产权明晰，这是突破性创新成功的前提条件。尤其是创新的知识产权，是一项重要的无形资产，树立对其的保护意识对于企业的持续发展影响深远。

第二，建立突破性创新的管理机构，规范其运作流程。突破性创新需要一个完善高效的管理机构，来保证创新资源的合理分配，创新环节的高效协调，确保技术创新的顺利进行，以及创新成果到产业化的规范运行。这样才能保证企业的突破性创新保质保量地运行，并取得预期效果。

第三，完善企业人才的吸引、保留和激励机制，做到人尽其用，充分发挥人才的才能，并且为优秀人才提供良好的晋升发展空间，完善企业的激励制度，努力提升创新人才的薪酬福利，适时给予精神激励，做到与企业的创新文化相适应，努力留住优秀的创新人才。

第四，企业还要对财务、战略规划等方面建立并完善管理制度，为创新提供良好的支撑。

2.2.9.5 加强政府的引导作用

突破性创新的投入需求较高，往往超出企业的承受范围，同时具有高不确定性、高风险的特点。因此，光靠企业的积极改善是不够的，政府还需要给予扶持，帮助并引导企业加大突破性创新力度，为企业提供强劲的支持和良好的环境。具体可以从以下三个方面着手。

第一，完善市场经济与管理。健全的宏观环境是企业健康发展的重要前提，因此政府应该完善社会主义市场经济，建立健全社会主义市场经济体制。在市场自我调节的同时，政府还要注重市场监督，防止垄断，营造健康公平的市场经济环境，为企业创新的发展与核心竞争力的提升创造良好的宏观环境。

第二，加强科研机构的建设。突破性创新需要强大的科研能力与技术实力的支持，而依靠企业自身的科研水平和技术能力往往达不到要求，还需要与其他科研机构的合作，并适时请科研机构为企业进行人才培养或提供员工培训。而科研机构如高校、研究所等的建设需要一定的资源投入与帮助，政府加强对这些科研机构的投入与扶持，有利于培养高水平人才，从而间接支持企业的创新发展，提升核心竞争力。

第三，提供良好的政策环境。良好的政策环境能激发企业进行突破性创新的热情，提高企业的积极性，在帮助企业解决自身问题的同时促进了行业整体技术的进步，国家经济的发展。具体来说有以下三项政策。

（1）税收政策。为了激励企业进行突破性创新，政府可以在税收与补贴等方面对进行突破性创新的企业给予一定的优惠与减免，帮助其解决一部分资金问题，提高企业进行突破性创新的积极性，激励越来越多的企业进行突破性创新。

（2）融资政策。突破性创新往往需要大量的资金投入，而政府要扶持企业的突破性创新，就要解决资金不足的问题。首先，拓宽企业的融资渠道，如放宽融资条件，放宽债券融资要求，减少企业融资的不利条件，有利于一些有潜力使突破性创新取得成功的企业不受融资问题的阻碍。其次，政府可以针对企业实际情况，适当地为企业向银行担保贷款，在不增加政府负担的前提下，解决企业的资金问题。最后，政府可以建立"创新基金"进行财政拨款，还可以利用贷款贴息、政府投资、鼓励金融机构支持企业进行突破性创新等方式为企业提供资金支持。

（3）人才政策。政府可以通过调节收入分配、改革人事制度等方式有效激励科技人才，鼓励优秀人才加入突破性创新的人才队伍，为企业积累良好的人才储备，从而为进行突破性创新的企业注入新的活力。

第3章 企业突破性技术创新利益相关者治理研究

3.1 企业突破性技术创新中利益相关者构成分析

20世纪60年代，弗里德曼（Freeman）在斯坦福研究学院出版了有关企业利益相关者概念的一本书《战略管理：利益相关者方法》，让"利益相关者"这个术语得到了广泛的认可。利益相关者这个概念的理论基础可以回溯 Berle & Means（1932）出版的关于企业和企业在社会中作用的书，甚至可以追溯到亚当·斯密出版的《道德情操论》。斯坦福研究学院将利益相关者定义为"那些为企业创立出现提供支持的群体，没有这些群体企业就不会出现"。弗里德曼的定义是"影响企业目标取得与否的，或者受企业目标取得与否影响的团体或个人"。利益相关者范围涵盖雇员、供应商、顾客、社会团体以及慈善团体（Freeman，1984）。

随着时间的推移，出现了大量的关于利益相关者的定义对弗里德曼（1984）提出的问题（谁最重要，什么最重要）进行了回答。其中的一些定义范围过大，以致几乎包括了所有人。这个结果得出的构想对经理人来说，要应用是太令人困惑的（Mitchell 等，1997），并且理论的发展没有一致性。比如，Hill & Jones（1992）把利益相关者定义为那些在企业有合法要求权的组成部分。Starik（1994）将利益相关者定义为那些受或可能受企业影响的人群，或者受到企业潜在影响的人群。Clarkson（1995）指出，利益相关者的定义是为企业活动承担风险的个人，可以分成自愿利益相关者和非自愿利益相关者，这取决于他们承担的风险是他们自己要求的还是企业加在他们身上的。

为了对上面的定义做出回应，Mitchell 等（1997）尝试提出一个模式来弄清经理人需要注意的利益相关者。他们的模式基于三个要素：①利益相关者影响企业的能力；②利益相关者与企业之间的合法关系；③利益相关者对企业要求权的紧迫性。利益相关者的突出程度取决于他具有其中几个要素，一两个还是三个。由于包含了紧迫性这个要素，利益相关者特征理论模式从原先的静态模式变成了动态模式，并且与危机管理以及问题管理的研究更为接近。在 Mitchell 等（1997）的研究中，紧迫性不是唯一会变化的要素，但它发生变化不是因为紧迫性出现或者消失，而是在它的程度上。因此，整个模式是动态的，而在能力、合法性以及紧迫性三个要素的基础上，利益相关者可能获得或丢失特性。虽然 Mitchell 等人的利益相关者的属性模式被理论文献广为引用，但是有关利益相关者的实证文献却不倾向于使用他们的模式来定义利益相关者。

本书在归纳国内外相关研究的基础上，提出了一个理论框架来解释企业如何利用利益相关者智力资本来创造价值。企业比较认同的利益相关者主要有：股东、高层管理人员、员工、用户、供应商、分销商、竞争者、合作者、债权人、政府及其他机构；利益相关者智力资本的四个维度：人力上的、结构上的、社会上的以及关系上的。利益相关者人力资本：利益相关者网络中个人具有并使用的知识、技能和能力。利益相关者结构资本：利益相关者网络中数据库、专利、手册、结构、制度和进程中被使用的制度化了的知识和编码化了的经验。利益相关者社会资本：可以通过公司内部个人间交流或可以通过利益相关者之间的相互关系而可供使用的内嵌的知识。利益相关者关系资本：企业从与其外部利益相关者（客户、供应商或者合作伙伴）建立的关系中获得的知识。利益相关者的社交网络的存在与否以及它的种类，主要回答了同谁联系以及怎样联系的问题。也正是通过这些人际关系，人们才遵守经过协议的规则并在共同利益驱使下合作。良好的道德氛围能鼓励双方互信公开，因此有助于促进观念的自由交流，进而促进知识的转移和创造，并最终提高企业的突破性创新绩效。通过以上分析，本书可以构造出全面而系统的利益相关者视角的智力资本对突破性创新绩效影响的概念模型，如图3-1所示。

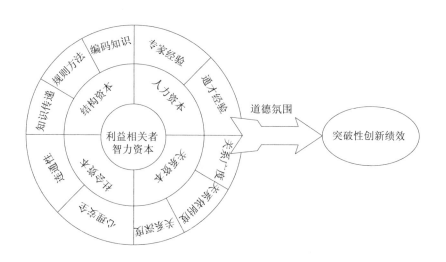

图3-1　利益相关者智力资本与突破性创新绩效概念模型

3.2　利益相关者治理对企业突破性技术创新绩效影响机理的研究

3.2.1　利益相关者人力资本因素对创新绩效的影响

一个项目组解决问题的能力是解释创新项目能否成功的重要因素（Brown & Eisenhardt，1995；Katila & Ahuja，2002）。一个项目组的人力资本是创新的重要原材料之一，因为解决问题的方案往往来自项目组成员，其质量也由成员的知识量决定（Lyles & Mitroff，1980）。拥有相关经验和知识的员工能够对改善生产过程和产品提出较好的解决方案（Gordon，1999；Iansiti，2000；Stewart，1997）。由此又产生了如下几个问题：什么是最终能够改进渐进性创新项目的相关经验和知识？它们与突破性创新项目中的经验和知识有什么区别？

为了评价小组成员相关经验和知识在解决问题时的适用性，研究行为就显得尤为重要。常用的测量人力资本的方法，如教育水平、出版绩效或者工作年限，都不能较好地反映研究行为。小组成员的研究行为可以通过检测专家和通才反映出来（Kang & Snell，2009；Narayanan 等，2009）。研究行为的类型因专家和通才类型的不同而不同，这些研究行为在适用性方面也有所不同，这主要取决于创新项目的类型。Katila & Ahuja（2002）提出了研究行为的两个角度：一是研究深度，其定义是研究解决方案重访先备知识的程度；二是研究广度，其定义是开发新知识的程度。通过深度研究获得的专业知识和技术思想对于渐进性创新大有裨益。与此相反，对于突破性创新，更广范围的研究在掌握可利用技术的新潮流和新机遇方面则十分关键。因此，不同的创新项目需要这两个研究角度的不同组合。相关的研究文献缺乏实证研究，没能对项目组成员行为与创新项目绩效之间的关系进行检测。

一项颇具深度但广度不足的研究可以确定专家的研究行为，这类人"掌握着深层的、本地化的、嵌入式的知识，并在特定的知识领域中有所投入"（Kang & Snell，2009）。他们从本地化研究中获得特定领域的深度知识，如果这些知识与其知识领域相关，则可以促进对新知识的理解和同化（Cohen & Levinthal，1990）。专业经验是通过反复访问相同知识领域而积累得来的。专业经验提供了可靠指导，使得项目组能够在寻求解决方式时避免错误的起步，减少研究过程中犯错的可能性（Levinthal & March，1981）。由此产生的对现有知识的深刻理解可以提供解决方式，以提高现有产品和生产过程的效率（Katila & Ahuja，2002）。但是专家的深度研究行为会对突破性创新产生负面影响。专家从有限的知识领域出发，考虑问题的视角单一，并且一般不会改变观点（Lyles & Mitroff，1980）。基于这样的思维过滤机制，专家只会选择自己比较熟悉的信息，而忽略其他看似无关实则对解决创新项目中的问题很有帮助的信息（Dougherty，1992）。因此，笔者假定项目组专家的专业经验适合于开发性学习，这种学习反过来又强化了专家在本地化研究内部的知识领域，并引起渐进性创新绩效上升到更高水平。与此相反，项目组的专业经验不适用于突破性创新项目，因为其限制了解释性学习扩展知识领域的活动。因此，笔者提出以下假设。

假设1a：项目组的专业经验与渐进性创新绩效呈正相关关系。

假设1b：项目组的专业经验与突破性创新绩效呈负相关关系。

另一方面，通才更适合增强突破性创新能力的解释性学习。深度较低但广度较高的研究可以描述通才的研究行为，这类人"具备多样技术和能力，能够应付各种局面"（Kang & Snell，2009）。例如，在不同行业工作过或者承担过不同任务的项目组成员能够从不同的领域引进新途径来解决手头面临的创新问题。经常与科学界接触的边界人员能够获得新技术并将其整合（Cardinal，2001；Dougherty，1992）。同样，通才进行的广泛研究能够丰富项目组的知识领域并为其补充新元素（Katila & Ahuja，2002；March，1991；Nelson & Winter，1982）。因此，发现解决问题的新方法的可能性就提高了。通才往往要与不同的技术领域打交道，由此锻炼出了对每个领域的不同判断和设想（Ahuja & Lampert，2001）。这样一来，他们对于传统的专业知识领域不感兴趣，而在获得新知识和技能方面则更加灵活（March，1991）。由项目组成员多样经历中产生的多样化视角能够促进集思广益的头脑风暴进程，从而有助于提升项目组的创造力（Cardinal，2001）。

然而，用广度研究来取代深度研究对于渐进性创新来说是不够的。通才可能在问题解决过程中带来不相关的信息，这对理解和解决现存技术问题没有帮助。在渐进性创新项目中，为了改进现有产品和生产过程，在多样化知识领域进行广泛研究而产生的信息会引起与任务相关的争论，主要是在做什么和怎样做这两个方面（Jehn et al.，1999；Narayanan et al.，2009）。组内信息多样化而产生的分歧将延迟整个项目，并导致更多时间和精力消耗在解决冲突上（Pelled et al.，1999）。因此，笔者提出如下假设。

假设 2a：项目组的通才经验与渐进性创新绩效呈负相关关系。

假设 2b：项目组的通才经验与突破性创新绩效呈正相关关系。

3.2.2　利益相关者结构资本因素对创新绩效的影响

结构资本的一个显著例子就是将编码知识以文件、说明、专利和数据库的形式储存起来。当个人隐性知识用言语或表格表述或展示出来时，这一知识就变成了显性知识或信息（Alavi & Leidner, 2001）。编码知识可以在很大程度上对渐进性创新提供支持。首先，过去的记录如图书馆档案和数据库可以使项目组成员获得解决与当前产品和生产过程相关问题的有效指导（Nonaka, 1994）。为了在现有知识储备中大量减少深入研究的时间和成本，很多公司采纳了诸如记忆系统的信息技术，可以进行信息的检索和分配（Malhotra et al., 2005）。其次，人们普遍感觉到知识的可靠性、健全性和合理性都在增强（Katila, 2002）。因此，员工反复利用已积累的知识来解决问题，从而进一步提升了编码知识储备的价值（Danneels, 2002；Lyles & Mitroff, 1980）。这就带来了对现有知识元素之间联系的更深刻的理解，项目组成员由此开发由价值途径整合渐进性创新资源的可能性也提高了（Katila & Ahuja, 2002）。因此，编码知识储存了过去的成功途径，可以帮助项目组成员改善和加强现有知识，从而提升渐进性创新绩效。

但是，编码知识资源一旦核心僵化就会给突破性创新带来不良影响（Danneels, 2002）。由于旧知识的合理性和可获得性，项目组成员会固守与新环境要求不符的旧知识。这种对编码知识的依赖性会导致项目组成员的封闭学习行为并影响他们对环境的反应方式（Nelson、Winter, 1982；Stein & Zwass, 1995）。因此，项目组成员可能没有意识到不同信息的存在，而这些信息对突破性创新格外有利用价值。而且，成员还可能继续依靠现有知识，因为这样做比适应和开发新知识所耗成本要低很多（Henderson, 1993）。公司通常花大量时间和精力建立服务于现有市场的专业智力资本，而突破性创新使现有编码知识被淘汰，至少是部分被淘汰（Rajesh & Gerard，1998）。因此，项目组成员可能过度关注投入知识资源中的旁置成本（沉没成本）而试图尽量保持它们的利用率。这种行为限制了开发的范围，对于突破性创新没有益处。因此，笔者提出以下假设。

假设 3a：编码知识与渐进性创新绩效呈正相关关系。

假设 3b：编码知识与突破性创新绩效呈负相关关系。

作为项目组能掌握的编码知识的补充，管理过程或常规也是公司影响员工行为的结构资本的重要部分（Roos，1998）。常规调控机制在创新文献中是关键因素（Damanpour，1991）。调控机制的一个重要例子就是规则方法——通常被称为形式化——指书面规则中解决问题的步骤，如门径关口或者 DMAIC（定义、测量、分析、提高、控制）（Choo et al.，2007；Jansen et al.，2006）。这种步骤的形式序列或者常规路径通常是从以前的成功活动或最佳案例中总结出来的标准（Benner & Tushman，2003）。因此，规则方法可以成为协助项目组成员解决渐进性创新项目中遇到的问题和事件的有力工具（Henderson，1993；Nahm et al.，2003）。机械路径和过程有助于项目组降低做决定的时间和精力，从而促进整个项目进程。通过沿用之前成功方式来解决项目中的类似问题，项目组成员可以快速有效地解决问题（Rajesh & Gerard，1998；Stein & Zwass，1995）。换句话说，规则方法通过鼓励员工采用旧路径中存储的现有知识，并将其运用于相应的创新任务，从而束缚了个体行为（Kang & Snell，2009）。这一过程反映在与当前产品和过程相关的技术领域内的本地研究中，提升了渐进性创新的性能（Jansen et al.，2006；March，1991；Rosenkopf & Nerkar，2001）。

与此相反，在突破性创新项目中，形式化的规则和过程在解决问题时却效果不佳，因为突破性项目的特点就是具有高水平的不确定性和复杂性。突破性创新的特点使得员工必须具备创造性和灵活性才能更高效地处理好突发问题。通过实验工作和自动化工作来探索新方法可以提高个体的创造力。但是，规则方法不允许员工偏离书面规则，这种要求对于应对新环境来说非常不合理（Cardinal，2001；Jansen et al.，2006；Weick，1979）。因此，解决问题的研究范围应该缩小到现有路径上的知识领域。由于破坏规则会带来相应的惩罚，项目组成员往往不愿承担风险，因此放弃尝试新途径（Henderson，1994；Teece，2007）。由此可以得出，规则方法会阻碍突破性创新的性能。因此，笔者提出以下假设。

假设4a：规则方法与渐进性创新绩效呈正相关关系。

假设4b：规则方法与突破性创新绩效呈负相关关系。

结构资本为突破性创新带来变化性加强的行为，这与仅仅通过差异来提高当前产品或生产过程的性能是有区别的（Taylor、Greve，2006）。用于解决破坏性事件的知识转化是变化性加强行为的表现之一。破坏性事件指破坏工作活动（高度自动化）路径的那些突发事件（Adler et al.，2009；Zellmer – Bruhn，2003）。这样的例子包括引进新机器、工具或其他技术，接受来自权威或咨询专家的干涉，处理诸如团队重组或团队任务重新设计之类的结构变化、设定新目标，以及鼓励工程进行中的实验等（Adler et al.，2009；Gersick、Hackman，1990）。

破坏性事件在项目组内部产生了新的工作环境和不同的工作负荷、工作压力、合作问题以及时间压力（Kirmeyer，1988；Perlow，1999）。这种破坏自然而然地被看作消极事件并被控制到最小化。然而，近期研究表明，项目中的突发性变化会带来新知识的获得，只要项目组成员能够从组外找到合适的途径来应对挑战（Levinthal & Rerup，2006；Zellmer – Bruhn，2003）。

小组通常会坚持现有或既定方法来解决突发事件带来的问题。在这种情况下，对其他工作组解决过去类似问题的方法进行检验有利于克服这种广度有限、深度充足的问题解决方式。通过有意识地参与研究和获取其他组设计的新方式，项目组成员能够转移注意力并重新审视当前的路径，从而解决问题（Gersick & Hackman，1990；Taylor & Greve，2006）。这样一来，他们能够打破惯例并更有可能参与到跨组知识传递的活动中来。因此，为解决突发性变化的知识传递活动提供了新环境，使项目组成员在其中进行突破性创新的解释性学习。

另外，在渐进性创新项目中，恰当的问题解决过程是结构合理的过程，知识转移和传递活动会成为阻碍项目进程的干扰或瓶颈（Adler et al.，2009）。每次新知识的刺激因素从组外引进时，组内成员就要花时间和精力去定义新情况和行动策略来适应新知识（Gersick & Hackman，1990）。项目组成员从其他组中学习的新方法越多，当前任务中原先不需要解决的问题就暴露得越多（Gersick & Hackman，1990）。增多的问题会动摇项目组成员对于处理事情的信心。因此，破坏性事件带来的知识转移会阻碍项目组的专注学习效率和快速解决问题的能力，而这两者是渐进性创新中必不可少的成分。所以，笔者提出以下假设。

假设 5a：知识转移与渐进性创新绩效呈负相关关系。

假设 5b：知识转移与突破性创新绩效呈正相关关系。

3.2.3 利益相关者社会资本因素对创新绩效的影响

与数据库和进程中能找到的显性知识不同,隐性知识只在人际互动过程中显现出来 (Ehin, 2000)。因此,社会资本是智力资本的另一个重要因素 (Nahapiet & Ghoshal, 1998; Richardson, 1986)。现有的研究文献强调了非正式社会机制下知识在创新活动中的分享和创造。

连通性是指小组成员之间进行直接联系的便利性 (Jansen et al., 2006; Jaworski & Kohli, 1993)。这种联系可以是真实的 (如会议、非正式谈话等),也可以是虚拟的 (如电话联系和电子邮件等)。当项目组成员在没有时间、地点或情感障碍的情况下彼此联系时,他们就能更快地获得和整合同事的隐性知识,这是基于发达的网络联系和个人关系而做到的 (Burt, 1992)。在发现和获得知识过程中有所提高的效率对于渐进性创新来说大有裨益,项目组成员可以从中及时获得普遍知识 (Jansen et al., 2006; Subramaniam & Youndt, 2005)。对当前产品和生产过程的理解也通过经常性无障碍的人际交流得到了改善和深化,从而促成渐进性创新绩效达到更高水平。

连通性在某种程度上也能提高突破性创新项目的性能。新知识的创造和科学发现都需要项目组成员共同参与到实验和讨论过程中来 (McFadyen & Cannella Jr, 2004)。与同事之间便捷的交流可以增加人与人之间的讨论和合作次数。因此,彼此连接的项目组成员更倾向于分享和整合不同的知识要素,从而创造新知识 (Nahapiet & Ghoshal, 1998)。但是,研究文献表明突破性创新内部过高水平的连接性也会产生消极效果。在某个时刻,进一步发展的连接性会在项目组成员内部造成相似性或者牢固的规则,从而限制了项目组对待不同处事方法的开放程度，并降低了研究范围（Jansen et al.，2006；Kang et al.，2007；Nahapiet & Ghoshal，1998）。因此，笔者提出了如下假设。

假设 6a：连通性与渐进性创新绩效呈正相关关系。

假设 6b：连通性与突破性创新绩效之间的关系呈倒 U 形。

心理安全被定义为"能够展示并运用自身形象、地位和事业"的心态（Kahn，1990）。在这种文化中，员工冒着风险提出自己的看法来改变现有体系时是有安全感的（Edmondson，1999；Roth，Marucheck et al.，1994；Tu et al.，2006）。通过提问、寻求反馈、上报错误或者不考虑被错误对待的人际关系风险而提出新看法，项目组成员追求在问题解决过程中的变化（Edmondson，2004；Stein & Zwass，1995）。他们的研究领域由此扩展到了组外。一个心理安全水平较高的项目组愿意邀请组外客户和专家参与到问题解决的过程中来，从而获得更好的思路或者反馈（Choo et al.，2007）。因此，项目组能够提出独特而新式的解决方案，替代现有知识，促使突破性创新达到更高水平。

心理安全也能促进开发性学习从而支持渐进性创新。当项目组成员讨论所犯错误没有不适感觉时，他们更易激发起分享、讨论自己的知识和经验的兴趣（Siemsen et al.，2008）。因此，项目组应该通过开发性学习来增强对现有产品和生产过程的意识。然而，心理安全水平过高也会增加创新项目中的异类观点和看法，这会扰乱问题解决的过程。由此产生的高成本知识整合对于渐进性创新项目是有害的，因为新观念很大一部分都与发展当前产品和生产过程无关（Katila & Ahuja，2002）。因此，笔者认为心理安全在渐进性创新中有时会产生弊大于利的结果，而在突破性创新中却主要发挥支持作用。所以，笔者提出以下假设。

假设 7a：心理安全与渐进性创新绩效之间呈倒 U 形关系。

假设 7b：心理安全与突破性创新绩效呈正相关关系。

3.2.4 利益相关者关系资本因素对创新绩效的影响

智力资本也包括关系资本，这是社会资本的另一种表现，与外部合作伙伴如客户和供应商有关。关系资本意味着公司可以利用、转移和整合来自外部的知识储备（Kang et al.，2007）。三个要素可以用来确定关系资本的性质：关系依附度、关系深度和关系广度（Stewart，1997）。

关系依附度指合作伙伴之间的社会互动中产生的情感和专有联系的程度。关系依附度以忠诚（Stewart，1997）或承诺（Krause et al.，2007）的形式表现出来。承诺被定义为"交流伙伴之间对于关系持续性的隐性或显性保证"（Dwyer et al.，1987）。高水平的承诺意味着联系的各方愿意通过兑现彼此之间的责任来维持特定的关系，从而获得高水平满意度。然后，其他潜力关系实际上就受到了阻碍，公司与其现有伙伴之间高度承诺的关系变得独特而专一（Dwyer et al.，1987）。换句话说，承诺代表了从关系中获得的专业技能和知识的专有程度，使得其他竞争者不能轻易模仿和获得（Stewart，1997）。基于各方之间的承诺，相互联系的公司可以培养互惠互利的准则或者高度信任感（Eisenberger，1990；Kang et al.，2007；Putnam，1995）。这种合作知识分享能够促进渐进性创新发展。例如，承诺有义务关系的供应商可以通过提供更多关于现有产品各部分的专业技能和技术信息来协助制造公司加强其现有知识（Koufteros et al.，2007）。

关系的依附性和突破性创新之间的联系尚不明确。与亲密客户之间具备了流畅知识共享和交流以后，公司可以及时发现市场中未能满足的需求，从而进行突破性创新活动。例如，一些像英特尔公司这样的高科技公司，就从愿意与他们分享对于产品的不满和意见的忠实客户那里获得了生产创新型产品的新思路（Brooking，1997）。但是，这种外部伙伴间的独特关系也会阻止来自公司竞争者的技术外溢，而技术外溢恰恰是新知识的另一个主要来源（Fischer，2006；Knott，2008）。而且，公司发展其外部伙伴的关系资本时，这些关系中产生的知识也因相互分享的理解力、习惯、经验和语言而变得多余（McFadyen & Cannella Jr，2004）。合作伙伴之间的资源聚合限制了这些关系中产生的知识储备的范围。如果外部合作者还与其他竞争者互动（如关系依附度较低），那么新的行业知识就很容易被转移到该公司，从而威胁到突破性创新。因此，笔者提出如下假设。

假设8a：与外部合作伙伴之间的关系依附度与渐进性创新绩效呈正相关关系。

假设8b：与外部合作伙伴之间的关系依附度与突破性创新绩效呈负相关关系。

关系资本的另一个要素是关系深度，代表着外部合作伙伴在创新项目过程中的参与程度。外部合作者参与到项目中会带来公司间知识的分享，以及提供允许合作公司界定有价值知识并进行跨公司转移的界面（Dyer & Singh，1998）。基于形式化的路径，合作伙伴迅速而高效地分享技术知识并兑现突发性责任（Brown & Eisenhardt，1995）。由与外部合作伙伴的深层互动而产生的覆盖的知识基础在渐进性项目中发挥着重要作用。例如，供应商通常比客户公司具备更多关于子系统、部分和材料的专业信息和技术。因此，与客户公司的工程师合作时，供应商的工程师可以及时提供改进当前产品和生产过程的多种方法（Koufteros et al.，2007）。

关系深度对于突破性创新的意义就比较复杂了。首先，供应商和客户较早参与到创新项目中来，可以在技术、材料和功能方面显著改变产品和生产过程的最终特点（Petersen et al. , 2005；Song & Di Benedetto，2008）。除非公司将合作方的多种观念和知识都在项目早期进行了整合，否则其对产品和生产过程实现创新改变的能力就会由于预设的规格而受到限制。因此，在项目一开始就与外部合作伙伴进行广泛互动是突破性创新的前提，考虑到突破性创新包含了对新知识的有效研究、整合和创造。但是，研发新产品（NPD）的研究显示，外部合作伙伴在早期介入项目会威胁到创新项目的灵活性。例如，制造指向型的合作伙伴在设计阶段加入项目不利于突破性创新的发展。考虑到新产品的可制造性，功能不同的各方在 NPD 项目的早期参与进来能够确保设计和现有制造水平之间的契合度（Swink，1999）。因此，制造指向型供应商会要求设计者或研发各方根据现有的制造技术调整新观念，从而限制他们的创造性（Adler，1995）。因此，笔者提出如下假设。

假设 9a：与外部合作伙伴的关系深度与渐进性创新绩效呈正相关关系。

假设 9b：与外部合作伙伴的关系深度与突破性创新绩效呈负相关关系。

关系资本的另一个要素是关系广度，是指与外部合作者的关系数量（Burt，1992；Stewart，1997）。为了提出新观点，公司需要长期追踪并抓住每个与技术变化和客户需求有关的机遇（Nelson & Winter，1982）。因此，在创新项目中有外部合作伙伴的参与会带来很大的收益，能够使在多样化信息资源中的广泛调查成为可能（Teece，2007）。未能跨越公司界限的研究很有可能受限于现有体系或使随后的技术发展在较低层面上进行（Rosenkopf & Nerkar，2001）。总的来说，参与创新项目的不同背景的公司数目越多，公司产生的思想越多样，知识也越多（Schilling & Phelps，2007；Tsai，2001）。通过将不同合作者的多样化观点整合起来，项目组可以扩展其知识领域的范围，并获得对突破性创新的新见解。

然而，过多的合作者对于渐进性创新却未必是好事。与外部合作者建立并维持关系需要时间和精力（McFadyen & Cannella Jr，2004）。将合作者不同的观点和看法整合起来也会造成信息加工和协商过程的高成本（Nambisan，2003）。因此，外部各方参与创新项目可能会导致延缓决策过程。对于渐进性创新来说，由于外部关系的出现而增加的成本和时间带来的弊端会大于有关现阶段产品和生产过程的知识分享所带来的好处。所以，笔者提出以下假设。

假设 10a：与外部合作伙伴的关系广度与渐进性创新绩效呈负相关关系。

假设 10b：与外部合作伙伴的关系广度与突破性创新绩效呈正相关关系。

3.3　企业突破性技术创新利益相关者治理模式研究

20 世纪 60 年代，全球企业普遍遇到了一系列现实问题，如企业伦理、员工纠纷与企业环境管理等问题，从而催生了利益相关者理论迅速成长。与传统的股东本位理论主要区别在于，利益相关者理论认为企业的发展离不开各种利益相关者的投入或参与，企业追求的是利益相关者整体的利益，而不仅仅是股东的利益。当这些利益相关者在企业中注入了专用性投资后，他们或是分担了一定的经营风险，或是为经营活动付出了代价，企业的经营决策就要考虑他们的利益，并给予相应报酬和补偿。从这个角度上来讲，企业是一种治理与管理专业化投资的制度安排。有学者认为，公司治理结构就是一种解决股份公司各种代理问题的机制，规定着企业内部不同要素的所有者关系，特别是通过显性合同和隐性合同对剩余索取权与控制权的分配，从而影响企业家和股东的关系。

此时的公司治理意义则不限于股东对经营者制衡，而是涉及广泛的利益相关者，包括股东、雇员、债权人、供应商、政府和社区等与公司有利益关系的团体。公司治理正是通过一套包括正式或非正式、内部或外部的制度或机制来协调公司与利益相关者之间的利益关系，保证公司决策的科学性，从而维护公司各方面的利益。这种制度安排决定由谁控制、企业为谁服务、利益和风险如何在各利益团体间分配等一系列问题。这种制度安排的合理性是企业绩效最重要的决定性因素之一。因为在广义上，公司已不仅仅是股东的公司，而是利益共同体，公司的治理机制也不仅局限于以治理结构为基础的内部的治理，而是利益相关者经过一系列的内外部机制来实施共同治理；治理目标不仅仅是股东利益的最大化，而是保证公司决策的科学性，从而保证公司各利益相关者的利益最大化。

因此，公司成为由人力资本所有者、物质资本所有者以及债权人等利益关系人组成的契约组织，公司法人治理结构被理解为股东、职工、债权人等利益关系人之间公司经营和权利的配置机制。利益相关者治理模式是一种让所有通过专用性资产投入，为公司财富创造做过贡献的产权主体参与公司的组织机制、决策控制机制与利益分配机制中的一种公司治理结构。

利益相关者理论给绩效评价提供了一个新的理论框架，尽管将利益相关者理论运用到创新绩效评价体系中比较少，但一些相关研究还是提供了借鉴之处。陆庆平（2006）指出，应该建立以企业价值最大化为导向的企业绩效评价体系，通过正确处理企业的利益相关者如股东、员工、债权人和政府等与企业的利益关系，在保证企业长期稳定发展的基础上实现企业价值最大化。贾生华等（2003）剖析了基于利益相关者要求的绩效评价方法的理论基础、分析框架，且以员工的利益要求及其实现方式为例说明了这种绩效评价方法应用的过程。陶锐（2006）从利益相关者权力和利益角度从企业和项目层面研究创新利益相关者分类的管理策略。吴玲等（2003）将企业对利益相关者的分类管理及其绩效评价结合起来，提出对利益相关者实施分类管理的绩效评价体系，最后使用标杆法制定定量管理策略与分类管理策略。稽登科（2006）从吸收能力视角研究企业网络对创新绩效的影响，张方华（2006）、陈劲等（2002）和韦影（2005）都从社会学角度研究社会资本与创新绩效之间的关系，体现了利益相关者思想。

3.4 企业突破性技术创新利益相关者治理策略研究

3.4.1 加强企业利益相关者文化建设

企业文化是决定信任产生的重要因素，利益相关者作为企业契约节点的组成部分，信任能够减少企业寻找和协调利益相关者带来的交易成本，减少机会主义发生的可能性。因此，关心各利益相关者的利益而不仅仅是股东的利益，将利益相关者理论纳入企业文化将十分有利于企业信任产生和发展。对于不同的利益相关者而言，企业文化关心的侧重面也不同。例如，当前的工作环境对员工、产品的成本和质量关系到顾客的切身利益，企业的长期生存和发展是股东及企业内部其他团体最为关心的事情等。企业信任关系在企业文化中则体现在核心价值观中。这些核心价值观反映了企业对信任的承诺，覆盖了个人诚信、工作场所诚信、市场交易诚信（包括对供应商和顾客的诚信）和对社会团体的诚信等。

企业利益相关者文化为培养创新创造了条件，利益相关者的积极参与能为知识生成这个过程带来许多重要的益处。并且，知识交流的机制及方法与公司和利益相关者之间的利益分配之间存在着紧密的联系。进行员工交流或者将利益相关者纳入公司对双方来说是互惠互利的。不同类的利益相关者的参与形式也是不同的，要想改变知识交流过程及其成果必须得克服这些参与倾向之间的差异性，这也使得他们的影响方式各样化。

利益相关者是在企业中进行一定的专用性投资，并承担了一定风险的个体和群体，其活动能够影响企业目标的实现，或者受到企业实现其目标过程的影响。企业文化作为核心凝聚力和信念，影响创新活动中创新战略和创新模式的选择。我国企业要在现有组织和文化发展的基础上，形成与企业相适应的利益相关者文化和创新文化，使企业的管理者和员工具有创新意识、积极性和主动性。企业应结合企业利益相关者文化正确选择创新方式，促进企业创新能力的提高，更好地迎接创新活动中风险性挑战和不确定的挑战。

3.4.2　改善股权结构

目前，我国公司制企业大部分是由原国有企业或其他政府部门控制的实体重组改制而成，上市公司普遍存在国有股"一股独大"和"国有股东虚置"的现象，由于所有权高度集中于政府，使企业自身的创新收益权和创新资源支配权未得到明确界定，严重阻碍了企业的创新。与高度集中和高度分散的股权结构相比，具有一定的股权集中度、有相对控股股东并且其他大股东存在的股权结构，对于促进企业创新、提高公司绩效更为有利。因此，我们应通过法规政策等手段引导上市公司建立有利于企业创新的股权结构。首先，降低国有资本在企业中的持股比例，以法人持股为主，由国家股、法人股和个人股三者相结合，实现股东之间的相互制衡，逐步实现国有股和法人股的流通，消除资本市场的分割状态，从而更好地监督经营者为股东的利益最大化服务，促进企业的创新。其次，大力发展多种类型、多种所有制、多种投资理念的机构投资者，特别是要大力发展注重长期投资与严格监督的养老基金和保险基金投资者，实现投资机构的多元化，发挥机构投资者在对经营者的监控、企业创新战略决策方面的积极作用。

实行公司员工持股计划，调动员工参与公司治理的积极性。员工持股制是在股份制的基础上，企业向公司职工配售股票，将本公司职工的个人利益与企业的经济利益联系起来，从而形成利益共同体的一种资本组织形式。这种制度将劳动与资本有机结合起来，从而形成有效制约机制和激励机制。我国虽然有的股份制企业实行了内部员工持股，但这并不是真正意义上的员工持股计划。因为内部员工持股很大程度是企业内部集资的手段，既不能对员工形成有效激励，也不能推动员工参与公司治理，而且存在许多持股条件苛刻、员工股东权利得不到保障以及员工股转让不规范等问题。鉴于此，应该逐步完善有关法律法规，确定员工持股的法律地位，并在此基础上，坚持自愿原则，设计合理的股权结构，规范持股方式等。

3.4.3 建立道德氛围指数

道德氛围是企业工作氛围的一种。道德氛围影响一个公司内对什么是适当的行为的看法。当一个公司的成员明白在公司内某些类型的行为或决策过程是公司的内部规范时，在这个公司里道德氛围就形成了。道德氛围会影响一个公司里的企业成员判断哪些问题是应优先考虑的或哪些问题是与道德有关的。此外，道德氛围还会影响成员了解、评估和解决这些问题时采取的标准，也会影响不同的利益相关者的优先次序排序。拥有更加广泛的道德文化的企业更可能会注意到更多的利益相关者利益，而有道德受限的文化的企业可能会采取工具主义的观点，只考虑那些对账本底线起作用的利益相关者。

Arnaud（2006）最近推出了道德氛围指数（ECI），一个评估企业工作道德氛围的新的概念和评测方法，主要从以下 4 个方面评测：①集体道德敏感度，包括道德意识和对他人的同情关怀；②集体道德判断，分为对自我的关注和对他人的关注；③集体道德动机；④集体道德特征。在这个框架之下，开发出了道德氛围指数，这是一个由 36 道问题组成的评测道德氛围的问卷。道德氛围指数可以用来评估企业道德气氛同企业内道德或非道德行为之间的关系，更重要的是，道德氛围情况或一个企业整体层面上的道德敏感度、道德判断、道德动机和道德品质，与企业同各利益相关者之间的交流密切相关，而且对于解决各利益相关者之间的矛盾也具有相当的价值。通过建立道德氛围指数，可以提供公司道德氛围状况的数量依据，而且是我们分析当前公司利益相关者治理中存在的问题并有针对性地提出改进建议的基础。

3.4.4　加强董事会职能

董事会是公司最重要的内部控制机制，对创新具有较大的影响作用。目前，上市公司中独立董事权责利不明确以及独立性不足的问题，仍是现阶段独立董事制度的缺陷，董事会结构还有待于进一步的完善。具体的措施有以下两点：首先，增加董事会中独立董事的数量，提高董事会的独立性与决策的科学性，在独立董事的制度建设上，对独立董事予以职业化、行业化和专业化，建立独立董事事务所和成立独立董事协会，利用声誉机制来强化独立董事的治理效用。其次，在我国大多数的上市公司中，国家作为实际控制人在董事会中占有重要席位，一些主要的高级管理人员仍是由上级行政部门任命的，国有企业的背景使得经营者制定决策时受到来自各方面的约束。在这种情况下，在董事会下设置专门的技术创新委员会，提高创新决策效率和落实相应职责，将给予经营者更多的自主权，更积极地考虑和负责技术创新策略的制定和实施，从而保证企业技术创新决策的科学性和高效性。

推行员工董事制度。员工是公司人力资本的投入者，是企业技术创新的推动者和实践者，有关企业经营的重大决策应当有员工的参与并吸取他们的合理建议。推行员工董事制则是员工参与公司治理的一种有效形式。在我国推行员工董事制度应遵循两个原则：一是普遍性原则，即员工董事制原则上适用员工人数达到一定规模的所有的公司制企业，将现行公司法中有关员工参与公司治理的"例外"规定变为

"一般性"规定，扩大员工参与公司治理的使用范围；二是平等性原则，即将公司权力机关拥有的权力平等地分配给人力资本与非人力资本的所有者，让生产要素的所有者能平等地进入公司的权力机关，根据平等性原则来共同组建公司的最高权力机关，彻底改变公司权力机关由物质资本所有者垄断或向物质资本所有者倾斜的局面。在上述原则指导下，可以借鉴德国公司治理模式。由职工代表大会选举员工董事与股东大会选举的董事组成董事会共同行使公司经营决策权。

3.4.5 加强智力资本建设

智力资本是通过人的智力创造和应用形成的，可以规范化、系统化或隐藏在人力资本中，可以掌握和应用并对企业施以影响和产生更高价值的一种资本，包括企业所有能够带来利润的知识和技能。在知识经济下，智力资本已成为企业发展的稀缺资源，谁先获得就能获得竞争优势。利用智力资本获取价值、创造价值、实现价值、评估价值、激励价值，提升企业创新绩效，是企业核心竞争力的关键，具体措施有如下5点：①加强智力资本识别管理，采取智力资本记录、分析、评估、审计、报告等措施和方法对智力资本进行识别，进一步对智力资本进行管理，以实现企业目标。②加强智力资本配置管理，企业根据业务发展需要，从外部获取智力资本，并与已有的及内部培育产生的智力资本一起，在企业内部、业务单元内部或部门内部进行有效配置和组合，形成自身卓越的管理与组织过程、特定资产位势及演化路径，以获取持续的竞争优势。③加强智力资本增值管理，通过技术创新、知识创造、组织学习等各种方式从组织内部培育和增加智力资本的数量或质量。人力资本需要通过企业智力资本中的"结构资本"的转化才能更好利用，把员工的专有知识转化为集体拥有的财富。④加强智力资本运作管理，Bristow 认为"融智"比"融资"更重要，在企业生产经营过程中充分运用智力资本创造价值，利用智力资本获取各种外部资源，围绕智力资本进行扩张并购等管理活动，以获取企业竞争优势和绩效的提高。⑤加强智力资本激励管理，区别于通过治理方式进行的长期激励，是指为了促进智力资本为企业创造更大的绩效而采取的非股权、期权等的短期激励方式，包括物质激励和非物质激励。通过激励机制等手段，发掘企业内部的知识，在企业内实现知识共享并引导知识创新，以提高企业的竞争力。

第4章 基于泊松跳跃过程的企业突破性技术创新期权博弈决策

4.1 引言

自熊彼特提出技术创新理论以来，学者们按照创新强度的不同，把技术创新分为渐进性突破创新（Incremental Technology Innovation）和突破性技术创新（Radical Technology Innovation）。20世纪90年代人类进入知识爆炸时代以来，技术从发明到实际应用时间越来越短。学者发现，按照渐进性技术创新理论的主流观点，在研究企业技术创新活动时，很多现象不能得到满意解释，许多在渐进性技术创新取得成功的大公司经常陷入创新困境：面对新技术的不断产生，传统的创新管理理论具有局限性，企业往往不知所措，不仅表现在利润的下降和市场份额的减少，甚至出现倒闭。这种困境的出现，往往与人们过于重视渐进性技术创新、忽视突破性技术创新有关。本书正是基于此，从突破性技术创新的角度，对企业技术创新决策进行研究。

　　从 20 世纪 90 年代开始，学者对突破性技术创新的概念和内涵方面做了不少研究。在组织内部流程方面，Dutto 认为突破性技术创新是建立在一整套不同的科学技术原理之上，它常常能开启新的市场和潜在应用。在市场战略和产业发展趋势方面，Leonard – Barton & Rober. M 认为突破性技术创新会迫使企业不断提出新问题，不断利用新技术成果和商业策略来寻求解决问题的新途径，并有可能导致整个产业的重新洗牌。在企业制定技术战略方面，Schivard 指出由于风险考虑使得市场份额高的竞争者更趋向采用成熟技术，而市场力量的变化会使弱势者更趋向于采用新技术。如上所述，以往研究主要从以上三个角度对突破性技术创新进行研究，侧重于含义界定、特征描述、概念模型等定性层面的探索，但缺少对于企业突破性技术创新战略的决策分析和定量模型研究。针对这研究现状，本书将采用期权博弈理论，构建企业突破性技术创新决策模型。

　　最早采用期权博弈的分析方法研究不完全竞争条件下企业投资决策之间战略互动的是 Reinganum，他假设技术创新实施就一定成功，并进一步采用博弈论对企业采纳新技术的时机进行了研究。Dixit & Pindyck 采用实物期权分析方法研究了不完全竞争条件下的两个竞争的投资策略均衡。Huisman & Kort 进一步研究了市场需求的不确定性对双头垄断企业技术创新投资决策的影响。Nielsen 在不完全竞争条件下将 Dixit & Pindyc 模型进行了扩展。他的研究表明当存在投资外部性的情况下，由于市场的竞争，企业的投资时点会提前，这时多发生抢先投资均衡。Romain Bouis 将竞争者推广到 n 个，研究了新市场投资临界的取值情况。Oriani & Sobrero 进一步指出，由于不同类型不确定性对于投资决策的影响作用不同，把不确定性区分开来分别检验，才有助于解释不确定性影响投资决策的内在机理。上述几位学者将实物期权和期权博弈的方法引入了技术创新决策分析，不但局限于渐进性技术创新，对于突破性创新没有太多涉及，而且没有考虑突破性技术创新的评估标准与渐进性技术创新的评估标准的区别，尤其没有考虑突破性技术创新的非连续性对突破性技术创新的评估标准的显著影响。

综上所述，针对以往学者研究的局限，本书在传统的对称双头垄断时机选择期权博弈模型的基础上，引入泊松过程来描述突破性技术创新对市场的冲击（影响），并且定义了突破性技术创新的市场冲击影响指数，构建了突破性技术创新的实物期权博弈模型，最后，在此基础上对博弈均衡和关键参数进行分析。

4.2 模型

4.2.1 模型假设

假定两家企业 i 和 j 在同一细分市场上竞争，现面临同一个对产品技术进行突破性技术创新的机会，其产品性价比相同，研发成本、建设时间也相同。两家公司是对称的，意味着其收益和投资策略也是对称的，假设研发投资既存在技术不确定性，又存在市场不确定性，且技术不确定性最终通过市场冲击对企业收益产生影响。由于竞争，一家企业进行突破性技术创新将会影响另一家企业的决策和收益。我们假设这两家企业目前已经在从事相同的技术创新。同时，假设企业是风险中性的，所以可以用无风险利率 r 贴现。沉没成本为 I，$I > 0$，

建设时间为 δ。借鉴 Dixit 研究思路，可以设定企业 i 的反需求函数为：

$$p(t) = X(t)D(N_i, N_j) \tag{1}$$

其中，$D(N_i, N_j)$ 是需求参数。经营成本为零，或者可以考虑经营成本已经包含在中了 $D(N_i, N_j)$，因此，$p(t)$ 可以看作利润流，$X(t)$ 是市场需求冲击，在不引起混乱的情况下，用 X 代替 $X(t)$。

对企业 i 而言，由于对称，对企业 j 亦成立，$D(N_i, N_j)$ 的可能值为：

① $D(0, 0)$ 表示两个企业均不进行突破性技术创新；

② $D(1, 0)$ 表示企业 i 进行突破性技术创新并成为领先者，企业 j 不进行突破性技术创新并成为追随者；

③ $D(0, 1)$ 表示企业 i 不进行突破性技术创新并成为追随者，企业 j 进行突破性技术创新并成为领先者；

④ $D(1, 1)$ 表示两家企业同时进行突破性技术创新。

负的外部性假定：一个企业执行投资期权会减少另一个企业的投资价值。可由下列不等式给定：

$$D(1,0) > D(1,1) > D(0,0) > D(0,1) \tag{2}$$

先发优势假定：变成领先者获得的投资价值要高于变成追随者获得的价值。可以由下列不等式给定：

$$D(1,0) - D(0,0) > D(1,1) - D(0,1) \tag{3}$$

4.2.2 不确定性数学描述

在分析突破性技术创新投资时，不但需要考虑市场的不确定性，还要分析技术不确定性。由于技术的发展，会导致企业产品成本降低、市场份额增加等，最终影响企业的收益。因此，在模型的基本假设中，本书假设技术的不确定性通过市场冲击影响企业的收益。由于突破性技术创新的非连续性，使得评估突破性创新的标准与评价持续性技术创新显著不同。当突破性技术创新发生时，技术领域将发生质的变化，企业面临的随机市场冲击也将发生跳跃性的变化。与持续性技术创新项目的投资价值变动过程相比，突破性技术创新项目的投资价值还将在随机变动的基础上发生跳跃。假设技术创新的实现服从参数为 λ 的泊松过程，随机市场需求冲击 $X(t)$ 满足如下跳跃扩散过程：

$$dX(t) = uX(t)dt + \sigma X(t)dz + (J-1)X(t)dq \qquad (4)$$

其中，$dX(t) = uX(t)dt + \sigma X(t)dz$ 部分是市场随机冲击不发生跳跃时服从的连续扩散过程，其中，u 是漂移项，σ 是变动率，dz 是维纳增量。

方程的后半部分是对跳跃过程的描述，其中 dq 为泊松过程，定义为：

$$dq = \begin{cases} 0, & 概率\ 1-\lambda dt \\ 1, & 概率\ \lambda dt \end{cases} \qquad (5)$$

即在一个很小的时间间隔 dt 里，q 发生一个跳跃的概率为 λdt。λ 叫作泊松过程的强度。且假设布朗运动和泊松过程之间没有相关关系。

定义：J 为突破性技术创新的市场冲击影响指数。在随机时刻，如果发生一个跳跃即 $dq = 1$ 时，那么 X 立刻到达 JX。例如 $J = 1.1$，那么市场随机冲击立刻上升 10%。

在进行模型设定和不确定性数学描述之后，下面进行突破性技术创新期权模型构建。当一个企业面临突破性技术创新时，其一般情况下策略选择只有两种：等待或者立刻进行投资。选择等待的企业成为追随者，而选择立刻执行投资的企业成为领先者。因此，本书从追随者企业和领先者企业两方面考虑投资价值和投资临界，进而进行博弈分析。

4.2.3　追随者的投资价值和临界

假定两个企业在 τ 时刻投资，只能在 $(\tau + \delta)$ 时刻赚取现金流。在领先者已经投资进行突破性技术创新的情况下，由于两个企业初始时就已经在市场上活动，因此追随者投资的价值是由市场已经活动而赚取的通过 δ 期贴现现金流 $XD\,(1，0)\;e^{-(r-u)\delta}$ 和执行一个跳跃扩散过程投资期权价值的组合。Merton 于 1976 年研究了跳跃扩散过程期权的定价，其满足的差分方程为：

$$\frac{\partial F}{\partial t} + \frac{1}{2}\sigma^2 X^2 \frac{\partial^2 F}{\partial X^2} + uX\frac{\partial F}{\partial X} - rF + \lambda E(F(JX,t)$$

$$-F(X,t)) - \lambda \frac{\partial F}{\partial X}XE(J-1) = 0 \qquad (6)$$

其中，E 表示随机变量的期望。由于本书假定了获取现金的时间是固定的，因此，$\dfrac{\partial F}{\partial t}=0$，且突破性技术创新的市场冲击影响指数为固定常数，而不是随机变量，因此上述方程可以简化为：

$$\frac{1}{2}\sigma^2 X^2 \frac{\partial^2 F}{\partial X^2} + uX\frac{\partial F}{\partial X} - rF + \lambda(F(JX) - F(X))$$

$$-\lambda \frac{\partial F}{\partial X}X(J-1) = 0 \qquad (7)$$

采取传统或有债权分析方法（也称"未定权益分析"），利用 Ito 引理，追随者的投资价值 $F(X)$ 可以由下列微分方程给出：

$$\frac{1}{2}\sigma^2 X^2 \frac{\partial^2 F}{\partial X^2} + uX\frac{\partial F}{\partial X} - rF + \lambda(F(JX) - F(X))$$

$$-\lambda\frac{\partial F}{\partial X}X(J-1) + XD(1,0)e^{-(r-u)\delta} = 0 \qquad (8)$$

方程（8）由于包含了 $F(JX)$ 这一项，一般没有解析解，为此采用泰勒展开，用 $F(X)$ 近似 $F(JX)$。一般情况下可以假设投资价值 $F(X)$ 在其定义域上是二阶连续可导的，进行如下展开：

$$F(JX) = F(X + (J-1)X) = F(X) + \frac{\partial F}{\partial X}(J-1)X$$

$$+ \cdots + \frac{\partial^n F}{\partial X^n n!}(J-1)^n X^n + R_n(X) \qquad (9)$$

其中，$R_n(X)$ 是拉格朗日型余项，为了计算简便，这里只取 $F(JX)$ 的二阶展开，即：

$$F(JX) \approx F(X) + \frac{\partial F}{\partial X}(J-1)X + \frac{\partial^2 F}{\partial X^2 2!}(J-1)^2 X^2 \qquad (10)$$

将方程（10）带入式（8），得到投资价值常微分方程如下：

$$\frac{1}{2}\sigma^2 X^2 \frac{\partial^2 F}{\partial X^2} + uX\frac{\partial F}{\partial X} - rF + \lambda\frac{\partial^2 F}{\partial X^2}(J-1)^2 X^2 + XD(1,0)e^{-(r-u)\delta} = 0$$

$$(11)$$

方程（11）是一个非其次的欧拉方程，其解是由一个其次解 $AX^{\beta_1} + BX^{\beta_2}$ 加上方程的一个特解，其中 β_1 和 β_2 是特征方程：

$$\left(\frac{1}{2}\sigma^2 + \lambda(J-1)^2\right)\beta^2 + \left(u - \frac{1}{2}\sigma^2 - \lambda(J-1)^2\right)\beta - r = 0 \quad (12)$$

的两个根，于是有：

$$\beta_1 = \frac{-\left(u - \frac{1}{2}\sigma^2 - \lambda\,(J-1)^2\right) + \sqrt{\left(u - \frac{1}{2}\sigma^2 - \lambda\,(J-1)^2\right)^2 + 4r\left(\frac{1}{2}\sigma^2 + \lambda\,(J-1)^2\right)}}{2\left(\frac{1}{2}\sigma^2 + \lambda\,(J-1)^2\right)} > 0$$

（13）

$$\beta_2 = \frac{-\left(u - \frac{1}{2}\sigma^2 - \lambda\,(J-1)^2\right) - \sqrt{\left(u - \frac{1}{2}\sigma^2 - \lambda\,(J-1)^2\right)^2 + 4r\left(\frac{1}{2}\sigma^2 + \lambda\,(J-1)^2\right)}}{2\left(\frac{1}{2}\sigma^2 + \lambda\,(J-1)^2\right)} < 0$$

（14）

由经济条件 $F(0) = 0$ 可知 $\beta_2 < 0$ 没有意义，故只保留一个正根 β_1。
于是常微分方程的解为：

$$F(X) = \begin{cases} AX^{\beta_1} + \dfrac{XD(0,1)\,e^{-(r-u)\delta}}{r-u}, & X < X_F \\[3mm] \dfrac{XD(1,1)\,e^{-(r-u)\delta}}{r-u} - I, & X \geqslant X_F \end{cases}$$

（15）

其中，X_F 是追随者最优投资临界，由边界条件：

$$F(X_F) = \frac{X_F D(1,1)\,e^{-(r-u)\delta}}{r-u} - I = AX_F^{\beta_1} + \frac{X_F D(0,1)\,e^{-(r-u)\delta}}{r-u}$$

（16）

$$F_X(X_F) = \frac{D(1,1)\,e^{-(r-u)\delta}}{r-u} = A\beta_1 X_F^{\beta_1 - 1} + \frac{D(0,1)\,e^{-(r-u)\delta}}{r-u}$$

（17）

式（16）是价值匹配条件（Value Matching），式（17）是平滑粘贴条件（the Smooth Pasting），解关于 A 和 X_F 方程组式（16）和式（17），得到：

$$X_F = \left(\frac{\beta_1}{\beta_1 - 1}\right)\frac{(r-u)\,e^{(r-u)\delta}I}{D(1,1) - D(0,1)}$$

（18）

$$A = \frac{X_F^{\,1-\beta_1}\left[D\;(1,\;1)\;-D\;(0,\;1)\right]}{\beta_1\;(r-u)}e^{-(r-u)\delta} > 0 \qquad (19)$$

将式（18）和式（19）带入式（15）可得追随者企业的投资价值：

$$F\;(X) = \begin{cases} \left(\dfrac{X}{X_F}\right)\left(\dfrac{\beta_1 I}{\beta_1-1}\right)\dfrac{D\;(0,\;1)}{D\;(1,\;1)\;-D\;(0,\;1)}+\dfrac{I}{\beta_1-1}\left(\dfrac{X}{X_F}\right)^{\beta_1}, \; X<X_F \\[3mm] \dfrac{XD\;(1,\;1)\;e^{-(r-u)\delta}}{r-u}-I, \; X\geqslant X_F \end{cases}$$

$$(20)$$

通过上述分析，我们可以得到追随者的投资临界和投资策略，由此我们可以得出领先者的投资临界。当领先者知道追随者最优投资策略是在 $T_F=\{t\geqslant 0: X\;(t)\;\geqslant X_F\}$ 时刻投资，X_F 是领先者的投资临界。且在两个企业同时投资的情况下，任何一个企业的投资价值都是 $S(X)$：

$$S(X) = \frac{XD(1,1)e^{-(r-u)\delta}}{r-u}-I \qquad (21)$$

4.2.4 领先者的投资价值和临界

根据追随者最优投资策略，假定领先者已经执行了他的投资期权，并且直到 δ 才能完成，接下来的 δ 时间中，投资项目不会给投资者带来利润。一旦投资完成，领先者将会赚取垄断利润流 $X(t)D(1,0)$，直到 $(\tau+\delta)$ 时刻，追随者的进入会减少领先者的投资价值。可以使用计算追随者价值的同样方法来进行推导，设垄断价值为 $V(X)$，则领先者的价值 $L(X)$ 可以表示为：

$$L(X) = V(X) - I \qquad (22)$$

根据 Ito 引理有：

$$\frac{1}{2}\sigma^2 X^2 \frac{\partial^2 V}{\partial X^2} + uX\frac{\partial V}{\partial X} - rV + \lambda\frac{\partial^2 V}{\partial X^2}(J-1)^2 X^2 + XD(1,0)e^{-(r-u)\delta} = 0$$

$$(23)$$

同样，式（23）通解可以表示为：

$$V(X) = BX^{\beta_1} + \frac{XD(0,1)e^{-(r-u)\delta}}{r-u} \tag{24}$$

由价值匹配条件 $L(X_F) = F(X_F)$，有：

$$\frac{X_F D(1,1)e^{-(r-u)\delta}}{r-u} - I = BX_F^{\beta_1} + \frac{X_F D(0,1)e^{-(r-u)\delta}}{r-u} \tag{25}$$

由式（25）解得：

$$B = \frac{X_F[D(1,1)-D(0,1)]}{X_F^{\beta_1}(r-u)}e^{-(r-u)\delta} \tag{26}$$

将式（26）代入式（24），再代入式（22），不难求出领先者的投资价值：

$$L(X) = \begin{cases} \left(\dfrac{X}{X_F}\right)\left(\dfrac{\beta_1 I}{\beta_1 - 1}\right)\dfrac{D(1,0)}{D(1,1)-D(0,1)} + \\[2mm] \dfrac{\beta_1 I}{\beta_1 - 1}\left(\dfrac{X}{X_F}\right)^{\beta_1}\dfrac{D(1,1)-D(1,0)}{D(1,1)-D(0,1)}, \ X < X_F \\[4mm] \dfrac{XD(1,1)e^{-(r-u)\delta}}{r-u} - I, \ X \geqslant X_F \end{cases} \tag{27}$$

现在来考虑技术突破创新领先者的投资临界值。领先者与追随者相对投资价值是不确定的，它取决于模型的参数和初始投资时机。令相对价值为 $D(X)$，则 $D(X) = L(X) - F(X)$，当 $X \geqslant X_F$ 时，因为 $L(X) = F(X)$，所以 $D(X) \equiv 0$，可以证明在区间 $(0, X_F)$ 上，$D(X) = 0$ 有唯一的根 X_L。且当 $X < X_L$ 时，$L(X) < F(X)$；当 $X = X_L$ 时，$L(X)$

$= F(X)$；当 $X_F > X > X_L$ 时，$L(X) > F(X)$；当 $X \geqslant X_F$ 时，$L(X) = F(X)$（证明过程见本章后附录1）。

由此我们可以得出领先者的投资临界。当领先者知道追随者最优投资策略是在 $T_F = \{t \geqslant 0 : X(t) \geqslant X_F\}$ 时刻投资，X_L 是领先者的投资临界，则领先者的最优投资策略是在 $T_L = \{t \geqslant 0 : L(X_L) = F(X_L)\}$ 时刻执行投资期权。

4.3 模型分析

4.3.1 突破式技术创新战略博弈均衡分析

由于企业进行突破性技术创新一般是重要的战略举措，且对整个行业有较大的影响，一般不会出现企业进行合作或者共谋。因此，我们进行博弈均衡分析不考虑共谋和合作的情况。假设两个企业都只有选择等待或者立刻执行突破性技术创新两种决策方案。由于两个企业情况完全相同，因此两家企业的收益值是对称的。由于4.2.3 和 4.2.4 部分对企业选择等待或者立刻进行投资（作为追随者或者领先者）的临界值分析，可得两家企业的博弈矩阵如表4－1所示。

表4－1 双头垄断期权博弈模型博弈矩阵

企业 i		企业 j	
		等待	创新
	等待	$F(X), F(X)$	$F(X), L(X)$
	创新	$L(X), F(X)$	$L(X), L(X)$

由 4.2.4 对 $D(X)$ 正负情况分析，我们可以得到上述博弈矩阵根据参数的不同，存在三种纳什均衡。当 $X < X_L$ 时，$L(X) < F(X)$，此时两家企业都会选择等待，此时的纳什均衡就是（等待，等待）；当 $X_F > X > X_L$ 时，$L(X) > F(X)$，此时两家企业都会进行突破性技术创新，此时的纳什均衡就是（创新，创新）；当 $X \geqslant X_F$ 时，$L(X) = F(X)$，此时所有策略的收益值都相同，所以所有策略集都是纳什均衡。下面我们对这三种纳什均衡的经济意义进行进一步分析。

由企业的反需求函数 $p(t) = X(t) D(N_i, N_j)$ 可知，当市场随机冲击对企业产品价格的促进作用较小（$X < X_L$）时，两家企业都会选择等待的策略。这是因为市场情况较差，产品价格过低，导致企业失去了进行突破性技术创新的动力。而这种情况一般发生在衰退的行业，此时行业产品竞争力较差，市场反映不理想，此时企业往往会选择保守的研发策略，将资金和资源转移到更加有前景的行业，这样就可以促进资源的优化配置。

当市场随机冲击对企业产品价格的促进作用理想（$X_F > X > X_L$）时，两家企业都会选择创新的策略。这是因为市场情况良好，企业进行突破性技术创新可以获得更多的收益（$L(X) > F(X)$）。这种情况一般发生在成长性行业中，此时企业产品在市场上反映良好，且行业尚在成长期内，所有企业都没有绝对的优势，此时进行突破性技术创新可以获得超额收益，企业进行自主创新的动力较大。

当市场随机冲击对企业产品价格的促进作用较大（$X \geqslant X_F$）时，此时所有策略的收益都相同，存在多个纳什均衡。这是因为企业产品在当前市场环境中，利润较高，此时企业进行技术创新没有超额收益（$L(X) = F(X)$），企业没有创新的动力。这种情况一般发生在新兴行业中，当行业刚刚起步时，此时企业的产品在市场上反响较好，此时是否进行突破性技术创新对企业收益没有影响。但是随着行业的增长，生产企业会越来越多，市场竞争会越来越激烈，市场随机冲击对企业产品价格的促进作用必然下降，当市场反映下降到一定程度（$X_F > X > X_L$）时，企业面临竞争压力，会更加倾向于进行突破性技术创新，去获得额外收益。

通过上述分析，我们可以得到以下结论：衰退行业由于市场反应较差，企业没有进行突破性技术创新的动力；成长性行业中，由于存在超额收益，企业往往倾向于进行突破性技术创新；在新兴行业中，由于当前产品市场反响较好，企业进行突破性技术创新不能获得额外收益，但随着竞争的加剧，企业面临了更大的市场压力，将会选择突破性技术创新。企业是行业的微观表现，上述结论对于企业也成立，即成长性企业往往更加具有突破性技术创新的动力。而且对于企业来说，市场反应决定了企业是否具有突破性技术创新的动力，而企业进行突破性技术创新又会较大程度上影响市场反映。这一点对企业实现可持续发展具有重要的指导意义，即不断地通过技术的突破式创新，来促进产品的市场反映，而良好的市场反映又可以进一步促进技术创新，从而实现良性循环的可持续发展路径。

4.3.2　关键参数分析

关键参数分析包括以下3点。

（1）r 与 u 相对值对领先者投资价值的影响

由模型的设定可知，r 代表了无风险收益率，u 代表了随机市场需求冲击 $X(t)$ 的漂移项，即随机市场需求冲击的变动情况。当 $r > u$ 时，由式（26）得：$B < 0$，即领先者投资价值函数是凹的（与数学

上的含义刚好相反），经济上的直观解释是追随者的进入削减了领先者的投资价值。当 $r < u$ 时，由式（26）得：$B > 0$，此时由于随机市场冲击大于无风险收益率，市场价格波动剧烈，追随者的进入促进市场良性发展，增加了领先者的投资价值。

（2）突破性技术创新的市场冲击影响指数 J 对投资价值和投资临界的影响

当市场需求冲击稳定的情况下，即 $r > u$ 时，可以证明，$\dfrac{\partial \beta_1}{\partial J} < 0$，$\dfrac{\partial X_F}{\partial \beta_1} < 0$，由复合函数的求导法则 $\dfrac{\partial X_F}{\partial J} = \dfrac{\partial X_F}{\partial \beta_1} \dfrac{\partial \beta_1}{\partial J} > 0$，所以随着突破性技术创新的市场冲击影响指数 J 增加，追随者的投资临界增加。其经济意义是由于突破性技术创新的市场冲击影响指数 J 增加，即技术对产品市场正向影响增加，企业会延迟技术创新决策，等待产品市场更加良好，再进行技术创新，获取更大的收益。

同样可以证明，当 $X < X_F$ 时，$\dfrac{\partial F(X)}{\partial \beta_1} < 0$，$\dfrac{\partial L(X)}{\partial \beta_1} < 0$，复合函数的求导法则 $\dfrac{\partial F(X)}{\partial J} = \dfrac{\partial F(X)}{\partial \beta_1} \dfrac{\partial \beta_1}{\partial J} > 0$，$\dfrac{\partial L(X)}{\partial J} = \dfrac{\partial L(X)}{\partial \beta_1} \dfrac{\partial \beta_1}{\partial J} > 0$。所以，随着突破性技术创新的市场冲击影响指数 J 增加，追随者和领先者的投资价值都会增加。其经济意义是由于突破性技术创新的市场冲击影响指数 J 增加，企业进行突破性技术创新可以获取更多的利润，因而无论是领先者还是追随者其技术创新的投资价值都有所增加（上述求偏导数证明过程见本章后附录2）。

一般情况下技术创新会增加产品的市场需求，对市场随机冲击产生正向影响，因此假设突破性技术创新的市场冲击影响指数 $J > 1$，取 $J \in [1, 2]$，另 $u = 0.05$，$D(1, 1) = 2.5$，$D(1, 0) = 0.4$，$D(0, 1)$

$=1$，$D(0,0)=2$，$I=20$，$r=0.1$，$\sigma=20\%$，$\lambda=0.1$，$\delta=2$，利用 Matlab7.0 对追随者投资临界及追随者和领先者的投资价值三种情况分别进行仿真，结果如图 $4-1$、图 $4-2$、图 $4-3$ 所示。

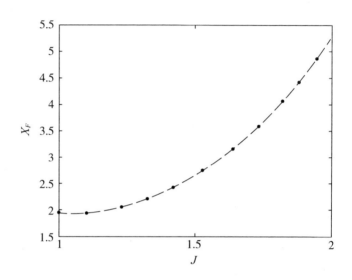

图 4-1　市场冲击影响指数对投资临界的影响

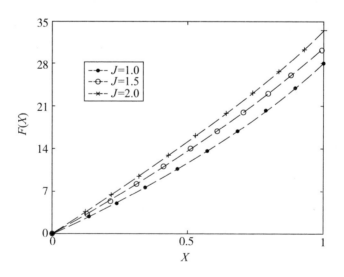

图 4-2　市场冲击影响指数对追随者投资价值的影响

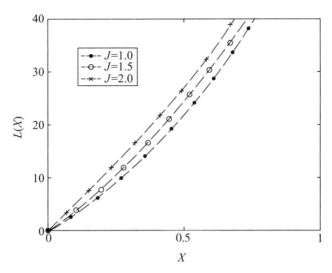

图 4 – 3　市场冲击影响指数对领先者投资价值的影响

从图 4 – 3 中可以看出，随着突破性技术创新的市场冲击影响指数 J 增加，追随者的投资临界、追随者和领先者的投资价值都会增加。

（3）泊松过程参数 λ 对投资价值和投资临界的影响

由不确定性数学描述设定可知，泊松过程参数 λ 表示进行突破性技术创新成功的概率。类似于本章后附录 2 的证明过程，可以证明 $\dfrac{\partial \beta_1}{\partial \lambda} < 0$，$\dfrac{\partial X_F}{\partial \beta_1} < 0$，由复合函数的求导法则 $\dfrac{\partial X_F}{\partial \lambda} = \dfrac{\partial X_F}{\partial \beta_1}\dfrac{\partial \beta_1}{\partial \lambda} > 0$，所以随着泊松过程参数 λ 的增加，追随者的投资临界增加。其经济意义是由于泊松过程参数 λ 增加，即突破性技术创新成功概率增加，企业会延迟技术创新决策，等待更好的创新时机，再进行技术创新，获取更大的收益。

同样可以证明，当 $X < X_F$ 时，$\dfrac{\partial F(X)}{\partial \beta_1} < 0$，$\dfrac{\partial L(X)}{\partial \beta_1} < 0$，复合函数的求导法则 $\dfrac{\partial F(X)}{\partial \lambda} = \dfrac{\partial F(X)}{\partial \beta_1}\dfrac{\partial \beta_1}{\partial \lambda} > 0$，$\dfrac{\partial L(X)}{\partial \lambda} = \dfrac{\partial L(X)}{\partial \beta_1}\dfrac{\partial \beta_1}{\partial \lambda} > 0$。所以随着泊松过程参数 λ 增加，追随者和领先者的投资价值都会增加。其经

济意义是由于泊松过程参数 λ 增加，企业进行突破性技术创新成功的概率更大，从而降低了投资风险，获取了更多的利润，因而无论是领先者还是追随者其技术创新的投资价值都有所增加。

取 $\lambda \in [0.1, 0.2]$，$J = 1.5$，其他参数如上，利用 Matlab7.0 对追随者投资临界及追随者和领先者的投资价值三种情况分别进行仿真，结果如图4－4、图4－5、图4－6 所示。

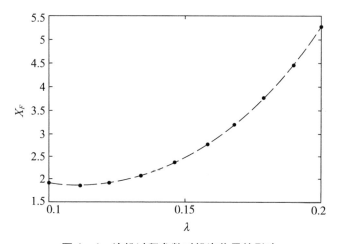

图4－4　泊松过程参数对投资临界的影响

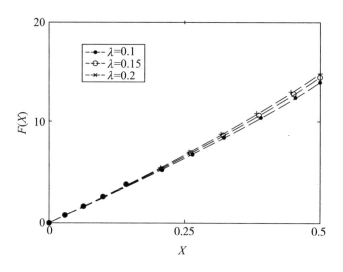

图4－5　泊松过程参数对追随者投资价值的影响

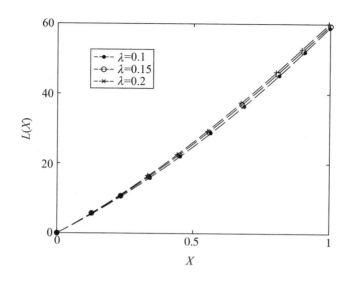

图 4 - 6　泊松过程参数对领先者投资价值的影响

从图 4 - 4、图 4 - 5、图 4 - 6 中可以看出，随着泊松过程参数 λ 增加，追随者的投资临界、追随者和领先者的投资价值都会增加。

4.4　案例分析

2000 年 5 月，国际电信联盟正式公布第三代移动通信标准，中国提交的 TD - SCDMA 正式成为国际标准。从 2005 年开始，中国主要的通信企业先后进行了技术换代，至 2008 年中国移动和中国联通基本上完成了 3G 技术创新。从 2G 通信到 3G 通信的技术创新是一个典型的突破性技术创新。且中国国内通信市场主要由中国移动、中国联通和中国电信等几个寡头企业垄断，其中中国移动和中国联通又占据了主要的市场份额，可以近似认为是一个双寡头垄断市场。因此本节采用上文建立的模型，对中国移动和中国联通的这一突破性技术创新进行案例分析。

本书中采用的数据一方面来自信息产业部公布的月报数据资料，另一方面来自中国电信、中国移动和中国联通的内部月报表数据。由于各运营商的内部月报表数据尚属各公司商业秘密，因此基于对各公司月报表数据保密的宗旨，本书在进行数据处理时均不带量纲，并进行了适当的处理。其中 2005 年之前，对相关数据进行处理，得到模型中所需参数为：

$J = 1.5$，$u = 0.05$，$D(1,\ 1) = 3$，$D(1,\ 0) = 0.8$，$D(0,\ 1) = 1.2$，$D(0,\ 0) = 2.3$，$I = 100$，$r = 0.5$（取长期国债月平均利率），$\sigma = 25\%$，$\lambda = 0.1$，$\delta = 3$，此时市场随机冲击 $X = 191.69$，计算可得：$\beta_1 = 3.0375$，$X_F = 143.77$，$F(X) = 231.24$，$L(X) = 231.24$。

此时由于 $X > X_F$，$F(X) = L(X)$，此时两个企业选择任何策略获得的收益都相同。这是由于在 2005 年之前，中国通信市场蓬勃发展，业务量不断提高，此时进行突破性技术创新没有超额收益，因而企业没有技术创新的动力。

然而在 2005 年之后，由于市场竞争加剧，中国移动和中国联通业务量增长速度都有所放缓。导致了市场冲击 X 的漂移项 u 和变动率 σ 增加。而且由于 3G 技术的进一步成熟，企业进行突破性技术创新的技术条件更加成熟，参数 J 和 λ 有所增加。此外，2005 年之后长期国债利率又进一步降低。假设其他参数不变，对相关数据进行处理，得到模型中所需参数为：

$J = 2$，$u = 0.1$，$D(1,\ 1) = 3$，$D(1,\ 0) = 0.8$，$D(0,\ 1) = 1.2$，$D(0,\ 0) = 2.3$，$I = 100$，$r = 0.3$，$\sigma = 32\%$，$\lambda = 0.15$，$\delta = 3$，此时市场随机冲击 $X = 40.59$，计算可得：$\beta_1 = 1.4982$，$X_F = 60.883$，$F(X)$

$=442.52$，$L(X)=1054.4$。

此时由于 $X<X_F$，$F(X)<L(X)$，此时进行突破性技术创新可以获得更多收益，所以两个企业策略选择都是进行突破性技术创新，此时的纳什均衡是（创新，创新）。

通过上述分析可知，在市场冲击对企业产品价格促进作用较大时，企业进行突破性技术创新没有获得超额收益，因而缺乏技术创新的动力。随着市场竞争加剧，市场冲击对企业产品价格促进作用降低，企业迫于竞争的压力，会选择突破性技术创新。这一结论与模型的结论相同，从而验证了本书建立的模型是合理的。

4.5　结论

本书在传统的对称双垄断时机选择期权博弈模型的基础上，引入泊松过程来描述突破性技术创新对市场冲击的影响，并且定义了突破性技术创新的市场冲击影响指数，构建了突破性技术创新的实物期权博弈模型。对博弈均衡进行分析可知存在两个纳什均衡，（等待，等待）和（创新，创新），当企业产品市场反响较差和太好时，企业没有进行突破式技术创新的动力；当企业产品市场反应适中时，企业有较强的突破性技术创新动力。结合企业的行业背景，可以得到如下结论：成长性行业中，由于可以获得超额收益，企业往往倾向于进行突破性技术创新；而在衰退行业和新兴行业中，企业缺乏进行突破性技术创新的动力。对于企业来说，市场反映决定了企业是否具有突破性技术创新的动力，而企业进行突破性技术创新又会较大程度上影响市场反映。这一点对企业实现可持续发展具有重要的指导意义，即不断地通过技术的突破式创新，来促进产品的市场反响，而良好的市场反映又可以进一步促进技术创新，从而实现良性循环的可持续发展路径。本书对模型中比较关键的参数进行了分析，突破性技术创新的市场冲击影响指数 J 和泊松过程参数 λ 对投资价值和投资临界均有正向影响。最后本书进行了案例分析，进一步验证了模型的正确性。

　　总而言之，本书分析了企业进行突破性技术创新的选择时机，均衡结果以及关键参数的影响，对企业和行业摆脱突破性技术创新困境，实现高效的可持续发展具有一定的借鉴意义。

附　录

附录1

证明，$D(X)$ 在区间 $(0，X_F)$ 有且仅有一个根。

证明：当 $X=0$ 时，$D(X) = -I < 0$；当 $X = X_F$ 时，$D(X_F) = 0$；又 $X \rightarrow X_F$，有：

$(X/X_F)^{\beta_1 - 1} \rightarrow 1$，则 $\lim\limits_{X \rightarrow X_F} D'(X) = \dfrac{e^{-(r-u)\delta}}{r-u}(\beta_1 - 1)[D(1,1) - D(1,0)]$，根据式（3），有 $\lim\limits_{X \rightarrow X_F} D'(X) < 0$，因此 $D(X)$ 在区间 $(0，X_F)$ 至少有一个根。又：

$$D''(X) = -\frac{\beta_1}{X^2}\left[1 + \beta_1 \frac{D(1,0) - D(1,1)}{D(1,1)}\left(\frac{X}{X_F}\right)^{\beta_1} I\right] < 0，$$ 所以 $D(X)$ 在区间 $(0，X_F)$ 最多有一个根，证毕。

附录 2

证明，投资价值和投资临界对突破性技术创新的市场冲击影响指数 J 的导数大于 0。

证明：令 $Y = \dfrac{1}{2}\sigma^2 + \lambda(J-1)^2$，由式（13），$\beta_1 =$

$\dfrac{-(u-Y) + \sqrt{(u-Y)^2 + 4rY}}{2Y}$，所以有：

$$\frac{\partial \beta_1}{\partial Y} = \frac{u}{2Y^2} - \frac{1}{2}\left(\frac{u^2}{Y^3} + \frac{4r-2u}{Y^2}\right)\sqrt{\frac{Y^2}{(u-Y)^2 + 4rY}}$$

由 $\dfrac{u^2}{Y^3}\sqrt{\dfrac{Y^2}{(u-Y)^2 + 4rY}} = \dfrac{u}{Y^2}\sqrt{\dfrac{u^2}{(u-Y)^2 + 4rY}}$ 得：$\dfrac{\partial \beta_1}{\partial Y} = -\dfrac{1}{2}$

$\dfrac{u}{Y^2}\left(\dfrac{2rY/u + u}{\sqrt{(u-Y)^2 + 4rY}} - 1\right)$

由 $u < r$ 可得 $\dfrac{2rY/u + u}{\sqrt{(u-Y)^2 + 4rY}} > 1$，所以 $\dfrac{\partial \beta_1}{\partial Y} < 0$，由 $\dfrac{\partial Y}{\partial J} = 2\lambda(J-1)$

> 0，可知：

$$\frac{\partial \beta_1}{\partial J} = \frac{\partial \beta_1}{\partial Y}\frac{\partial Y}{\partial J} < 0。$$

由式（18）可得：

$\dfrac{\partial X_F}{\partial \beta_1} = \dfrac{-1}{(\beta_1-1)^2}\dfrac{(r-u)e^{(r-u)\delta}I}{D(1,1) - D(0,1)}$，由式（3），$D(1,1) - D(0,$

$1) > 0$，显然有 $\dfrac{\partial X_F}{\partial \beta_1} < 0$。

由于 $F(X)$ 和 $L(X)$ 形式相似，证明过程也类似，因此在此只证明 $\dfrac{\partial L(X)}{\partial \beta_1} < 0$。由式（27）可得：$\dfrac{\partial L(X)}{\partial \beta_1} = \left(\dfrac{X}{X_F}\right)\dfrac{-I}{(\beta_1-1)^2}$

$$\frac{D(0,1)}{D(1,1)-D(0,1)}+\frac{-I}{(\beta_1-1)^2}(\frac{X}{X_F})^{\beta_1}+\frac{I\ln\frac{X}{X_F}}{\beta_1-1}\left(\frac{X}{X_F}\right)^{\beta_1}$$

当 $r>u$ 时，由式（13）易证 $\beta_1>1$，且由于 $X<X_F$，得 $\ln\frac{X}{X_F}<$

0，所以上式各个项都小于0，所以 $\frac{\partial L(X)}{\partial \beta_1}<0$。同理可证 $\frac{\partial F(X)}{\partial \beta_1}<0$。

综上所述，$\frac{\partial X_F}{\partial J}=\frac{\partial X_F}{\partial \beta_1}\frac{\partial \beta_1}{\partial J}>0$，$\frac{\partial F(X)}{\partial J}=\frac{\partial F(X)}{\partial \beta_1}\frac{\partial \beta_1}{\partial J}>0$，$\frac{\partial L(X)}{\partial J}=$

$\frac{\partial L(X)}{\partial \beta_1}\frac{\partial \beta_1}{\partial J}>0$，证毕。

第5章 多主体参与下企业技术创新模式动态选择研究

5.1 引言

随着知识爆炸时代的来临，技术更新和经济转型速度不断加快，技术创新已成为企业维持市场地位、获取竞争优势的基本手段。而在企业创新管理中，涉及最重要的一个方面无疑是对创新的方向和模式做出正确的把握。创新按照其对主流市场产生的影响可以分为突破性创新和渐进性创新。突破性创新是面对潜在市场进行的一种不连续性创新，其结果往往是建立新市场；而渐进性创新则是对现有主流市场产品性能的提升做出贡献的创新，其创新结果难以改变整个市场格局。这是两种截然不同的创新模式，由于创新的路径依赖特性，这两种创新模式往往难以在同一企业内实现共存。因此，为获取竞争优势，企业在创新资源和能力有限的条件下需要对创新模式做出合理的选择。

针对创新模式选择，国内外学者围绕其影响因素展开了深入研究。具体包括以下 3 个层面的研究。①关于企业自身因素层面：Danneels 分析了企业规模和成熟度的影响，发现成熟企业更倾向于渐进性创新；张春辉等探讨了吸收能力、内生溢出和 R&D（研究与开发）投入水平对创新模式选择的影响，模型分析表明，吸收能力、内生溢出有助于突破性技术创新选择，而随着 R&D 投入增加，企业更倾向于渐进性技术创新。孙永风等通过对企业战略导向的实证分析发现，企业家导向更加注重突破性技术创新，而市场导向则更倾向于渐进性技术创新。②环境因素层面：Lauk Kanen 等对市场环境进行了分析，认为市场环境动荡性增加，会促进企业选择突破性创新。张洪石等进一步对企业内外部环境因素作了归类并进行实证研究，发现环境变化和环境支持因素与突破性创新频率正相关，环境依赖因素与渐进性创新频率正相关。张春辉等对两种政府创新补贴进行了分析，发现创新投入补贴和创新产品补贴对突破性技术创新均有促进作用，而在不同产品价格与边际成本差额条件下，两种创新补贴对创新模式选择影响的显著性存在差异。③营销因素层面：Sandberg 通过对消费者反应的分析，认为消费者的消费观念和消费习惯对两种创新模式的影响具有显著差异。陈锟等研究了营销能力因素，认为处于较低环境动荡性的企业，选择渐进性创新能够获得良好创新绩效，而处于较高环境动荡性的企业，选择突破性技术创新有助于获得竞争优势。

上述研究成果为企业创新模式的选择提供了重要理论依据，但是上述研究成果大多是基于单一的创新主体，缺乏对企业之外的其他创新参与者分析。在传统的创新理论中，创新活动完全在企业内部进行，创新知识在不同企业之间是不流通的。但随着全球经济一体化进程的不断加快，企业间的竞争日趋激烈，这种传统的封闭式创新范式被逐渐打破。基于此，Chesbrough 提出了著名的开放式创新理论。在这一理论体系中，Chesbrough 强调了现代创新活动多主体参与的特征。此后，学者们陆续对参与主体对创新活动的影响展开探讨，如 Baldwin、Lettl & Prugl 等对于顾客参与在创新系统中的角色定位，及其对创新活动过程、绩效的影响分析，Carr、Johnsen & Roy 等对供应商参与创新活动的动力、路径及其对创新价值创造、分配的影响分析。

虽然越来越多的学者已经认识到，多主体参与对于创新活动的重要性。但是关于创新模式选择这一创新管理核心问题，上述成果并没有给出明确的答案。而且，随着市场的瞬变性和不可准确预见性增强，为了决策的战略柔性，企业对创新模式选择处于一个不断变化的动态过程。从长远角度看，现实中企业的创新模式不会是一成不变的，企业往往会根据内外部环境的变化对创新模式做出调整。因此，本书研究与以往成果相比，有以下三点区别：其一，将顾客参与和供应商参与纳入企业创新模式选择的分析框架，而现有成果极少对这两个因素进行分析；其二，本书以动态视角研究了企业创新模式选择过程，与现有静态视角有明显不同；其三，与目前以案例分析为主研究多主体参与创新活动不同，本书通过建立经济学范式上的严谨理论模型，分析了多主体参与对创新模式选择的影响。

综上所述，本书将在以上研究的基础上，将顾客和供应商纳入企业创新模式选择的分析框架，利用演化博弈理论分析企业创新模式动态选择。以期明确在多主体参与的现代创新环境下，企业创新模式的选择机理，为企业创新模式选择提供新的理论依据。

5.2 问题描述与基本假设

考虑在某一产业中，有两家相互竞争的企业 1 和企业 2。两家企业都希望通过技术创新来获取竞争优势。设两家企业创新投入水平均为 c，且均可以采用 c 进行不同类型创新活动。假定市场逆需求函数为：$P = a - bQ$，其中，a、b 均为大于 0 的常数，$Q = q_1 + q_2$ 为市场总需求。设两家企业原单位生产成本均为 A。在企业进行创新活动并生产条件下，遵循 $A - J$ 模型假设。企业创新投入成本函数为 $sc^2/2$；在企业只进行创新投入而不进行生产条件下，创新投入的确定性成本为 c。其中，s 为创新能力参数，s 越小说明企业创新能力越强，反之亦然。

供应商参与假设：在供应商不参与创新活动时，企业创新成本遵循 $A - J$ 模型假设。在供应商参与创新活动下，将会降低供应商部件的成本从而降低供应价格。假设供应商参与创新效率系数为 β，则企业通过供应商参与而降低的单位成本为 βc。因此，两家企业的实际创新投入均为自身的创新投入与供应商参与降低的单位成本之和 M，$M = (1 + \beta)c$。另外，假定企业实际创新投入水平等于其单位成本减少水平，则企业实际生产成本为 $A - M$。

顾客参与假设：由于有顾客的参与，企业生产的新产品能更好地反映消费者偏好，需求曲线也因此向右移动，需求函数变为：$p = a - b(q_i - tc)$，$i = 1$，2。其中，t 为顾客参与创新的合作效率。同时考虑一般情况下，企业给顾客的支付相对企业收益很小，从而可以忽略不计。

5.3　企业创新模式选择的收益分析

5.3.1　两家企业均选择突破性技术创新

由于突破性技术创新是通过建立新市场，获得主流市场份额实现的。当两家企业均选择突破性技术创新时，它们均有可能成为新市场的建立者。由于在创建新市场上具有时间先后问题，此时两家企业竞争变为斯塔克伯格竞争市场。假设企业 1 领先于企业 2 建立新市场，则企业 1 成为斯塔克伯格竞争市场领先者，企业 2 成为追随者。根据以上分析，两家企业的利润函数分别为：

$$\pi_1 = [a - b(q_1 + q_2 - tc) - (A - M)]q_1 - \frac{sc^2}{2} \tag{1}$$

$$\pi_2 = [a - b(q_1 + q_2 - tc) - (A - M)]q_2 - \frac{sc^2}{2} \tag{2}$$

由于企业 1 是领先者，企业 2 是追随者，企业 1 先于企业 2 做出产量决策，根据逆向归纳法可解得两家企业最大利润分别为：

$$\pi_1 = \frac{(a + btc - A + M)^2}{8b} - \frac{sc^2}{2} \tag{3}$$

$$\pi_2 = \frac{(a + btc - A + M)^2}{16b} - \frac{sc^2}{2} \tag{4}$$

同理，若企业 2 领先于企业 1 成为市场领先者，则企业 1 和企业 2 的最大化利润分别为：

$$\pi_1 = \frac{(a + btc - A + M)^2}{16b} - \frac{sc^2}{2} \tag{5}$$

$$\pi_2 = \frac{(a + btc - A + M)^2}{8b} - \frac{sc^2}{2} \tag{6}$$

由于两家企业同质性假设，则这种领先与落后的情况对于两家企业来说概率是相同的，则两家企业选择突破性技术创新的期望收益为：

$$\pi_{RR} = \frac{\pi_1 + \pi_2}{2} = \frac{3(a + btc - A + M)^2}{32b} - \frac{sc^2}{2} \tag{7}$$

5.3.2 两家企业均进行渐进性创新

渐进性创新只是对现有产品性能进行改良，当两家企业均选择进行渐进性创新时，不会改变市场结构。假设两家企业进行渐进性创新是同质的，则市场变为古诺竞争市场，此是两家企业的利润函数均为：

$$\pi_i = [a - b(q_i - tc) - (A - M)]q_i - \frac{sc^2}{2}, i = 1,2 \tag{8}$$

联立方程可解得纳什均衡产量：

$$q_1^* = q_2^* = \frac{a + btc + M - A}{3b} \tag{9}$$

均衡利润：

$$\pi_{II} = \pi_1 = \pi_2 = \frac{(a + btc + M - A)^2}{9b} - \frac{sc^2}{2} \tag{10}$$

5.3.3 两家企业选择不同创新模式

若企业1选择突破性技术创新，企业2选择渐进性技术创新，则企业1成为市场垄断者。此时，由于市场被企业1垄断，企业2将不进行生产，则 $Q = q_1$，$q_2 = 0$，企业 1 的利润函数为：

$$\pi_1 = \left[a - b(q_1 - tc) - (A - M) \right] q_1 - \frac{sc^2}{2} \qquad (11)$$

因为 $\frac{\partial^2 \pi_1}{\partial q_1^2} < 0$，当 $\frac{\partial \pi_1}{\partial q_1} = 0$ 时得到利润最大化产量为：

$$q_1^* = \frac{a + btc + M - A}{2b} \qquad (12)$$

最大利润为：

$$\pi_1 = \frac{(a + btc + M - A)^2}{4b} - \frac{sc^2}{2} \qquad (13)$$

此时由于市场被企业 1 垄断，企业 2 将不进行生产，其损失为突破性技术创新投入 c，因此企业 2 的利润 $\pi_2 = -c$。可得在选择不同创新模式下，企业 1 的垄断利润为：$\pi_{RI} = \frac{(a + btc + M - A)^2}{4b} - \frac{sc^2}{2}$，企业 2 的利润为 $\pi_{IR} = -c$。同理，当企业 2 选择突破性技术创新，企业 1 选择渐进性技术创新，企业 1 的利润为：$\pi_{IR} = -c$，企业 2 的利润为 $\pi_{RI} = \frac{(a + btc + M - A)^2}{4b} - \frac{sc^2}{2}$。通过以上三种情况分析，可得两家企业选择各种创新模型收益矩阵（见表 5 - 1）。

表 5 - 1　　　　　两家企业创新模式选择的收益矩阵

企业 1	企业 2	
	突破性技术创新	渐进性技术创新
突破性技术创新	(π_{RR}, π_{RR})	(π_{RI}, π_{IR})
渐进性技术创新	(π_{IR}, π_{RI})	(π_{II}, π_{II})

5.4 基于演化博弈的企业技术创新动态模式选择分析

在企业进行技术创新活动中，其模式选择不可能做出一成不变的选择，而是随着市场环境变化而变化动态过程。在这一动态过程中，决策主体由于创新收益信息等缺乏，决策者难以做到完全理性的决策。因此，本书采用演化博弈理论对上述博弈策略进行分析。

假定选择突破性技术创新的比例为 x，选择渐进性技术创新的比例为 $1-x$，其中 x 是时间 t 的函数，根据表 1 的描述，可得企业选择突破性技术创新的期望收益为：

$$U_R = x\pi_{RR} + (1-x)\pi_{RI} = \frac{(a+btc-A+M)^2}{4b}\left(1-\frac{5x}{8}\right) - \frac{sc^2}{2} \quad (14)$$

企业选择渐进性技术创新的期望收益为：

$$U_I = x\pi_{IR} + (1-x)\pi_{II} = -xc + (1-x)\left[\frac{(a+btc+M-A)^2}{9b} - \frac{sc^2}{2}\right]$$

$$(15)$$

企业的平均收益为 $\bar{U} = xU_R + (1-x)U_I$，根据演化博弈理论，可得选择突破性技术创新的企业复制动态方程为：

$$\frac{dx}{dt} = x(U_R - \bar{U})$$

$$= x(1-x)\left[\frac{(a+btc+M-A)^2}{b}\left(\frac{5}{36} - \frac{13x}{288}\right) - \left(\frac{sc^2}{2} - c\right)x\right] \quad (16)$$

令 $\dfrac{dx}{dt}=0$，得系统可能稳定的状态为：

$x_1^*=0$，$x_2^*=1$

$x_3^*=\dfrac{40(a+btc+M-A)^2}{13(a+btc+M-A)^2+bc(144sc-288)}$（当且仅当 $0<x_3^*<1$ 时成立）

令 $F(x)=\dfrac{dx}{dt}$，根据微分方程的稳定性和演化博弈的稳定策略的性质，当 $F'(x^*)<0$ 时，x^* 为演化博弈复制动态的稳定策略。因为：

$$F'(x)=(1-2x)\left[\frac{(a+btc+M-A)^2}{b}\left(\frac{5}{36}-\frac{13x}{288}\right)-\left(\frac{sc^2}{2}-c\right)x\right]$$
$$+(x-x^2)\left[c-\frac{sc^2}{2}-\frac{13(a+btc+M-A)^2}{288b}\right] \tag{17}$$

将 x_1^*、x_2^*、x_3^* 的数值代入式（17）可得，$F'(0)>0$，$F'(1)>0$，$F'(x_3^*)<0$，可知 x_3^* 是系统唯一的演化稳定策略。因此，经过长期演化，企业群体中最终选择突破性技术创新的比例稳定在

$$x_3^*=\frac{40(a+btc+M-A)^2}{13(a+btc+M-A)^2+bc(144sc-288)}。$$

5.5　各主体参与对于企业创新模式选择的影响分析

结论 1　无论企业选择何种创新模式，顾客和供应商参与都会提升企业技术创新收益。

证明：以顾客参与为例证明。根据前文分析，企业选择突破性技术创新的期望收益为：$U_R = x\pi_{RR} + (1-x)\pi_{RI}$，可得：

$$\frac{\partial U_R}{\partial t} = \frac{(a+btc-A+M)c}{2}\left(1-\frac{5x}{8}\right)$$

由于 $0 < x < 1$，且 $a > A > M$，所以有 $\frac{\partial U_R}{\partial t} > 0$，即随着顾客参与创新的合作效率提升，企业进行突破性技术创新投资收益也会提升。

对企业选择渐进性技术创新模式进行分析，其期望收益为：$U_I = x\pi_{IR} + (1-x)\pi_{II}$，可得：

$$\frac{\partial U_I}{\partial t} = 2c(1-x)\frac{(a+btc+M-A)}{9}$$

由于 $0 < x < 1$，且 $a > A > M$，所以有 $\frac{\partial U_I}{\partial t} > 0$，即随着顾客参与创新的合作效率提升，企业进行渐进性技术创新投资收益也会提升。同理，可以证明供应商参与可以提升企业技术创新收益。因此，结论1成立。

从结论1可以看出，供应商和顾客参与，可以显著提升企业技术创新收益。这与当前的经验研究结论一致。且无论企业选择突破性技术创新还是渐进性技术创新，供应商和顾客管理都将成为企业提升创新绩效的有效手段。

结论2 对于两种创新模式，供应商和顾客参与对突破性技术创新投资收益的增加更为显著，因而供应商和顾客参与会增加企业选择突破性技术创新模式比例。并且，供应商和顾客参与对两种创新模式收益提升的差距，随着市场中突破性技术创新模式比例增加而增加。

证明：以顾客参与创新为例证明。由 $\dfrac{\partial U_I}{\partial t} \Big/ \dfrac{\partial U_R}{\partial t} = \dfrac{72(1-5x/8)}{32(1-x)}$，

当 $0 < x < 1$，显然有 $\dfrac{\partial U_I}{\partial t} \Big/ \dfrac{\partial U_R}{\partial t} > 1$，故顾客参与使突破性技术创新投资收益增加更为显著。由于顾客参与使突破性技术创新投资收益增加更为显著，顾客参与创新效率提升，会促进企业选择突破性技术创新模式比例（此结论亦可通过 $\dfrac{\partial x_3^*}{\partial t} > 0$ 证明，过程略）。

为了进一步分析这种差异的动态趋势，令 $G(x) = \dfrac{\partial U_I}{\partial t} \Big/ \dfrac{\partial U_R}{\partial t} = \dfrac{72(1-5x/8)}{32(1-x)}$，可知 $G'(x) = \dfrac{864}{[32(1-x)]^2} > 0$，因此，随着市场中选择突破性技术创新比例 x 的增加，$G(x)$ 单调递增。故随着市场中突破性技术创新模式比例增加，顾客参与对两种创新模式收益提升的差距也不断增加。同理，可以证明供应商参与对两种创新模式收益的影响。因此，结论 2 成立。

从结论 2 可以看出，虽然供应商和顾客参与对两种创新模式绩效都有促进作用，但作用效果有显著差异，更能促进企业选择突破性技术创新。这是由于突破性技术创新的结果往往是创造新的市场，在新市场建立过程中，离不开多主体的共同参与。而渐进性技术创新一般不会改变现有市场格局，多主体参与对其影响有限。因此，供应商和顾客参与更能促进突破性技术创新的绩效。

当市场选择突破性技术创新模式比例较高时，说明市场竞争格局还未完全形成。此时，多主体参与更能促进新市场的发展，因而对突破性技术创新促进作用更加显著。另外，根据产业生命周期理论，新兴产业往往由多个小型企业组成，此时企业选择突破性技术创新模式比重比较多。而多主体共同参与，有助于新兴市场的形成，从而提升

企业突破性技术创新绩效。这一结论也启示我们，为了培养新兴产业，需要多个创新主体共同参与。这对于产业战略尤其是战略性新兴产业战略制定，具有有益的参考价值。

结论3 当创新产品为价格弹性需求时，顾客参与更能促进突破性技术创新，而当创新产品为价格非弹性需求时，供应商参与更能促进企业突破性技术创新。当创新产品为单元弹性需求时，供应商和顾客参与对突破性技术创新促进作用是相同的。

证明： 因为：

$$\frac{\partial x_3^*}{\partial t} = \frac{80bc(a + btc + c + \beta c - A)\left[bc(144sc - 288)\right]}{\left[13(a + btc + c + \beta c - A)^2 + bc(144sc - 288)\right]^2}$$

$$\frac{\partial x_3^*}{\partial \beta} = \frac{80c(a + btc + c + \beta c - A)\left[bc(144sc - 288)\right]}{\left[13(a + btc + c + \beta c - A)^2 + bc(144sc - 288)\right]^2}$$

所以：$\dfrac{\partial x_3^*}{\partial t} \bigg/ \dfrac{\partial x_3^*}{\partial \beta} = b$

根据西方经济学理论，当产品为价格弹性需求时，逆需求函数 $P = a - bQ$ 中的 $b > 1$；当产品为价格非弹性需求时，$b < 1$；当产品为单元弹性需求时，$b = 1$。所以当创新产品为价格弹性需求时，$b > 1$，故 $\dfrac{\partial x_3^*}{\partial t} > \dfrac{\partial x_3^*}{\partial \beta}$，此时顾客参与更能促进企业选择突破性技术创新比例。

当产品为价格非弹性需求时，$b < 1$，故 $\dfrac{\partial x_3^*}{\partial t} < \dfrac{\partial x_3^*}{\partial \beta}$，此时供应商参与更能促进企业选择突破性技术创新比例。当创新产品为单元弹性需求，$b = 1$，此时，$\dfrac{\partial x_3^*}{\partial t} = \dfrac{\partial x_3^*}{\partial \beta}$，供应商和顾客参与对突破性技术创新促进作用是相同的。因此，结论3成立。

从结论3可以看出，创新产品的价格弹性不同，顾客参与和供应商参与对于突破性技术创新模式的影响也不相同。企业进行创新活动利润源于创新成功后的垄断利润，这种垄断利润来源不外乎通过提升产品性能而提升销售价格和改进生产方式而降低生产成本两种方式。当创新产品为价格弹性需求时，说明消费者对于创新产品的价格更为敏感，此时消费者购买意愿将成为企业盈利的关键因素。企业选择突破性技术创新，将面对潜在的新市场，顾客并不能完全了解创新产品信息，而市场上又无同类产品价格对比。此时，消费者购买意愿主要取决于其对创新产品的偏好。由于顾客参与能更好地反映消费者偏好，因而有助于创新产品销售，提升企业突破性技术创新动力。当创新产品为价格非弹性需求时，说明消费者对于全新产品的购买意愿更多取决于非价格因素。所以，企业建立新市场过程中无法准确把握销售情况，此时，降低突破性技术创新成本将成为企业提高期望收益的重要手段。通过供应商参与，企业能更加有效降低创新成本，从而提升企业选择突破性技术创新动力。而当价格为单元弹性需求时，销售因素和成本控制对于创新的影响是相同的，因此，供应商和顾客参与对选择企业突破性技术创新模式的作用大小是一致的。

上述结论分析与渐进性创新的结论截然相反。当企业选择渐进性技术创新时，面对的是原有成熟的市场。当创新产品为价格弹性需求时，消费者对于创新产品的价格更为敏感。由于成熟市场中已经有同类产品价格，因此企业若能够有效地降低成本，就能降低销售价格，从而占据更大的市场份额。通过供应商参与，能有效降低企业创新成本，因而有利于渐进性技术创新。而当创新产品为价格非弹性需求时，成熟的市场中的消费者更注重创新产品性能，因此顾客参与使创新产品能更加反映顾客偏好，更能促进渐进性技术创新。

通过上述分析，可以看出，在创新产品价格弹性不同时，顾客参与和供应商参与对于两种创新模式的作用大小也不相同。根据创新产品的价格弹性和创新模式选择，企业可以决定将主要创新资源投入顾客管理还是供应商管理。由于任何一家企业的创新资源和能力都是有限的，因此要达到创新效益的最大化，就需要将有限资源投入最关键的创新活动。这一点对于企业创新管理具有重要的启示意义。

5.6 数值分析

5.6.1 顾客与供应商参与对创新绩效的影响分析

前文对结论 1 分析表明，顾客与供应商参与对两种创新模式的绩效均有正向影响，为验证结论 1，取 $a=12$；$b=1$；$A=6$；$M=4$；$\beta=1$；$s=2$；$c=2$；$x=0.5$ 代入式（14）和式（15），自变量取值范围为 $t\in[0,2]$，采用 Matlab 绘制图 5-1。从图 5-1 可以看出，随着顾客参与创新系数 t 增加，渐进性技术创新收益 U_I [图中用 $U(I)$ 表示] 和突破性技术创新收益 U_R [图中用 $U(R)$ 表示] 均成增加趋势。此外，由图 5-1 可以直观看出，突破性技术创新收益 $U(R)$ 曲线位于渐进性技术创新收益 $U(I)$ 曲线上方，说明随着顾客参与创新系数 t 增加，对突破性技术创新收益促进作用更加显著。

由前文分析可知，创新产品价格弹性对创新模式具有显著影响。

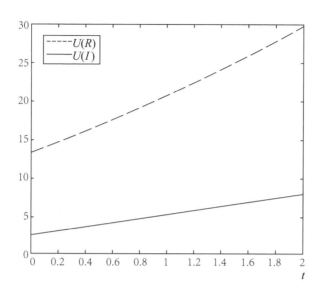

图 5 - 1　顾客参与对创新收益的影响

为了排除这种影响,这里选择价格弹性系数 $b = 1$,而当 $b = 1$ 时,顾客参与和供应商参与对两种创新模式收益影响是一致的。因此,不再加以分析。

综上所述,结论 1 和结论 2 部分得到验证。

5.6.2　顾客与供应商参与对两种创新模式收益影响的差距分析

通过结论 2 分析可知,随着市场中突破性技术创新模式比例增加,供应商和顾客参与对两种创新模式收益影响的差距也不断增大。为了验证结论 2,取 $x \in [0, 1]$,对两者差距函数 $G(x) = \dfrac{72(1 - 5x/8)}{32(1 - x)}$ 绘图,得到图 5 - 2。从图 5 - 2 可以看出,随着市场中选择突破性技术创新比例 x 增加,$G(x)$ 单调递增,即顾客参与对两种创新模式收益提升的差距也不断增加。因此,结论 2 得到验证。

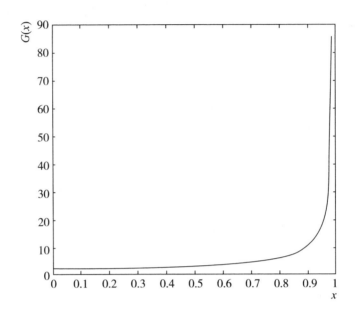

图 5 - 2　创新模式选择比例对创新收益差距的影响

5.6.3　不同价格弹性下，顾客与供应商参与对两种创新模式影响对比分析

通过结论 3 分析可知，不同价格弹性下，顾客与供应商参与对两种创新模式影响是不同的。为了验证这一结论，当创新产品为价格弹性需求时，取 $b = 2$，$a = 12$；$A = 6$；$M = 4$；$s = 2$；$c = 2$ 代入突破性技术创新的比例 $x_3^* = \dfrac{40(a + btc + M - A)^2}{13(a + btc + M - A)^2 + bc(144sc - 288)}$，得到 x_3^* 关于 t，β 函数：

$$x_3^*(t) = \frac{40(10 + 4t)^2}{13(10 + 4t)^2 + 1152}(\text{取 } \beta = 1)\,;\,x_3^*(\beta)$$

$$= \frac{40(10 + 2\beta)^2}{13(10 + 2\beta)^2 + 1152}(\text{取 } t = 1)$$

采用 Matlab 绘制图 5 – 3，从图 5 – 3 可以看出，$x_3^*(t)$ ［图中用 $x(t)$ 表示］曲线位于 $x_3^*(\beta)$ ［图中用 $x(\beta)$ 表示］曲线上方，说明创新产品为价格弹性需求时，顾客参与对于突破性技术创新作用更为显著。

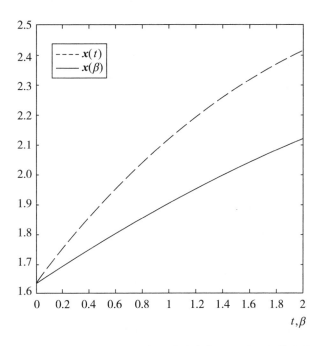

图 5 – 3　价格弹性需求时顾客与供应商参与对两种创新模式的影响

当创新产品为价格非弹性需求时，取 $b = 1/2$，$a = 12$；$A = 6$；$M = 4$；$s = 2$；$c = 2$ 代入 x_3^*，得到 x_3^* 关于 t，β 函数：

$$x_3^*(t) = \frac{40(10 + t)^2}{13(10 + t)^2 + 288}(取 \beta = 1); \quad x_3^*(\beta)$$

$$= \frac{40(10 + 2\beta)^2}{13(10 + 2\beta)^2 + 288}(取 t = 1)$$

采用 Matlab 绘制图 5 – 4，从图 5 – 4 可以看出，$x_3^*(t)$ 曲线位于 $x_3^*(\beta)$ 曲线下方，说明创新产品为价格非弹性需求时，供应商参与对于突破性技术创新作用更为显著。因此，结论 3 得到验证。

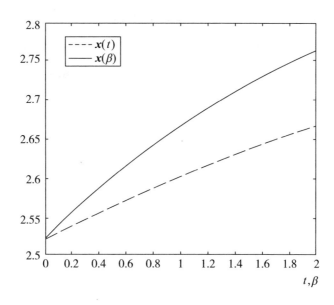

图 5 – 4　价格非弹性需求时顾客与供应商参与对两种创新模式的影响

5.7　结语

　　在现代经济环境下，企业创新活动越来越依赖于外部组织，多主体参与已经成为企业创新活动的基本特征。在多主体参与环境下，企业如何选择其创新模式，无疑是企业创新管理的重要课题。对模型分析发现，在不同创新模式下，形成了三种竞争市场：斯塔克伯格竞争市场、垄断竞争市场和古诺竞争市场。通过动态博弈均衡和数值分析发现，供应商和顾客参与对于两种技术创新模式的绩效都有显著提升。且由于两种创新的市场影响不同，供应商和顾客参与对其作用大小有所差异。供应商参与和顾客参与对突破性技术创新绩效影响更为显著，因而能促进企业选择突破性技术创新模式。进一步对供应商参与和顾客参与对比分析可知，两者对于企业创新模式选择依赖于创新产品的价格弹性。当创新产品为价格弹性需求时，顾客参与更能促进突破性技术创新；当创新产品为价格非弹性需求时，供应商参与更能促进突破性技术创新。上述结论为管理实践提供了重要参考：在创新资源有限的前提下，企业可以根据创新产品的价格弹性和选择的创新模式，决定创新资源投入方向，以实现企业创新绩效的最大化。综上所述，本书的研究通过分析供应商参与和顾客参与对企业创新模式的影响，为企业创新模式选择提供了新的理论依据，丰富了现有领域的成果，同时拓展了多主体参与创新活动的传统研究结论。

　　然而，本书研究的局限性在于，本书的分析建立在两种模式的创新均能获得成功的基础之上，而事实上两种模式的创新均存在风险，两者的风险也存在显著差别，且模型假设这两种创新的成本函数是相同的，这也与现实情境有差别。因此，考虑在不同风险因素和成本函数条件下企业创新模式选择，是今后需要进一步研究的内容。

第6章 基于泊松分布的企业突破性技术创新投资决策分析

　　技术创新是企业获得持续发展和增强竞争能力的一种主要方式，也是一个国家或者地区经济发展、社会进步的推动剂，其创新程度的高度决定其核心竞争力的高低。20世纪90年代以前的企业技术创新主要以渐进性技术创新为主；进入20世纪90年代以后，随着以计算机技术为代表的信息技术得到大量应用与发展，经济全球化和生产国际化进程的加快，现代科学技术在经济社会中得到大量应用，技术创新的步伐明显加快，由原来的渐进性技术创新演化为间断性、跳跃性、非连续性创新为特征的突破性创新。大量的突破性技术创新得到应用与推广，深深改变着我们的生产和生活。我国的经济虽然每年都保持比较快的增长速度，但源于技术创新的贡献中突破性技术创新较少，大多属于二次创新或模仿创新。对于突破性技术创新而言，由于其发生的不确定性及不存在确定的规范标准，发达国家和发展中国家都可以在同一发展轨道上展开竞争，因而受到越来越多的国家和地区的重视与认同。加强突破性技术创新的研究对于我国实现后发赶超、增强竞争能力显得非常重要，由于新技术开发存在不确定性，传统的净现值评价方法只是考虑货币资金的时间价值，无法评价技术进步带来的影响，其局限性与片面性也是显而易见的。这就要求有一种工具或手段能够解决技术创新企业管理工具与定量分析工具欠缺的难题，因此，在企业技术创新管理中研究期权博弈理论与方法的应用，在理论层面与实践层面都具有非常重要的现实意义与研究价值。

6.1　企业突破性技术创新研究述评

创新是熊彼特在 1912 年首次提出的，并在他 1934 年的《经济发展理论》一书中完善了创新理论。不同国家的学者对技术创新按照不同的标准进行了不同的分类研究，Clark 以创新强度为标准可以分为渐进性技术创新与突破性技术创新。Dess & Beard 认为，突破性技术创新建立在一整套不同的科学与工程原理之上，是企业进入市场成功的基础，并就此可能改变产业竞争格局。Perry Glasser 认为，可以大幅度降低生产成本，提高产品品质 10 倍及以上的新产品开发称为突破性技术创新。Vadim Kotelnilo 认为，突破性技术创新是新产品、新工艺、新服务发生了根本性的变革，或者这种变革改变了现有的生产工艺和产业，或者创造了新的市场和产品。Schivardi 认为，从市场风险角度考虑，市场占有率低的公司倾向于采用新技术、新工艺，市场占有率高的公司倾向于采用安全的成熟技术。国内学者陈劲教授认为，突破性技术创新是基于技术的创新，并不是按照主流用户需求进行改进的创新，并研究了产品创意的识别和产生的基础。曹兴则重点研究了突破性创新企业的组织运行机制及其管理模式重构。薛红志认为，突破性创新需要全新的知识和技能的创新，常定位于全新的市场和潜在的应用。蒋国平研究了突破性技术创新管理的基本方法。已有的研究主要侧重于突破性技术创新概念的界定、分类、特征等定性层面的探索，主要集中于企业内部或技术层面。对于企业突破性技术创新分析的定量模型研究较少，具有一定的局限性。

　　Myers 首次提出了实物期权的概念，Kester 则对战略的竞争特征和增长机会进行了概念上的阐释，Mason、Trigerorgis & Luehrman 等学者对概念性实物期权框架进行了构建和完善。Black、Scholes & Merton 提出了假设在连续时间状态下的 BMS 期权定价模型，Ross、Cox & Rubinstein 等提出了在时间离散状态下的二项式期权定价模型，Margrabe 则考虑了资产的安全性分类，并着重分析阐释了风险资产互换的期权定价，Stuz 则着重考察了风险资产的分类管理，重点分析了风险资产最小期权和最大期权的实现路径等问题。已有的这些研究成果为我们展开分析奠定了坚实的物资基础，为我们构建分析模型提供了最一般的期权定量分析方法。Faulkner 研究了实物期权在 R&D 投资项目中的应用问题。Dix it 运用实物期权的分析方法研究了不完全竞争条件下的投资策略均衡。国内学者，曹国华研究投资期权博弈均衡时引入了一个建设时间变量；邢小强从实物期权视角实证研究了不确定性对企业新技术投资决策的影响；李强在考虑技术和市场不确定性的基础上研究了实物期权的技术创新非效率投资行为。国内已有研究大多是将实物期权和期权博弈的方法引入了渐进性技术创新分析，对于突破性创新的研究分析大多没有涉及。而游达明教授用期权博弈的方法比较分析了两家企业的突破性技术创新投资决策，但没有考虑企业的投资能力。由于突破性技术创新的跳跃性特征，使得突破性技术创新的评价方法和指标与渐进性技术创新明显不同。

　　企业发生突破性技术创新会改变竞争格局，并对其所处的技术环境产生较大的影响。与此同时，与之相关联的实物期权链也一定发生彻底的、全面的变化。企业突破性技术创新实现或者达成的基本标志就是技术创新实现重大突破，突破性技术创新在市场上处于主导地位。企业技术创新的投资价值相应发生变化，在随机变动的基础上发生巨大跳跃。考虑到企业投资价值变动过程，本书试图利用泊松分布分析突破性技术创新项目的投资决策问题，构建突破性技术创新的实物期权模型。

6.2　模型的建立与基本假设

6.2.1　模型的建立

忽略市场竞争对企业突破性技术创新的影响，以项目收益与投入成本的比率 R 的演变过程指代企业技术创新项目投资的特征。同时，假定企业在进行项目投资决策前无法确定新技术产生的时间，新技术投资研发成功的可能性以及吸收外来技术的可能性等。那么，企业投资创新获得技术研究开发的成功存在两种可能性：一是取得突破性技术创新，即企业技术创新取得重大突破，在原有技术基础上取得重大进步，发生了根本的变化；二是取得渐进性技术创新，即企业技术创新只是在企业已有技术基础上实现了部分改进，没有发生根本性的变化。企业这一技术创新过程可以用布朗运动与泊松分布来阐释。泊松分布变化指代企业投资技术创新而因此发生的突破性技术创新的变化。企业突破性技术创新如果服从参数为 λ 的泊松分布，则 X 的演化

过程函数为：

$$\begin{cases} dR_t = R_t - \beta d_t + R_t - \delta d\omega_t + R_t - \varphi dZ_t \\ R_0 = r_0 \end{cases} \tag{1}$$

其中，β 是 R 的增长率，δ 是 R 的方差，$d\omega_t$ 是纳维增量，用来指代不确定技术创新环境下 R 的随机变动。Z_t 用来指代企业实现突破性技术创新对 R 产生的影响，φ 是 R 发生突破性技术创新的跳跃幅度。因此，Z_t 可以就此表述为 $Z_t = 1 \mid t \geqslant T$，$T$ 变量是具有参数 λ 的泊松分布。

技术创新企业投资者的信息结构可以用 Ft 表示，$Ft = \delta(Rr; 0 \leqslant r \leqslant t)$，即投资者可以准确掌握每一个随机时点的投资项目收益与成本比率的相关数据。因此，技术创新企业投资决策可以看作以 R 为潜在资产的美式永久定价期权问题来衡量。那么，技术创新企业必须考虑的迫切问题就是运用科学的、合理的办法计算出企业决策的企业投资的临界值 R^*，当 $R < R^*$ 时等待时机出现，当 $R > R^*$ 时马上投资。以 r_0 表示 R 的最初值，则企业投资项目的价值可以表示为：

$$C(r_0, \varphi) = \sup_r E[e^{-\mu Tr}(P_{Tr} - 1)^+] = E[e^{-\mu Tr^*}(R_{Tr^*} - 1)^+] \tag{2}$$

其中，用 μ 代表折现率，用 E 代表先验概率测度 P 的预期，如果项目收益与投入成本的比率 R 的边界满足 $R \geqslant 1$，且 $R > r_0$，用 Tr 代表 R 首次达到 R^* 的时间，则：

$$Tr = \inf\{t \geqslant 0, RT \geqslant R^*\} \tag{3}$$

6.2.2 企业突破性技术创新的投资机会价值和投资临界值

本书拟从 $\varphi > 0$，$\varphi < 0$ 和 φ 的类型未知的三个方面展开研究，根据每种情况，我们分别给出企业突破性技术创新项目的实物期权决策

特征，即企业投资决策项目的投资机会价值和投资临界值。

投资项目的实物期权决策特征由定理 1 表述，如果 R 受企业突破性技术创新的影响发生正向跳跃的情况；投资项目的实物期权决策特征由定理 2 表述，如果 R 受企业突破性技术创新的影响发生负向跳跃的情况；投资项目的实物期权决策特征由定理 3 表述，如果 R 受突破性技术创新的影响情况未知，不确定。为了表述方便，在此给出有关表达式的简化形式：

$$F_\varphi(r_0, \nu, R, \beta) = \int_0^{+\square} \nu e^{-\nu t} N\left(\frac{1}{\delta\sqrt{t}}\ln\left(\frac{R}{r_{0(1+\varphi)}}\right) - \beta\sqrt{t}\right)dt -$$

$$\left(\frac{R}{r_0}\right)^{\frac{2\beta}{\delta}} \int_0^{+\square} \nu e^{-\nu t} N\left(-\frac{1}{\delta\sqrt{t}}\ln\left(\frac{R(1+\varphi)}{r_0}\right) - \beta\sqrt{t}\right)dt \qquad (4)$$

且 $\Delta F_{0\varphi}(r_0, \nu, R, \beta) = F_\varphi(r_0, \nu, R, \beta) - F_0(r_0, \nu, R, \beta)$。

$$f_\varphi(\nu, \beta) = \int_0^{+\square} \nu e^{-\nu t} \frac{1}{\sqrt{2\pi t}}\exp\left[-\frac{1}{2}\left(\frac{1}{\delta\sqrt{t}}\ln(1+\varphi) + \beta\sqrt{t}\right)^2\right]dt -$$

$$\beta \int_0^{+\square} \nu e^{-\nu t} N\left(-\frac{1}{\delta\sqrt{t}}\ln(1+\varphi) - \beta\sqrt{t}\right)dt \qquad (5)$$

且 $\Delta f_{0\varphi}(\nu, \beta) = f_\varphi(\nu, \beta) - f_0(\nu, \beta)$。

定理 1　对于 $0 < r_0 < R^*$，当 $\varphi > 0$ 时，项目的投资机会价值为：

$$C(r_0, \varphi) = (R-1)\left(\frac{r_0}{R}\right)^{\frac{\theta_0}{\delta}}\left[1 - F_\varphi(r_0, \lambda, R, \beta)\right] +$$

$$(R-1)E\left[\left(\frac{(1+\varphi)r_0}{R}\right)^{\frac{\theta_0}{\delta}} F_\varphi(r_0, \lambda, R, \beta_0)\right]$$

$$-E\left[\left(\frac{\lambda(1+\varphi)r_0}{\lambda+\mu-\beta}\right)\Delta F_\varphi(r_0, \lambda, R, \beta_0)\right]$$

$$-\frac{\lambda}{\lambda+\mu}E\left[\Delta F_{0\varphi}(r_0, \lambda+\mu, R, \beta_0-\theta_0)\right] \qquad (6)$$

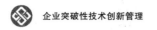

投资临界值 R^* 为:

$$R_\varphi^* = \frac{\rho^+(\varphi)}{\rho^+(\varphi) - 1 + \tau^+(\varphi)} \tag{7}$$

其中, $\rho^+(\varphi) = \frac{2}{\delta} f_0(\lambda, \beta_0) + \theta_0 \delta + \frac{2}{\delta} E\left[\frac{\lambda}{\lambda + \mu} \Delta f_{0\varphi}(\lambda + \mu, \beta_0 - \theta_0) - (1 + \varphi)^{\frac{\theta_0}{\delta}} f_\varphi(\lambda, \beta_0)\right]$, $\tau^+(\varphi) = \frac{2}{\delta} E\left[\frac{\lambda(1 + \varphi)}{\lambda + \mu - \beta} \Delta f_{0\varphi}(\lambda + \mu - \beta, \nu_0) - \frac{\lambda}{\lambda + \mu} \Delta f_{0\varphi}(\lambda + \mu, \beta_0 - \theta_0)\right]$。

证明: 根据随机变量 φ 和 $(F_t; t \geq 0)$ 的独立性,可以证明跳跃参数 φ 的连续性。

假设 $\varphi = \varphi$ 且 $\varphi > 0$,由式(4), F_φ 满足 $F_\varphi(R, \lambda, R, \beta) = 0$, F_φ 和 f_φ 的关系可表示为:

$$\frac{\partial}{\partial R} F_\varphi(r_0, \lambda, R, \beta)_{|r_0 = L} = \frac{2}{\delta R} f_\varphi(\lambda, \beta) \tag{8}$$

同时由 φ 是随机变量,可得

$$E\left[e^{-\mu T_L} \times 1_{|T_L = T}\right] = \frac{\lambda}{\lambda + \mu} E^{\psi_1}(1_{|T_L = T}) \tag{9}$$

其中, $\psi_1 = \mu / \lambda$, E^{ψ_1} 是 P 的均衡概率,其 Radon – Nikodym 微分可表示为:

$$\frac{dP^{\psi_1}}{\partial P}\bigg|_{F_t} = \varepsilon(\psi_1 M_t) = \exp\left[\ln(1 + \psi_1)D_t - \lambda\psi_1 \int_0^1 (1 - D_R)dr\right] \tag{10}$$

由此可得:

$$E^{\psi_1}\left(1_{\,|\,T_L=T}\right)=P^{\psi_1}\left(Y_t^{\mu_0}\geqslant \mathrm{x}, M_t^{\mu_0}<y\right)$$

$$=N\left(\frac{y-\mu_0 t}{\sqrt{t}}\right)-e^{2\mu_0 y}N\left(\frac{-y-\mu_0 t}{\sqrt{t}}\right)+e^{2\mu_0 y}$$

$$N\left(\frac{x-2y-\mu_0 t}{\sqrt{t}}\right)-N\left(\frac{\mathrm{x}-\mu_0 t}{\sqrt{t}}\right)$$

其中，$Y_t^{\mu_0}=\mu_0 t+W_t$，$M_t^{\mu_0}=\sup\left(Y_r^{\mu_0},\ 0\leqslant t\leqslant r\right)$，$\mu_0=\dfrac{\beta-\delta^2/2}{\delta}$，$y=\dfrac{1}{\delta}$
$\ln\left(\dfrac{L}{r_0}\right)$，$x=\dfrac{1}{\delta}\ln\left(\dfrac{L}{r_0\ (1+\varphi)}\right)$。

因此，

$$E^{\psi_1}\left(1_{\,|\,T_L=T}\right)=\int_0^{+\square}(\lambda+\mu)e^{-(\lambda+\mu)t}\left[N\left(\frac{y-\mu_0 t}{\sqrt{t}}\right)-e^{2\mu_0 y}N\left(\frac{-y-\mu_0 t}{\sqrt{t}}\right)\right]dt$$

$$+\int_0^{+\square}(\lambda+\mu)e^{-(\lambda+\mu)t}\left[e^{2\mu_0 y}N\left(\frac{x-2y-\mu_0 t}{\sqrt{t}}\right)-N\left(\frac{\mathrm{x}-\mu_0 t}{\sqrt{t}}\right)\right]dt$$

最终整理得

$$E\left[e^{-\mu Tr}\times 1_{\,|\,Tr=T}\right]=\frac{\lambda}{\lambda+\mu}F(r_0,\lambda+\mu,R,R,\mu_0)$$

$$-\frac{\lambda}{\lambda+\mu}F\left(r_0,\lambda+\mu,\frac{L}{1+\varphi},(1+\varphi)R,\mu_0\right)\qquad(11)$$

同理可得：

$$E\left[e^{-\mu Tr}\times 1_{\,|\,Tr>T}\right]=\left(\frac{(1+\varphi)r_0}{R}\right)^{\frac{D_0}{\delta}}\times F_{\varphi}(r_0,\lambda,R,\beta_0)\qquad(12)$$

$$E\left[e^{-\mu Tr}\times 1_{\,|\,Tr<T}\right]=\left(\frac{r_0}{R}\right)^{\frac{D_0}{\delta}}\times\left[1-F_{\varphi}(r_0,\lambda,R,\beta_0)\right]\qquad(13)$$

由上述各式，式（2）的项目投资机会价值可进一步表示为：

$$C(r_0, R) = (R-1)\left(\frac{r_0}{R}\right)^{\frac{\theta_0}{\delta}} \times [1 - F_\varphi(r_0, \lambda + \mu, R, \beta_0)] +$$

$$(R-1)E\left[\left(\frac{(1+\varphi)r_0}{R}\right)^{\frac{\theta_0}{\delta}} \times F_\varphi(r_0, \lambda, R, \beta_0)\right]$$

$$-E\left[\left(\frac{\lambda(1+\varphi)r_0}{\lambda + \mu - \beta}\right)^{\frac{\theta_0}{\delta}} \Delta f_{0\varphi}(\lambda + \mu - \beta, \nu_0)\right.$$

$$\left. + \frac{2\lambda(1+\varphi)}{\delta(\lambda + \mu - \beta)} \Delta f_{0\varphi}(\lambda + \mu, \beta_0 - \theta_0)\right] \tag{14}$$

对式（14）求偏导得：

$$\frac{\partial}{\partial R}C(r_0, R)\bigg|_{r_0 = R} = \frac{2}{\delta R}(1+\varphi)^{\frac{\theta_0}{\delta}}(R-1)f_\varphi(\lambda, \beta_0)$$

$$+ 1 - \frac{\theta_0}{\delta R}(R-1) - \frac{2}{\delta R}(R-1)f_0(\lambda, \beta_0) - \frac{2\lambda(1+\varphi)r_0}{\delta(\lambda + \mu - \beta)}$$

$$\Delta f_{0\varphi}(\lambda + \mu - \beta, \nu_0) + \frac{2\lambda}{\delta R(\lambda + \mu)} \Delta f_{0\varphi}(\lambda + \mu, \beta_0 - \theta_0) \tag{15}$$

令式（15）等于零，解得投资临界值为：

$$R_\varphi^* = \frac{\rho^+(\varphi)}{\rho^+(\varphi) - 1 + \tau^+(\varphi)} \tag{16}$$

其中，$\rho^+(\varphi) = \frac{2}{\delta}f_0(\lambda, \beta_0) + \theta_0\delta + \frac{2}{\delta}E\left[\frac{\lambda}{\lambda + \mu}\Delta f_{0\varphi}(\lambda + \mu, \beta_0 - \theta_0) -\right.$

$\left.(1+\varphi)^{\frac{\theta_0}{\delta}}f_\varphi(\lambda, \beta_0)\right]$，$\tau^+(\varphi) = \frac{2}{\delta}E\left[\frac{\lambda(1+\varphi)}{\lambda + \mu - \beta}\Delta f_{0\varphi}(\lambda + \mu - \beta, \nu_0) -\right.$

$\frac{\lambda}{\lambda + \mu}\Delta f_{0\varphi}(\lambda + \mu, \beta_0 - \theta_0)\bigg]$。

定理2 对于 $0 < r_0 < R^*$，当 $\varphi < 0$ 时，项目的投资机会价值为：

$$C(r_0,\varphi)=(R_\varphi{}^*-1)\left(\frac{r_0}{R_\varphi^*}\right)^{\frac{\theta_0}{\delta}}\left[1-F_{0\varphi}(r_0,\lambda,R_\varphi^*,\beta_0)\right]\left[(1-E(1+\varphi)^{\frac{\theta_0}{\delta}}\right]$$

$$(17)$$

投资临界值 R^* 为:

$$R_\varphi^*=\frac{\rho^-(\varphi)}{\rho^-(\varphi)-1}$$

$$(18)$$

其中, $\rho^-(\varphi)=\frac{2}{\delta}\left[1-E(1+\varphi)^{\frac{\theta_0}{\delta}}f_0(\lambda,\beta_0)+\frac{\theta_0}{2}\right]$。

证明如定理 1。

定理 3 对于 $0<r_0<R^*$, 当 φ 的类型未知时, 项目的投资机会价值为:

$$C(r_0,\varphi)=(R_\varphi{}^*-1)\left(\frac{r_0}{R_\varphi^*}\right)^{\frac{\theta_0}{\delta}}\left[1+\theta(\varphi)+\frac{\lambda}{\lambda+\mu}E|_{\varphi>0}\right.$$

$$(\Delta F_{0\varphi}(r_0,\lambda+\mu,R_\varphi^*,\beta_0-\theta_0))\Big]-\frac{\lambda r_0}{\lambda+\mu-\beta}E\big[\,|_{\varphi>0}$$

$$(1+\varphi)\Delta F_{0\varphi}(r_0,\lambda+\mu-\beta,R_\varphi^*,\nu_0)\big]\Big]$$

$$(19)$$

投资临界值 R^* 为:

$$R_\varphi^*=\frac{\rho(\varphi)}{\rho(\varphi)-1+\tau(\varphi)}$$

$$(20)$$

其中,

$$\rho(\varphi)=\frac{2}{\delta}f_0(\lambda,\beta_0)+\theta_0\delta+\frac{2}{\delta}E\left[\,|_{\varphi<0}(1+\varphi)\frac{\theta_0}{\delta}f_0(\lambda,\beta_0)\right]$$

$$+\frac{2}{\delta}E\left[\,|_{\varphi<0}\left(\frac{\lambda}{\lambda+\mu}\Delta f_{0\varphi}(\lambda+\mu,\beta_0-\theta_0)-(1+\varphi)\frac{\theta_0}{\delta}f_\varphi(\lambda,\beta_0)\right)\right],$$

$$\tau(\varphi) = \frac{2}{\delta} E \left[\mid_{\varphi<0} \frac{\lambda(1+\varphi)}{\lambda+\mu-\beta} \Delta f_{0\varphi}(\lambda+\mu-\beta, \nu_0) \right.$$

$$\left. - \frac{\lambda}{\lambda+\mu} \Delta f_{0\varphi}(\lambda+\mu, \beta_0 - \theta_0) \right]$$

参数 β_0，θ_0 和 ν_0 可表示为：

$$\beta_0 = \frac{1}{\delta} \sqrt{\left(\beta - \frac{\delta^2}{2}\right)^2 + 2\mu\delta^2}, \theta_0 = \frac{1}{\delta}\left[\frac{\delta^2}{2} - \beta\right.$$

$$\left. + \sqrt{\left(\beta - \frac{\delta^2}{2}\right)^2 + 2\mu\delta^2}\right], \nu_0 = \frac{\beta + \frac{\delta^2}{2}}{\delta}$$

证明如定理 1。

6.3 实证研究

广东深圳 A 公司在 20 世纪 80 年代末成立，经过 20 多年的发展，已经逐步发展成一家业务遍及全球 140 多个国家的全球化公司。A 公司在发展过程中，不断增加科研创新投入，2010 年度研发费用占其收入总额 10% 以上，成为全球领先的信息与通信解决方案供应商。在电信网络、终端和云计算等领域构筑了端到端的解决方案优势，让全世界用户享有语音、数据、多媒体、无线宽带等全方位沟通，通过全系列的无线、有线、业务、终端产品和专业通信服务，灵活满足全球不同运营商的差异化需求以及快速创新的追求，推动了中国通信产业的发展，其产品和解决方案已经应用于 140 多个国家，服务全球 1/3 的人口。我们可以运用投资决策的企业突破性技术创新实物期权模型进行更深一步的研究，研究突破性技术创新企业项目投资的决策特征。

上述实物期权模型表明，技术创新投资企业在跳跃、非持续的环境下进行项目投资决策时，考虑的主要标准是企业技术进步的情态是否达到投资临界值 R^* 的要求。若 R 受突破性技术创新的影响发生正向跳跃（$\varphi>0$）、负向跳跃（$\varphi<0$）、情况未知（φ 的类型未知）三种情况，$\langle R \rangle^*$ 表达式分别如式（7）、式（18）、式（20）所示。尽管在不同条件的环境下，$\langle R \rangle^*$ 的表达式不同，表达内容有很大区别，但是，不管是哪种情形，$\langle R \rangle^*$ 均受增长率 β、方差 δ 和折现率 μ 的影响。

6.3.1　投资临界值 R* 的特征

已知 A 公司无线通信项目的基本参数分别为增长率 $\beta=0.1$，方差 $\delta=0.25$ 和折现率 $\mu=0.18$，分别对反映技术创新非连续性特征的参数 λ 和 φ 进行敏感性分析，根据式(7)、式(18)、式(20) 进行计算，绘制泊松分布指数 λ 影响企业投资临界值趋势图（见图 6 - 1）。

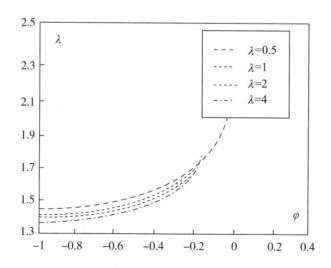

图 6 - 1　泊松分布指数 λ 影响企业投资临界值趋势

图 6-1 显示了企业投资临界值受企业突破性技术创新间断性、非连续特征的影响。从企业投资临界值趋势图总体变化形势来看，R^* 的结果总是大于 1，不受变量 λ 和 φ 取值大小的影响，这一结果表示 R^* 的值总是大于企业传统投资决策的临界值。为什么会出现这种结果？出现这种结果的原因是技术创新投资企业拥有投资决策自主权，在什么时候投资，投资多少都可以根据实际情况需要灵活决定，技术创新投资企业为获得收益最大化往往偏好做出迟延投资的决策。从企业投资临界值影响图的具体特征来看，其趋势具有明显的单调性特性，投资临界值随着跳跃幅度 φ 的增加而增加。也就是说，跳跃幅度 φ 对投资临界值的影响是单调的。且以 $\varphi=0$ 为界限，参数 λ 对技术创新企业投资临界值的影响显现出不同的单调性特征，在 $\varphi>0$ 时，企业投资临界值随着 λ 的增加而增加；在 $\varphi<0$ 时，企业投资临界值随着 λ 的增加而减少；在 φ 趋于零时，不管 λ 取值多少，企业投资临界值都等于 1.9269，此时，技术创新投资临界值刚好与不考虑企业技术创新的非持续性特征的投资临界值一致。但是，技术创新企业在进入实际生产运作时，出于成本控制及利润率的考虑，当企业处于行业技术创新涌现高峰的时候，企业从财务报表影响考虑总是希望出现技术更先进、应用成本更低是再运用成熟的技术。也就是说，希望运用更好的技术，企业往往倾向于采取推迟技术创新的投资决策。这主要是由于企业投资具有不可逆的明显特征，企业期望投资的回报率更高，进行的投资期望获得更多、更大的期权价值。

6.3.2 项目投资机会价值的特征

再分析 λ 和 φ 对投资机会价值的影响，根据式（6）、式（17）、式（19）进行计算，绘制 λ 和 φ 对项目投资机会价值敏感性分析图，如图 6-2 所示。

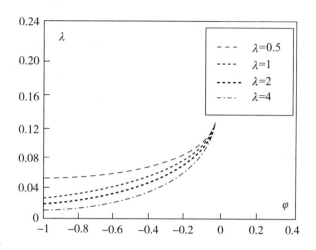

图6-2 λ和φ对项目投资机会价值敏感性分析

图6-2直观表现了企业突破性技术创新的跳跃性、非持续性特征对企业项目投资机会价值的影响。在φ无限趋于零时，不管λ的值是多少，投资机会价值的值为0.1527，刚好与不发生跳跃分布时求得的投资机会价值相等。受突破性技术创新非持续性、跳跃性特征的影响，项目的投资机会价值同样发生跳跃变化，这种跳跃变化可能方向一致也可能方向相反。如果相同方向跳跃变化的幅度越大、频率越大，那么企业投资项目价值向上变化的可能性程度就会大大提高。因此，投资者就可以充分享受资产增值、技术创新带来的收益，项目的投资价值也就越大。

6.4 结论与启示

本书在传统选择期权模型基础上，引入泊松分布来描述突破性技术创新，构建企业突破性技术创新条件下的实物期权模型。在充分考虑企业突破性技术创新的非持续、跳跃性等典型特征前提下，详细阐述了企业突破性技术创新对企业投资机会价值和企业投资决策的影响，考虑企业投资决策与技术创新特征的实物期权方法更接近于实体企业实际生产经营管理的现实状况，事实上具备一定的实践意义和典型应用价值。本书就此可以得到如下两点结论与启示。

（1）考虑到企业突破性技术创新的跳跃性与非持续性特征，使评价突破性技术创新与传统创新、持续创新的标准与评价方法存在明显不同。但是突破性技术创新不能凭空产生，许多突破性技术创新的出现是以持续性技术创新为基础的。只不过当企业发生突破性技术创新时，代表其所处的技术领域发生了根本的质的变化，相应地其实物期权链也将发生跳跃性变化。

（2）企业突破性技术创新项目投资决策中，影响企业技术投资决策的主要因素是实现突破性技术创新引起的投资项目价值跳跃变化及其实现的频率。当企业突破性技术创新引起的投资项目价值产生的正向跳跃变化时，项目的投资价值增大，技术创新发生正向变动的可能性也就越大。如果结合企业所处行业来考虑，成长性行业的企业往往倾向进行突破性技术创新，主要缘于其可以获得超额收益；而在衰退或新兴行业中企业进行突破性技术创新的动力不足。也就是说，市场需求决定了企业是否要具备突破性技术创新的动力。这对企业的可持续发展、跨越式发展具有重要的实际应用价值，企业通过借助突破性技术创新破解企业在生产经营过程中发展瓶颈，进而达成良性循环的可持续发展路径。

第7章 突破性技术创新的供应链伙伴选择研究

7.1 供应链伙伴选择研究综述

7.1.1 供应链与供应链管理

供应链（Supply Chain）的概念最早源于彼得·德鲁克提出的"经济链"，后经由迈克尔·波特发展成为"价值链"，最终演变为"供应链"。一开始，学者们认为供应链仅仅是制造企业的一个内部活动，把采购所得的原材料，经过企业生产再销售环节，最后送到最终用户的一个内部企业活动过程。不过发展到后期，学者们注意到了企业环境对供应链存在重大影响，因此又融入了环境因素，认为供应链指的是整条供应链上的企业之间相互配合，各自完成制造、销售等工作，把原材料最终变成产成品，送到最终使用用户的一个过程。我国学者马士华在其主编的《供应链管理》（中国人民大学出版社 2005 年版）中认为，供应链的内涵应该是：供应链是基于信息流、物流、资金流的把控，围绕核心企业，从原材料的采购开始，进而把原材料制造成中间产品和最终品，通过销售网络将产品送到最终用户的一个网链结构，此网链结构能够很好地将供应商、制造商、用户等连成一个整体。

供应链管理（Supply Chain Management，SCM），是将供应链中各节点企业的资金流、信息流、物流的计划、协调、控制等职能综合起来的一种集成管理理念和方法。Monczka 等（1998）认为，供应链管理是以整合和管理多职能、多层次供应商的业务流程与物料控制等为目标的一种管理理念。马士华在其主编的《供应链管理》中认为：供应链管理要以供应链运作最优化为目标，从采购到最终用户的整个过程中，以最高的效率操作资金流、物流、实物流、信息流，并以最低的成本，把最合适的产品、最合理的价格、最及时地送达最终用户。在供应链众多管理内容中，很重要的一块是供应链伙伴关系管理。马士华（2010）指出：供应链伙伴关系是指供应链伙伴之间为了一定的目标相互支持，并且为了降低成本以及提高服务质量而愿意在一定时期内分享信息、共担风险，从而达到提高双方绩效的一种意愿关系。叶飞（2009）指出，供应链伙伴间信任关系是供应链管理的灵魂与基础。供应链伙伴之间只有做到良好的信息共享与彼此信任，才能发挥好整条供应链的竞争优势。

7.1.2 供应链伙伴关系的重要性

现有许多关于伙伴选择对供应链企业重要性的研究，主要观点是认为良好的伙伴关系可以实现资源共享和风险共担，提高整条供应链的竞争力。

　　Clark（1989）研究表明，在有效的产品开发中，供应商参与的重要性。Reyniers（1995）通过研究，检验了供应商和生产商合同中的交货和质量控制问题，突出了伙伴关系的重要性。Rackham 等（1995）研究指出，建立在相互信任和相互合作基础之上的伙伴关系，可以达到降低交易成本，提高交易可能性的效果，从而有利于发挥竞争优势。Cart 等（1999）研究表明，建立长期的供应商伙伴关系，并与关键供应商建立长期的合作伙伴关系，能够显著提高企业的财务绩效。Kim（2000）认为，供应商与生产商之间的合作伙伴关系必能够带来在生产商增强其自身获利能力的同时，增强供应商的获利能力。因此，长期伙伴关系使生产商和供应商都能获得比不建立这种关系更多的利润。Lee 等（2001）认为，供应链伙伴关系不仅可以消除企业之间的矛盾，而且有利于竞争力的保持。Fynes 等（2005）发现供应链伙伴关系与供应链绩效正相关，外部竞争越激烈，供应链伙伴关系对供应链绩效的影响越大。

　　马新安（2000）认为，相对于大范围的建立合作伙伴关系，与经过刷选后的少数供应商和分销商维系合作关系更有益处。站在制造商的角度，与上游供应商建立长期的合作伙伴关系，可以达到缩短新产品上市时间、降低生产成本、增加用户满意度等效果；而站在供应商的角度，与下游的制造商建立合作伙伴关系，并且下游制造商以投资的方式，增加技术改造的投入，可以改进自身生产和配送设备，从而提高自身的配送质量。叶飞（2009）研究表明，随着外部市场环境变化不断，企业必须与相关企业建立合作伙伴关系，以弥补自身资源的不足；同时通过建立长期的伙伴关系，可以减少不必要的浪费，达到降低运营成本的目的。吴翀（2009）研究认为，基于采购和供应管理等方面的最新趋势，选择合适的伙伴显得越加重要，不仅有助于跟踪不断变化的市场需求、技术和原材料升级，还可以达到迅速复制竞争优势的目的。

从国内外相关学者的研究可以看出，良好的伙伴关系可以使供应商、制造商、分销商等受益，而要构建和维护供应链上下游企业之间良好伙伴关系的基础在于选择合适的伙伴。要选取合适的合作伙伴，构建合理的评价候选伙伴的指标体系是关键，也将是下文研究的重点。

7.1.3　供应链伙伴选择的流程

对于伙伴选择的流程，不同学者提出了不同的见解。

Lorange 等（1992）研究开发了一种两阶段合作伙伴选择的方法。第一阶段，评价与候选伙伴的匹配程度；第二阶段，分析市场潜力、主要的竞争对手和建立伙伴关系后的最坏情况。Lyons & Landeros（1990，1995）提出了四步骤选择法。第一步，从企业战略的角度确定是否真的需要建立合作伙伴关系；第二步，制定评判候选合作伙伴的准则，对潜在的伙伴一一进行评估；第三步，与刷选出来的企业建立合作伙伴关系；第四步，后续伙伴关系的维持和深化。De Boer 等（1998，2001）研发了一种三阶段的合作伙伴选择方法。第一、二阶段分别为指标制定阶段和初选阶段，这两阶段将为决策者确定合适的合作伙伴；第三阶段为选择阶段，从合适的伙伴中选择最佳的潜在伙伴作为最后的决策结果。

马新安（2000）研究开发出四阶段供应链合作伙伴选择方法。该方法从以下四个步骤出发，选取合适的合作伙伴：初步刷选潜在合作伙伴；细致刷选潜在合作伙伴；进一步精练经过前两步后剩下的合作伙伴；最后是对选取的合作伙伴，进行跟踪评价。陈静杰等（2003）

认为，伙伴选择与评价的过程可以分为两个阶段，分别为静态评价和动态评价。在静态评价阶段，主要是针对那些还未成为供应链中一员的候选企业，考察它们的综合素质和业绩；在动态评价阶段，主要是针对那些已经成为供应链中一员的候选企业，需要再次评价其品质。曾得明（2005）认为，供应链伙伴选择可分为三个阶段：初选阶段、单目标评价阶段、综合评价和优化阶段。

从上述关于伙伴选择流程的研究中可以看出，虽然不同学者划分的步骤或者阶段的次数有些不一样，但是基本上都围绕"指标评价体系—初选—精选的流程"走。鉴于目前经济形势，一般的企业都认为自己需要合作伙伴，因此对于战略上是否需要合作伙伴的研究越来越少。

7.1.4　供应链伙伴选择的方法

鉴于伙伴选择的流程来看，伙伴选择的方法至少要涉及指标体系的构建方法、伙伴初选方法以及伙伴精选方法三种方法，下面分别予以论述。

（1）在指标体系构建方法研究中，Mandal & Deshmukh（1994）提出了基于群决策技术的解释性结构建模技术，它通过图论模型来确认伙伴和选择指标之间的关系。通过对最重要的伙伴的选择指标进行分析，从而获得了一个能描述指标之间关系的模型。Lin & Chen（2004）提出模糊决策方法，分三步骤建立指标体系：第一步，通过阅读现有文献，进而建立一般评价指标体系；第二步，针对行业自身特点，在一般评价指标体系基础之上优化而成基于行业的评价指标体系；第三步，针对可能遇到的资源约束情况，建立最优的评价指标体系。

白雪梅（1998）在研究中表明，利用专家的经验和知识来选择指标，虽然有一定的主观性，但是综合多数专家的意见以后，可以化主观为客观，专家评价法可以较好地用于指标体系的构建和筛选。府亚军、黄海南（2006）认为，因子分析法可以很好地在指标评价体系构建中应用。此方法的核心思想，简单地说，就是简化降维。通过对原始变量的分解，归纳出潜在的类别，使得相关性较强的指标可以归为一类，这些类就代表着不同的公因子，不同类之间的相关性是很小的。因此可以使得原来许多相互关联的指标独立出来，用几个能反映总体信息的指标作代表。这样既解决了变量之间的多重共线性问题，又保证了主要信息的保存。耿金花等（2007）通过综合运用因子分析法和 AHP 法，构建了社区满意度评价指标体系。在这个指标体系的构建过程中，首先，运用因子分析法将大量的指标进行分类，利用得到的因子贡献率，计算出各公因子的权重；其次，结合 AHP 和因子分析法，确定了各个公因子中每个元素的权重；最后，综合运用这些权重，得到了评价指标体系。

（2）在伙伴初选方法研究中，Hinkle（1969）首次应用聚类分析的方法解决伙伴初选的问题。在此基础上，Holt（1998）提出了全新的聚类分析法。该方法采用分类算法，将候选伙伴集分成若干类。每一类内部对象都具有很大的相似性，而不同类之间对象具有相异性。Weber 等（1993）讨论了数据包络分析法在伙伴初选上的应用，该方法是建立在备选方案的有效性基础之上。研究表明，数据包络分析可以帮助企业将合作伙伴进行预分类，将潜在伙伴大致分为：高效的合作伙伴和低效的合作伙伴。Ng 等（1995）研究开发出一种基于案例推理系统的伙伴初选模型，该方法通过软件驱动数据库，应用系统开发进行合作伙伴的初选。De Boer（2001）将"伙伴初选"定义为将所有的潜在伙伴集减少到至少一个潜在合作伙伴集的过程。

　　岳超源（2003）在《决策理论与方法》一书中阐明，当面临为数众多的潜在合作伙伴时，为降低评价的工作量，核心企业一般会通过定性或定量的方法，如方案筛选方法，快速地将大量的潜在合作伙伴降到一定合适数量的候选合作伙伴。吴翀（2009）研究认为，伙伴初选主要是一个筛选分类的过程，而不是一个等级评定的过程。该过程的第一步包括界定和确定可以接受的合作伙伴集，而随后的步骤主要是考虑将潜在合作伙伴缩减到一定的数量级。

　　（3）在伙伴精选方法研究中，自 Geoffrion & Graves（1974）开创了应用数学规划法对于伙伴选择的问题研究以来，对于伙伴精选的研究，国内外学者提出了非常多的决策模型与方法。Kaslingam & Lee（1996）提出一个整数规划模型来进行伙伴选择，该模型以总成本最低为目标。Babic & Plazibat（1998）综合应用层次分析法和PROMETHEE 方法对潜在伙伴进行排序。Albino & Garavelli（1998）基于神经网络算法，研究开发出一种伙伴选择的决策支持系统，该网络基于历史数据对潜在的合作伙伴精选选择，比较不容易受决策者的主观判断影响。Talluri（1999）将伙伴选择的过程描述为多目标决策问题，采用了基于线性目标规划的数学方法。Kumar（2004）研究开发出一个模糊混合整数目标规划模型用于解决伙伴选择问题，该模型主要包括三个目标：净成本最小、拒绝率最低和延迟配送最少。Bayrak（2007）采用定性方法评价交货期、质量、柔性等指标，提出了一个基于模糊理论的伙伴选择方法。为克服层次分析的弱点，Sarkis（2007）应用网络分析法（Analytical Network Process，ANP）建立选择选择模型。ANP 法是层次分析法的一个扩展，该模型不仅可以对自上而下线性伙伴关系进行评价而且对于反序的伙伴关系评价也起到了评价作用。

马祖军（2003）在研究供应链联盟伙伴选择多目标决策模型时，提出了一种可以用来求解供应链联盟伙伴选择优化问题的自适应遗传算法。该算法通过对自适应交叉和变异概率的设计，使其在遗传过程中可以根据适应度进行自动选择。运用此算法可以使群体的每个个体都具备环境变化的自适应调节能力。肖宇等（2010）提出基于 LS - SVM（最小二乘支持向量机）的供应链合作伙伴选择方法，研究表明，该方法可以提高企业选择供应链合作伙伴的效率并减少选择成本。

从国内外研究对比可以看出，目前对于伙伴选择方法的研究，更多的是集中在"伙伴精选"这一环节。对于指标体系的建立，更多的是采用定性方法，即使某些看似定量的方法，里面还是应用了专家评价这类定性研究。对于合作伙伴的初选，专门针对这类问题进行探讨的学者不多，提出的模型构建方法相对也较少。在精选方法与模型的构建方面，关于神经网络法、线性规划法、AHP 法、ANP 法、模糊综合评价法等已有大量研究，对于不同的环境，各种方法构建的伙伴选择模型各有利弊，众多学者在实际应用中，都采取了结合几种方法一起建模的思路。

7.2　面向突破性技术创新的供应链伙伴选择

7.2.1　供应链技术创新

Cart 等（1999）研究证实，供应商参与新产品开发对企业的创新与绩效有很大的推动作用，并使制造商从中受益。

Kim B.（2000）认为，制造商通过采取提供创新补贴等激励措施，会促使供应链参与创新，从而降低产品原材料、零部件等的供应成本，最终达到双赢的局面。

Ishii A.（2004）研究认为，企业的创新活动往往会使得上游的供应商或下游的分销商间接获益，表明上下游企业的创新研究具有纵向溢出效应。

李勇（2005）研究指出，当供应商负责产品的零部件的创新研发，而制造商负责产品的整体创新研发，并且制造商通过不同的创新补贴政策支持供应商的创新开发，表明上下游企业相互协同创新不仅可以使得供应链整体理论提高，还能达到双赢。

赵雪峰（2008）在他的博士论文中，认为创新伙伴选择应考虑以下几大类指标，分别为技术一致性三大类指标——技术能力、资源互补性和知识库重叠性，战略一致性两大类指标——动机对应性和目标对应性，关系一致性三大类指标——文化兼容性、适用倾向性和长期取向。

张巍等（2009）研究表明，同一条供应链上的供应商和制造商产品关联性大，因而供应商和制造商的创新活动会存在一定的纵向溢出效应。因此为了达到共赢，他认为供应商、制造商、销售商在进行创新活动时应该协同，并且加大伙伴之间的信息交流，提高创新能力，从而为整个供应链提高利润。

常良峰等（2009）研究认为，供应商的创新包括在质量、产出、交货时间和供应成本上的改善。而生产商为了供应商的这些创新活动，会提供资金支持，使得供应商的创新成本得到保障，并有足够动力去从事创新项目。

尹安（2009）认为，供应链上的企业有着得天独厚的优势，上下游企业之间特殊的伙伴关系，更有利于技术创新。供应链上的企业属于同一个利益群体愿意积极地开展创新合作，同时同一个供应链上的企业属于相关产业，更加有利于互相之间的交流合作。

张旭梅等（2012）研究表明，供应链企业之间信任对关系承诺、知识交易、创新绩效有显著的正向影响，关系承诺对创新绩效有显著的正向影响，供应链企业之间知识交易对创新绩效有显著的正向影响。

7.2.2 面向技术创新的供应链伙伴选择的重要性及动因

Harrian（1988）认为，供应链企业之间通过合作技术创新，使得开发活动中的不确定性大大降低。供应链上下游合作企业之间采取协同创新的方式，分摊了技术创新活动的风险，大大降低了各企业承受的风险程度。并且，通过扩展研发活动领域，可以解决创新资源瓶颈问题，提高创新成功率。

Narula 等（1999）研究表明，供应链企业之间通过合作技术创新的方式，使得研究开发成本得以分摊，从而获取规模优势。在当下技术创新的许多领域，尤其以高新技术领域为代表，研发成本正飞速增长。

Ragatz 等（2002）研究认为，参与新产品开发中的供应商能以其专业技能和知识来弥补制造商的内部能力，有助于缩短产品交付周期、降低成本、减少质量问题，从而提高总体的设计水平，同时双方间高度的技术知识共享与有效的交流能够削弱技术不确定性的影响。

李兵等（2004）认为，供应链企业协同创新的动因主要源于以下三方面：与技术创新研究开发有关的动因，向合作伙伴学习技术并获取技术的动因，与进入市场有关的创新动因。在第一方面，供应链企业之间共同从事技术创新活动，可以获得研究与开发的规模优势，分担研发成本和风险，改善企业对创新成果的独占性，并且可以快速地进入市场。在第二方面，获取合作伙伴的知识和技能是最重要的动因。在第三方面，开拓市场，获取巨大的国内和国外市场，并且将研发成果商业化是最大的动因。

杨丽伟（2008）研究认为，供应链企业协同自主创新过程中不仅要协调企业内部和合作伙伴的关系，还要面临复杂的外部环境。因而，合适的合作伙伴，可以使得创新活动更好地开展下去。

楼高翔等（2008）研究认为，对于供应链上参与创新的成员选择主要考虑的因素有研发能力、组织文化的兼容性、技术的差异、信任关系、利益关系以及信息组织流程的整合程度等。同时，楼高翔（2009）还研究表明，供应链上的企业进行技术创新协同的主要动因可以归纳为以下 4 点：技术创新自身发展的需求、降低不确定性和风险、发挥资源和能力的互补效应、供应链专业化和一体化的推动。

曹丽莉（2008）在研究产业集群内的供应链创新时表明，产业集群内的供应链创新是通过供应链成员的密切协作，供应商参与研发、分销商参与产品设计的这种模式，因而选择合适的供应链创新成员显得尤为重要。

王炳成等（2009）认为，供应商的创新动力主要来自两个方面：一是随着竞争的加剧，制造商的一部分功能（如零部件的研发）转移到供应商这边；二是对不同供应商的评级，针对不同级别给予不同待遇，也是采购商传递给供应商的动力源。而制造商的创新动力源，主要是想引领市场，获得巨大利润。

从上述文献来看，大部分学者都指明企业可以从合作伙伴那里获取需要的关键性资源和技术知识能力，给技术创新带来更多的资源和更好的条件，同时可以控制创新成本。

7.2.3 突破性技术创新供应链伙伴选择研究历程

Truffer（1999）研究认为，供应商中不同层次的员工，他们可能有很好的突破性创意，只是需要给他们提供一个契机参与制造商的产品创新过程中，通过与制造商多阶段的合作创新；若是合作创新成功，那么这些员工的突破性创新便得以商业化。

McDermott等（2002）在研究突破性技术创新的能力开发与管理问题时，认为企业要成功实施突破性创新，对于其自身的市场能力和技术能力是有很高要求的。因此，大部分企业都无法仅依靠自身具备的技术和市场能力去满足成功实施突破性创新的要求。为了弥补企业实施突破性创新的能力缺口，企业需要与其他企业建立合作创新联盟，以达到降低创新风险和提高突破性创新成功可能性的目的。

Weber等（2007）研究表明，社会资本和知识转移对突破性创新绩效有正向驱动，因此寻求合适的伙伴共同从事突破性技术创新研究，可以很好地提高创新绩效。

Castiaux（2007）认为，技术联盟企业的互补性知识对突破性创新绩效有一定的影响。

薛红志、张玉利（2006）研究认为，突破性创新的成功除了需要一定的技术性资产，还要求企业具备服务能力、客户关系等其他资产。

李随成等（2009）研究认为，相对于一般性创新，当某项创新活动显现突破性性质时，那些资源匮乏的制造企业在进行创新时，将会更加需要供应商的参与；当市场需求越不稳定时，供应商参与对制造商企业的创新活动的效果影响更加明显。

彭灿（2009）从资源和能力理论的视角下进行突破性创新研究。他认为突破性技术创新要获得成功，需要一定的资源和能力，他把它们统称为资产。因此，当企业在创建合作创新联盟时，要考虑企业进行突破性创新时对研发资产有哪些需求、企业自身具备的资产状况、合作伙伴具备的资产状况等因素。同时，他从三方面入手解释建立突破性创新联盟的动机：①对于致力于研发的联盟而言，掌握最新的技术发展动态，获取互补性的研发资产，攻克突破性创新技术难关是它们的主要动机；②对于致力于制造的联盟而言，通过联盟伙伴之间互补性资产的相互使用，快速、低成本的制造合格的突破性创新产品是它们的主要动机；③对于致力于市场的联盟而言，依靠合作联盟的力量，更好地了解市场动态，有针对性地改进产品的性能和外观，更好地满足客户的需求，是它们的主要动机。

帅惟和孙圣兰（2011）认为，突破性创新研发联盟的研究已成为国内外学术界共同关注的重大课题，而伙伴选择是研发联盟中一个十分重要的问题，伙伴挑选的成功与否直接关系到研发联盟的合作效果和成败。同时，他们提出一种具有资源约束的伙伴选择的改进 Bernardo（贝尔纳多）模型，并将其应用到突破性创新研发联盟最优伙伴的选择中，不仅可以求得资源约束下候选伙伴的优劣排序，还能求得参与研发联盟的最优伙伴数量和最优伙伴组合方案。

帅惟（2011）研究表明，为了使得突破性创新网络有一个良好的运行效果，可以有机结合合同约束法和行为协调法。其中，合同约束法是为了协调和规范突破性创新网络伙伴之间的行为，进而采取合适的约束和激励机制；而行为协调是指通过增进伙伴之间的相互理解和信任，使得网络伙伴自觉规范自身行为，一般需要借助沟通、协商等行为手段。

杨静等（2012）研究认为，制造商和供应商的隐性知识共享与制造商的突破性技术创新能力正相关，并且供应商参与创新的时间越早，制造商和供应商间的隐性知识共享与制造商的突破性技术创新能力的关系越强。

7.3 突破性技术创新供应链伙伴选择评价指标体系

7.3.1 突破性技术创新供应链伙伴选择的内涵及特征

7.3.1.1 突破性技术创新供应链伙伴选择的内涵

结合前文所述的供应链管理和突破性技术创新的相关概念，本书认为，面向突破性技术创新的供应链伙伴选择有新的内涵：供应链上下游企业之间以共同利益为基础，以资源技术和知识共享为前提，以创造和满足外部市场需求为突破性技术创新目标，以核心企业的科技创新能力为创新动力，通过良好的伙伴关系管理，充分利用和整合整条供应链上的突破性技术创新资源和能力，涉及研发、生产乃至市场的突破性技术创新联盟。此新内涵下选取的合作伙伴，要求合作伙伴之间风险共担、资源和利益共享，努力缩小突破性技术创新的周期，以达到实现突破性技术创新的目的。

7.3.1.2 突破性技术创新供应链伙伴选择的特征

从上述突破性技术创新供应链伙伴选择的新内涵可以看出，突破性技术创新供应链伙伴选择的核心思想是突破性技术创新，基础保障是供应链良好的伙伴关系，因而突破性技术创新供应链伙伴选择拥有突破性技术创新和供应链管理两方面的特征，具体可以分为以下 4 点。

（1）创新的过程和结果具有不确定性。虽然供应链上下游企业之间比起一般的合作创新联盟有着天然的契约优势，可以更好地做到资源和知识技术的共享，但也没办法保证突破性技术创新的过程得以按照既定的方向发展，对于突破性技术创新的结果是否能达到预期目标就更不得而知，这些都是由突破性技术创新自身的特征决定的。同时也决定了，这些合作伙伴之间要有风险共担意识。

（2）更高要求的信任机制和利益共享分配机制。供应链上下游企业之间本身就存在着契约关系，但不足以保证共同从事突破性技术创新活动，因而需要上下游企业更深的信任机制，才能更好地做到突破性技术创新团队管理。而一个良好的利益共享和分配机制，是整条供应链参与创新伙伴的最大动因和保证。

（3）良好的知识和资源共享。突破性技术创新供应链合作伙伴，内在要求就是上下游企业之间共享突破性技术创新的知识和资源。一个良好的信息系统和信息交流，可以使得上下游企业之间无障碍地沟通，并做到知识和资源的共享，甚至技术的无缝链接，它们之间讲究的是相互配合得到突破性技术创新成果。

（4）长期创新计划和兼容的企业文化。供应链合作伙伴之间，不仅需要核心企业制定一个长期的创新计划，需要企业的领导者拥有突破性技术创新精神，更重要的不同伙伴之间要有兼容的文化和管理方式，才能避免不必要的冲突，阻碍突破性创新活动。

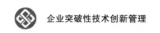

7.3.2 突破性技术创新供应链伙伴选择评价指标体系
构建原理

7.3.2.1 指标体系层级设置

通常在解决多准则决策问题时，会应用分层结构法。该方法的核心思想是将一个复杂的问题细分为一系列子问题，对于每个子问题又分为更多详细的子问题。本研究采用该方法建立如表 7 - 1 所示的评价指标体系。其中，一级指标对整个指标体系将起到提纲挈领的作用，因此可直接以基于突破性创新的供应链合作伙伴评价命名；二级指标是通过因子分析法对三级指标提取出来的关键共同因子 $F_p(p = 1, 2, 3 \cdots m)$，并采用因子分析法的命名规则对第二层指标命名；三级指标是很多可能彼此存在多重共线性的影响合作伙伴评价的因素。

表 7 - 1　　面向突破性技术创新的供应链伙伴选择评价指标体系

指标层级	所选指标
第一层	面向突破性技术创新的供应链合作伙伴评价
第二层	$F1$
	$F2$
	…
	Fp
第三层	如表 7 - 2 所示 84 项子指标集

7.3.2.2　指标筛选流程

从海选的指标体系可以看出，如此之多定性与定量的因素影响着面向突破性技术创新的供应链合作伙伴的选择。但在实际应用中，并非评价指标越多越好，而是以适中为好。同时初选的指标之间，可能存在相互影响，甚至出现相互矛盾的情况，因此更是需要从整体把握，因而，拟定如下 3 个筛选步骤，以得到最优指标体系。

（1）采用隶属度分析，提选出重要指标。隶属度概念来自模糊数学，其核心思想是元素在多大程度上属于某个集合，而供应链合作伙伴评价无疑也是个模糊概念。因此，基于突破性技术创新的供应链合作伙伴评价指标体系就好比一个模糊集合，而评价指标体系中的每个指标就是一个元素，需要对每个指标进行隶属度分析。

（2）采用因子分析法，剔除"次要"指标。即使经过隶属度分析得出的评价指标，许多指标之间还是存在一定的共线性，同时有些影响因素的解释能力很小，因此这类信息含量重合和不足的指标将舍去，留下因子载荷大的指标。因此，通过因子分析法，进行指标分类，提炼出公共因子，并给这些公因子命名，构成本书中的二级指标。这些过程都将通过 SPSS 软件输出的量表作为依据。

（3）通过因子分析法制定的指标体系并没有考虑企业在选择伙伴时的资源约束情况，但企业在实际运行中，多少会受资源约束。在这里，假定只有时间（s_1）、资本（s_2）、人力资源（s_3）三种资源约束（以上资源约束只是实践中一个可能出现的例子。在实际的商业决策环境中，不同的资源约束，可以以同样的方式表示和表达）。本研究采用 0 − 1 非线性数学规划技术解决资源约束下指标的优化问题。

7.3.3　突破性技术创新供应链伙伴选择一般评价指标体系

7.3.3.1　指标选取原则

本节研究的对象是突破性技术创新供应链伙伴选择的评价指标，从前文论述的内涵和特征可以看出，与一般的供应链伙伴选择评价指标体系的区别在于应用该指标体系选取的合作伙伴，目的是突破性技术创新。因此，海选的指标集，要把握突破性技术创新与一般创新的区别，重点考察影响突破性技术创新的因素。同时，依据突破性技术创新伙伴选择的 4 个因素，海选指标时，需要综合考虑这些因素，从而达到选取的指标可以很好地评价候选伙伴的突破性技术创新能力和合作倾向的目的。

7.3.3.2　指标集海选

依据上述突破性技术创新供应链合作伙伴评价指标的选取原则，在指标海选过程中，需要综合考虑以下三个方面的因素。

首先，需要综合考虑供应链本身具备的特性，在针对供应链伙伴选择的研究中，最早可以追溯到 1966 年 Dickson 所做的供应商评价研究。Dickson 等（1966）在经典研究中指出，供应商的评价和选择过程具有多目标属性。同时，他在研究中得出 23 个合作伙伴评价准则，其中质量是一个极重要的评价标准。Ellram（1990）研究提出三个主要评价指标：供应商的财务状况、供应商的组织文化和战略、供应商的技术水平。同时，指出作为典型的伙伴关系特征，是否乐于共享信息应包含在指标体系中。Weber 等（1991）回顾了自 1966 年以来与供应商选择相关的 74 篇文献，发现价格、质量、交货期等因素在许多文献中都有涉及。Barbarosoglu 和 Yazgac（1997）提出了三个主要指标：供应商的绩效、供应商的技术能力和财务状况、供应商的质量管理体系。Kannan 等（2002）研究表明，选择合适的供应商要基于承诺、需求能力、适应性和诚信等评价指标。Lin 和 Chen（2004）在构建评价指标体系时，分八大类（财务、人力资源、行业特征、知识和技术管理、市场营销、产品开发、物流管理、伙伴关系）建立了伙伴选择评价指标体系。

其次，企业进行突破性技术创新活动，需要具备相应的资源和能力。Christensen（1997）认为，突破性技术创新是针对新的用户的创新，一般开始于非主流低端市场。因此，企业需要具备应对不确定市场和开拓新市场的能力。同时他认为，技术动荡性和企业家导向，是影响企业突破性技术创新的重要影响因素。McDermott 等（2002）在研究突破性技术创新的能力开发与管理问题时，认为从事突破性技术创新活动，必须具备技术能力（由 R&D 能力和制造能力构成）和市场能力。Meyer（1993）研究认为，企业突变创新项目从研发阶段到转移阶段需要大量的人力和财物。付玉秀和张洪石（2004）研究指出，影响突破性技术创新成功的关键因素，包括潜在的需求、创新文化、创新观念、创新资源、企业家精神、持续不断的创新、计划的拥护者。彭灿（2009）从资源和能力入手，探讨企业如何通过联盟途径获取企业需要的突破性创新成功的资产（资源和能力的统称）。他研究认为突破性技术创新成功需要的资产包括技术资产和非技术资产［市场资产、RI（Radical Innovation）以及项目管理资产］。秦剑（2008）分别从营销能力、信息技术能力、吸收能力、转换能力四个维度指出组织能力是驱动突破性技术创新的重要因素。

最后，合作伙伴之间共同从事突破性创新活动的基础在于合作伙伴之间良好的伙伴关系，而伙伴关系的建立与维护主要受兼容性、承诺、信任、环境等因素的影响。George（2002）在研究中指出，合作伙伴联盟失败的主要原因是它们不具有相兼容的管理和文化。通过建立有效的联盟知识共享路径以及强有力的知识共享保障机制，如进行资产安排、非正规的互惠标准等，可以使得合作伙伴联盟获得突破性创新需要的科技知识。张洪石（2006）研究表明，扁平化的组织以及独立的组织结构，更能促进企业的突破性技术创新活动。高宇等（2010）研究显示，知识共享会促进突破性技术创新，并且企业家导向下的企业战略，对于突破性技术创新活动的开展大有益处。

通过大量的文献梳理，综合考虑以上三个方面的因素，并按照指标选取原则，本研究海选设定了 84 项子指标，如表 7 - 2 所示，用于构建面向突破性技术创新的供应链潜在合作伙伴选择指标体系。

表 7 - 2 　　　　　　　　　评价指标体系 84 项子指标集

指标名称	参考文献	指标名称	参考文献
经营净利率	Mikhailov,2002	组织创新文化	Talluri et al. ,1999
资产负债率	Luo,1998	企业员工素质	Sarkar & Mohapatra, 2006
毛利率	Gencer and Gurpinar, 2007	学习和吸收能力	Luo,1998
资产增长率	Dacin et al. ,1997	人力资源管理技能	Yigin et al. ,2007
净利润增长率	Lin & Chen,2004	组织领导力	Luo,1998
市盈率	Luo et al. ,2009	行业名誉和地位	Choy et al. ,2002

续　表

指标名称	参考文献	指标名称	参考文献
股东权益比	Luo et al.,2009	对供应商的依赖水平	Lin & Chen. 2004
存货周转率	Luo et al.,2009	威胁认知能力	Grulke,1987
流动比率	Luo et al.,2009	企业家创新能力	Harvey & Lusch,1995
净利润	Lin & Chen,2004	产品品牌价值	Luo,1998
无形资产	Meyer,1993	目标市场识别能力	Christensen,1997
地理位置	Van et al.,2003	政治和文化环境	Lorange et al.,1992
团队管理水平	Cavusgil et al.,1995	价格变化幅度	Lin & Chen,2004
组织柔性	J. Freeman,1984	市场地位	Luo,1998
RI 项目管理水平	Peng Chan,2009	市场份额	Cavusgil et al.,1995
企业家精神和导向	Grulke,2001	营销竞争力	Luo,1998
价格水平	Mikhailov,2002	客户忠诚度	Harvey & Lusch,1995
满足客户需求变化的能力	Tailuri,1999	订单满足率	Narasimhan et al.,2006
开拓新市场能力	Christensen,1997	平均次品率	Hajidimitriou & Georgiou,2002
营销专业知识和技能	Harvey & Lusch,1995	研发装备和生产能力	Talluri,2002

续　表

指标名称	参考文献	指标名称	参考文献
应对不确定性市场的能力	Tailuri,1999	售后服务水平	Choy et al.,2002
市场资产水平	George S.,1990	成本节约能力	Yigin et al.,2007
合作伙伴知识共享意愿	Ngai et al.,2004	产量柔性	Sarkar & Mohapatra,2006
综合多学科知识和技术能力	Peng Chan,2009	客户需求的响应速度	Choy et al.,2003
转换能力	Garud R. et al.,1994	交货能力及可靠性	Yigin et al.,2007
技术能力	Sarkar & Mohapatra,2006	价格/成本比	Talluri et al.,1999
知识创新能力	F. T. Rothaermel et al.,2003	运输成本	Narasimhan et al.,2006
技术创新能力	McDermott C. M. et al.,2002	与技术说明的一致性	Choi & Hartley,1996
技术惯性水平	Peter,Weisshuhn,1998	计划的拥护程度	Peter,Weisshuhn,1998
长期技术计划	Grulke,2001	组织文化兼容性	George,2002
互补性知识和技术	Teece,1986	管理方式兼容性	Hajidimitriou & Georgiou,2002
当地商业经营知识	Hajidimitriou & Georgiou,2002	利益共享和风险共担意愿	Lin & Chen,2004

续 表

指标名称	参考文献	指标名称	参考文献
专利安全性	Cavusgil et al., 1995	潜在伙伴信息的可获性	Gencer and Gurpinar, 2007
信息系统与信息交流	Yigin et al., 2007	沟通的难易程度	Ngai et al., 2004
合作伙伴获取自身知识技术的能力	Xia, 2007	承诺	Kannan et al., 2002
获取合作伙伴专有知识的可能性	Dulmin, 2003	解决冲突的意愿	Choi & Hartley, 1996
从合作伙伴可学到的专有技能	Dulmin, 2003	伙伴关系建立的柔性	Lin & Chen, 2004
创新研发的潜在需求	Peter, Weisshuhn, 1998	合作的稳定性	Lorange et al., 1992
持续不断创新研发的能力	Peter, Weisshuhn, 1998	信任水平	Harvey & Lusch, 1995
设计能力	Sarkar & Mohapatra, 2006	联盟经验	Harvey & Lusch, 1995
质量及其稳定性	Dickson, 1966	与政府机构的关系	Harvey & Lusch, 1995
准时送货	Lin & Chen, 2004	与金融机构的关系	Harvey & Lusch, 1995

从海选出的指标体系来看，这些评价指标是在综合突破性技术创新影响因素以及结合供应链自身特性背景下提取和设定的，反映了企

业开展突破性创新活动需要的人、财、物等资源，如资产负债率、质量及其稳定性、产品品牌价值；知识、技术、管理等能力，如知识创新能力、技术创新能力、RI 项目管理水平；兼容性与环境，如企业文化的兼容性、信息系统与信息交流、长期的技术计划；伙伴间关系，如信任水平、合作伙伴共享知识意愿、利益共享和风险共担。因此，认为海选出的指标在一定程度上可以用于供应链合作伙伴的突破性技术创新评价。接下来，需要做的就是对指标的刷选，以达到优化评价指标体系的目的。

7.3.3.3 隶属度分析

（1）数据的收集

虽然前文已经海选出 84 项子指标，但是评价突破性技术创新供应链伙伴选择的这些指标，很多存在重复性等问题。因此在本书的研究过程中，从××市选取了 100 名专家，这些专家主要是高校相关领域教师、研究机构和高新技术企业管理人员。在进行隶属度分析时，让每名专家依据自己的知识和经验选出最重要的 10 个评价指标。本次专家咨询一共发放问卷 100 份，回收有效问卷 90 份。

（2）隶属度分析过程

对于第 j 个指标 z_j，共有 Ni 名专家选择，即这 Ni 名专家都认为 z_j 是影响伙伴选择的重要指标，那么该评价指标的录属度为：

$$ri = \frac{Ni}{90} \tag{1}$$

其中，ri 值越大，则该指标在越大程度上属于模糊集合。针对本书的研究对象，ri 值很大的含义就是指标 z_j 很大程度上属于伙伴评价指标

体系。因此可以认为评价指标 z_j 在评价体系中很重要，有必要保留它
为一个正式的评价指标；当隶属度数值较小（一般情况认定为 0.1），
则舍弃这个指标。通过统计分析回收的 90 份有效问卷，得到了 84 项
子指标的隶属度，筛选掉 $ri<0.1$ 的 40 项子指标，得到 44 项子指标，
构成了因子分析的评价指标体系。

7.3.3.4　因子分析筛选过程及结果

（1）因子分析模型

因子分析是一种将多变量简化的技术，目的是分解原始变量，从
中归纳出类别，将相关性较强的指标归为一类，每一类代表了一个共
同因子。因子分析的模型如下：

$$z_j = a_{j1}F_1 + a_{j2}F_2 + \cdots + a_{jp}F_p \qquad (2)$$
$$j = 1, 2, \cdots p$$

其中，z_j 表示标准化后的指标，$a_{ij}(i, j = 1, 2, \cdots, p)$ 表示第 i 个指
标在第 j 个公因子上的负载，称为因子载荷，所有的 a_{ij} 共同构成因子
载荷矩阵，F_p 表示的是公因子，因而此模型共有 P 个公因子。假定
式（2）中 P 个因子是按照它们的方差贡献率从大到小排列，通常选
择 m 个方差贡献率大的因子（m 个因子的累积方差贡献率大于
85%）。此时式（2）可以写成：

$$z_j = a_{j1}F_1 + a_{j2}F_2 + \cdots + a_jmF_m + e_j \qquad (3)$$

其中，e_j 表示误差项。

（2）数据来源

为了进一步确定突破性技术创新供应链伙伴选择指标体系，也为

了便于各项指标权重的确定，本书将经过隶属度筛选后的 44 个评价指标体系为基础，合理设计了调查问卷来对突破性技术创新供应链伙伴选择海选指标进行筛选与优化。对于评价指标的刷选，依据是下一层级指标对于上一层级指标的相对重要性。因此，本书将结合七级量表打分法，重要程度随着数值的加大而依次加深。然后，再次咨询××市 100 名专家，依据自己的专业知识和经验按照七级量表给这些指标打分，其中分值为 1 表示该指标非常不重要，分值为 7 表示该指标非常重要，依次类推。本次回收的有效问卷为 90 份。详细调查问卷见本章后附录 A。

(3) 回收数据的信度检验

信度（Reliability）是指根据测量工具所得到结果，衡量量表的一致性或稳定性。在对数据进行统计分析之前，对于数据做信度测试，是保证测量质量的基础工作。信度越高，则表明其一致性或稳定性越好。在目前的研究领域，运用最广的信度分析指标时内部一致性信度，通常都是以 Cronbach α 信度系数值作为反映测量对象同质性的标准，Cronbach α 值越大，代表测量量表的信度越好。目前，已经形成 Cronbach α 值的取舍标准如下：小于 0.35 表示信度过低，不可取；大于 0.35 而小于 0.65，则需要重新编制量表；介于 0.65—0.70，是信度可接受的最小值域；介于 0.70—0.80，表示相当好；介于 0.80—0.90，表示信度好；在 0.90 以上表示测量量表或问卷的信度甚佳。

本研究采用 Cronbach α 信度系数法来分析量表的内在信度，采用 SPSS 软件操作，企业突破性技术创新供应链伙伴选择指标重要性量表总体 α 信度见表 7 - 3。

表 7 - 3　　　　　　　　　　量表信度检验

Cronbach α	N of Items
0. 910	44

从表 7 - 3 中可以看出，本研究收集到的有效问卷对 44 个指标的内部信度为 0. 910，大于 0. 9，表示问卷的信度非常好。

（4）因子分析过程及结果讨论

经过信度检验的数据表明，这些统计数据可以使用。因此，接下来本书采用 SPSS 15. 0 for Windows 软件，对收集的指标信息进行统计分析。SPSS 软件输出如表 7 - 4、表 7 - 5、表 7 - 6 所示。

表 7 - 4　　　　　　　　KMO and Bartlett's Test

Kaiser – Meyer – Olkin Measure of Sampling Adequacy		0. 862
Bartlett's Test of Sphericity	Approx. Chi – Square	5441. 442
	df	946
	Sig.	0. 000

表 7 - 5　　　　　　　　Total Variance Explained

Factor	InitialEigenvalues			Extraction Sums of Squared Loadings			Rotation Sums of Squared Loadings		
	Total	% of Variance	Cumulative (%)	Total	% of Variance	Cumulative (%)	Total	% of Variance	Cumulative (%)
1	15. 861	36. 048	36. 048	15. 706	35. 695	35. 695	7. 211	16. 389	16. 389
2	5. 763	13. 097	49. 145	5. 610	12. 749	48. 444	6. 287	14. 288	30. 676

Factor	InitialEigenvalues			Extraction Sums of Squared Loadings			Rotation Sums of Squared Loadings		
	Total	% of Variance	Cumulative (%)	Total	% of Variance	Cumulative (%)	Total	% of Variance	Cumulative (%)
3	4.855	11.035	60.180	4.710	10.704	59.148	6.278	14.268	44.944
4	4.368	9.926	70.107	4.218	9.586	68.734	6.117	13.902	58.846
5	3.967	9.017	79.123	3.823	8.688	77.422	5.892	13.390	72.236
6	3.354	7.622	86.745	3.198	7.267	84.689	5.479	12.453	84.689
7	0.466	1.058	87.804						
8	0.410	0.932	88.735						

Extraction Method：Principal Axis Factoring.

表 7 - 6　　　　　　　　　　Rotated Factor Matrix（a）

	Factor					
	1	2	3	4	5	6
信任水平	0.920	-0.024	0.085	0.055	-0.018	-0.057
组织文化兼容性	0.916	0.018	0.064	-0.058	0.002	0.047
计划的拥护程度	0.909	-0.002	0.073	-0.020	-0.076	-0.101
利益共享和风险共担意愿	0.896	-0.067	0.042	-0.081	0.053	-0.069
技术创新能力	0.007	0.919	0.038	0.038	-0.053	-0.125
信息系统与信息交流	0.000	0.910	-0.006	0.013	-0.061	-0.186
合作伙伴知识共享意愿	0.005	0.906	0.009	-0.009	-0.068	-0.147

续　表

	Factor					
	1	2	3	4	5	6
长期技术计划	0.089	0.863	− 0.022	− 0.056	0.033	− 0.252
质量及其稳定性	0.099	− 0.081	0.934	− 0.019	− 0.017	− 0.035
价格/成本比	0.051	0.009	0.930	− 0.007	0.033	− 0.025
地理位置	0.068	0.054	0.929	− 0.013	− 0.050	− 0.018
持续不断创新研发的能力	0.052	0.009	0.914	− 0.030	0.005	0.092
净利润增长率	− 0.017	0.005	− 0.015	0.939	0.035	0.068
流动比率	0.036	0.043	0.007	0.931	− 0.027	0.036
存货周转率	− 0.001	− 0.001	− 0.046	0.929	− 0.008	0.052
资产负债率	0.070	− 0.034	− 0.030	0.859	0.007	0.082
人力资源管理技能	− 0.009	0.013	− 0.037	0.005	0.950	− 0.044
组织创新文化	0.100	− 0.060	0.002	− 0.005	0.921	− 0.063
RI 项目管理水平	0.030	0.004	− 0.014	− 0.039	0.903	− 0.067
企业家精神和导向	0.030	− 0.065	0.071	0.075	0.882	− 0.089
营销专业知识和技能	0.060	− 0.087	− 0.050	0.060	− 0.071	0.917
目标市场识别能力	0.017	− 0.141	− 0.002	0.053	− 0.069	0.906
市场份额	− 0.028	− 0.134	0.078	0.082	− 0.037	0.903
开拓新市场能力	0.004	− 0.168	− 0.060	0.044	− 0.060	0.888

Extraction Method：Principal Component Analysis.

Rotation Method：Varimax with Kaiser Normalization. a Rotation converged in 10 iterations.

表7-4中KMO测度为0.862，大于0.8，表明析出因子所需的指标数量足够；Bartlett's Test小于0.05，具有显著性，表明指标之间高度相关，能够析出因子。

表7-5中显示了所有因子（限于篇幅，Factor8以后的指标未显示）之间的方差分配情况，剔除特征值低于1.0的因子，留下6个公因子。同时它们的累积方差贡献率为86.745%，大于85%，表明这些公因子是可行的。

表7-6中，我们做了数据处理，有些指标在不同公因子下的因子载荷差不多，无法归类，因而把这类指标排除，所以表中只显示了筛选后的24个指标。因子 Fp 的命名规则如下：从SPSS软件中表"Rotated Component Matrix"第 p 列因子载荷绝对值大的所对应的变量归为一类，并由此命名" Fp "。Factor 1最高载荷的因子共有4项，分别为信任水平、组织文化兼容性、计划的拥护程度、利益共享和风险共担意愿。从各因子的指标间关系来看，它们都指向合作伙伴之间的关系，因此可命名为"伙伴关系管理"。同理，Factor 2中主要指标是评价企业拥有的知识和技术，因此可并在一起命名为"知识和技术管理"；Factor 3中主要指标是评价企业的物流水平和研发能力，因此合并在一起命名为"产品研发和物流管理"；Factor 4中主要指标都是一些评价企业财务资产的定量指标，因此命名为"财务资产"，Factor 5中主要指标是评价企业文化和人力资源管理水平，归集命名为"人力资源管理"，Factor 6中主要指标是评价企业市场地位和营销水平，因此命名为"市场营销能力"。

经过以上检验，我们可以认为筛选出的指标具有可行性，经过以上步骤，得出面向突破性技术创新的供应链伙伴选择评价指标体系，如表7-7所示。

表 7 - 7　　面向突破性技术创新的供应链伙伴选择评价指标体系

一级指标	二级指标	三级指标
面向突破性技术创新的供应链伙伴选择评价	财务资产	净利润增长率 流动比率 存货周转率 资产负债率
	人力资源管理	人力资源管理技能 组织创新文化 RI 项目管理水平 企业家精神和导向
	市场营销能力	营销专业知识和技能 目标市场识别能力 市场份额 开拓新市场能力
	知识和技术管理	技术创新能力 信息系统与信息交流 合作伙伴知识共享意愿 长期技术计划
	产品研发和物流管理	质量及其稳定性 价格/成本比 地理位置 持续不断创新研发的能力
	伙伴关系管理	信任水平 组织文化兼容性 计划的拥护程度 利益共享和风险共担意愿

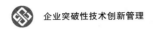

7.3.4 资源约束下突破性技术创新供应链伙伴选择评价指标体系

7.3.4.1 普遍性资源约束

表7-7所示的评价指标体系，是本书研究得出的一般性的面向突破性技术创新的供应链伙伴选择评价指标体系，此评价指标体系虽有适应不同行业需求的柔性优点，却没有考虑获取指标信息的成本。但在现实生活中，供应链核心企业在选择合作伙伴时，获取潜在合作伙伴各评价指标的信息需要花费大量的成本，如时间、人力资源和资金等，在这里我们把它定义为"普遍性资源约束"。在选择到最合适的伙伴之前，企业决策者有义务保证获取的潜在伙伴的信息尽可能完整，而且不超过这些资源约束。

7.3.4.2 资源约束模型

本小节按前文所述，假定时间（s_1）、资本（s_2）、人力资源（s_3）三种资源约束分别为50、500、150。对于候选指标集中不同指标的资源需求，如表7-14所示。其中，二级指标的权重应用不同因子贡献率归一化计算得到，即表7-14中每个二级指标后的数值。三级指标的权重采用AHP法赋值得到，即表7-14中每个三级指标后的数值。本研究拟采用0-1非线性数学规划技术解决资源约束下的评价指标优化问题，相应的目标函数和约束方程如下。

Max（面向突破性技术创新的供应链伙伴选择评价指标体系总的因子贡献率）= $\mathrm{Max}\left(\sum_l \sum_j P_{lj} \times U_i\right)$ (4)

依照：

$$\sum_i S_{ki} \times U_i \leqslant S_k \qquad \forall K \qquad (5)$$

$$U_i = 0 \text{ or } 1 \qquad \forall i \qquad (6)$$

其中，$P_{lj}(l=1, 2, 3, 4, 5, 6; j=1\cdots24)$＝二级指标因子贡献率比重 λ_l＊三级指标 z_j 的权重 π_j，S_k 为资源约束（$k=1, 2, 3$），$S_{ki}(i=1\cdots24)$ 为各种资源需求。

7.3.4.3　Lingo 优化结果探讨

（1）二级指标权重确定

在本书的研究中，二级指标的权重是根据分子分析算出来的因子贡献率归一化而得到，也就是说，可以按照以下公式计算。

$$二级指标权重\ \lambda_l = \frac{Fv}{86.745} \tag{7}$$

其中，Fv 表示的是 $Fi(i=1, 2, 3, 4, 5, 6)$ 公因子的因子贡献率。计算结果为表 7－8 中每个二级指标后的数值。

（2）AHP 赋权重

层次分析法是由美国匹兹堡大学教授 T. L. Saaty 提出的，主要运用于层次权重决策分析。层次分析法的基本思想是：将 n 个元素优劣的整体判断转变为这些元素之间的两两比较，通过两两比较的结果再转化为对 n 个元素的整体优劣排序判断，进而确定各元素的权重。

层次分析法经过多年的发展，已有众多学者对该方法的原理进行阐述并实际运用该方法解决权重问题。本书在此不再展开复述其原理，在实际的 AHP 法运用中，将结合 Matlab 软件编程处理。

根据表 7－14 列出的各个因素指标之间的关系，结合问卷调查收集到的答案，使用软件 Matlab 编写代码，生成判断矩阵和权重。突破性技术创新供应链伙伴选择的 6 个二级指标的判断矩阵和权重如表 7－8、表 7－9、表 7－10、表 7－11、表 7－12、表 7－13 所示。

表 7 - 8   财务资产的判断矩阵 C_1 和权重

C_1	存货周转率	净利润增长率	流动比率	资产负债率	ω
存货周转率	1.0000	0.7377	0.3982	0.3488	0.1272
净利润增长率	1.3556	1.0000	0.4639	0.3982	0.1590
流动比率	2.5111	2.1556	1.0000	0.7377	0.3172
资产负债率	2.8667	2.5111	1.3556	1.0000	0.3966

$\lambda_{max} = 4.0066$，$CI = 0.0022$，$RI = 0.9$，$CR = 0.0024$

表 7 - 9   人力资源管理的判断矩阵 C_2 和权重

C_2	组织创新文化	人力资源管理技能	企业家精神和导向	RI 项目管理水平	ω
组织创新文化	1.0000	0.8654	0.411	0.3214	0.1277
人力资源管理技能	1.1556	1	0.439	0.3383	0.1414
企业家精神和导向	2.4333	2.2778	1.0000	0.596	0.2961
RI 项目管理水平	3.1111	2.9556	1.6778	1.0000	0.4348

$\lambda_{max} = 4.0097$，$CI = 0.0032$，$RI = 0.9$，$CR = 0.0035$

表 7 - 10   市场营销能力的判断矩阵 C_3 和权重

C_3	目标市场识别能力	市场份额	开拓新市场能力	营销专业知识和技能	ω
目标市场识别能力	1.0000	1.1111	0.8824	0.4762	0.1949
市场份额	0.9000	1.0000	0.8036	0.4523	0.1783
开拓新市场能力	1.1333	1.2444	1.0000	0.5085	0.2170
营销专业知识和技能	2.1000	2.2111	1.9667	1.0000	0.4098

$\lambda_{max} = 4.0011$，$CI = 0.0004$，$RI = 0.9$，$CR = 0.0004$

表 7 - 11　　　　　知识和技术的判断矩阵 C_4 和权重

C_4	长期技术计划	技术创新能力	合作伙伴知识共享意愿	信息系统与信息交流	ω
长期技术计划	1.0000	0.9574	0.4972	0.5028	0.1652
技术创新能力合作伙伴	1.0444	1.0000	0.5085	0.5143	0.1707
知识共享意愿	2.0111	1.9667	1.0000	1.0222	0.3348
信息系统与信息交流	1.9889	1.9444	0.9783	1.0000	0.3293

$\lambda_{max} = 4.0001$，$CI = 0.00003$，$RI = 0.9$，$CR = 0.00004$

表 7 - 12　　　　产品研发和物流管理的判断矩阵 C_5 和权重

C_5	持续不断创新研发的能力	质量及其稳定性	地理位置	价格/成本比	ω
持续不断创新研发的能力	1.0000	1.0667	1.0889	0.5233	0.2105
质量及其稳定性	0.9375	1.0000	1.0222	0.5056	0.1989
地理位置	0.9184	0.9783	1.0000	0.5000	0.1952
价格/成本比	1.9111	1.9778	2.0000	1.0000	0.3954

$\lambda_{max} = 4.0002$，$CI = 0.00007$，$RI = 0.9$，$CR = 0.00008$

表 7 - 13　　　　　伙伴关系管理的判断矩阵 C_6 和权重

C_6	利益共享和风险共担意愿	计划的拥护程度	组织文化兼容性	信任水平	ω
利益共享和风险共担意愿	1.0000	0.9677	0.5114	0.4918	0.1658
计划的拥护程度	1.0333	1.0000	0.5202	0.5000	0.1700
组织文化兼容性	1.9556	1.9222	1.0000	0.9278	0.3226
信任水平	2.0333	2.0000	1.0778	1.0000	0.3416

$\lambda_{max} = 4.0002$，$CI = 0.00007$，$RI = 0.9$，$CR = 0.00008$

从以上六个表中，可以获知这些判断矩阵都通过了一致性的检验，同时可以得到每个指标相应的权重，列于表7-14每个三级指标之后。

（3）结果探讨

在这里，我们采用LINGO软件对目标函数（4），约束方程（5）、方程（6）进行编程和求解。求解结果列于表7-14最后一列，其中，$U_i = 0$表示在资源约束下舍弃这个评价指标，$U_i = 1$表示在资源约束下留下这个评价指标。依据表7-14的结果，得出表7-15资源约束下的评价指标体系。

表7-14 评价指标体系和评价资源需求

一级指标	二级指标 λl	三级指标	π_j	P_{ij}	时间 s_1	资本 s_2	人力资源 s_3	U_i
面向突破性技术创新的供应链伙伴选择评价	财务资产 (0.1144)	净利润增长率	0.1590	0.0182	3	22	6	0
		流动比率	0.3172	0.0363	2	20	4	1
		存货周转率	0.1272	0.0145	4	19	6	0
		资产负债率	0.3966	0.0454	2	25	4	1
	人力资源管理 (0.1039)	人力资源管理技能	0.1414	0.0147	4	18	5	0
		组织创新文化	0.1277	0.0133	3	28	6	0
		RI项目管理水平	0.4348	0.0452	2	35	8	1
		企业家精神和导向	0.2961	0.0307	2	28	7	1

续　表

一级指标	二级指标 λl	三级指标	π_j	P_{lj}	时间 s_1	资本 s_2	人力资源 s_3	U_i
面向突破性技术创新的供应链伙伴选择评价	市场营销能力（0.0879）	营销专业知识和技能	0.4098	0.036	3	33	10	1
		目标市场识别能力	0.1949	0.0171	4	19	8	0
		市场份额	0.1783	0.0157	2	27	10	1
		开拓新市场能力	0.2170	0.0191	2	26	9	1
	知识和技术管理（0.1510）	技术创新能力	0.1707	0.0257	2	15	7	1
		信息系统与信息交流	0.3293	0.0497	3	26	5	1
		合作伙伴知识共享意愿	0.3348	0.0507	3	19	8	1
		长期技术计划	0.1652	0.0249	5	28	9	1
	产品研发和物流管理（0.1272）	质量及其稳定性	0.1989	0.0253	4	24	6	1
		价格/成本比	0.3954	0.0503	3	32	7	1
		地理位置	0.1952	0.0248	5	28	8	0
		持续不断创新研发的能力	0.2105	0.0268	2	27	5	1
	伙伴关系管理（0.4156）	信任水平	0.3416	0.142	3	34	4	1
		计划的拥护程度	0.1700	0.0706	2	28	6	1
		利益共享和风险共担意愿	0.1658	0.0689	5	15	7	1
		组织文化兼容性	0.3226	0.1341	3	17	8	1

表 7-15　资源约束下面向突破性技术创新的供应链伙伴选择评价指标体系

一级指标	二级指标	三级指标
面向突破性技术创新的供应链伙伴选择评价	财务资产	流动比率 资产负债率
	人力资源管理	RI 项目管理水平 企业家精神和导向
	市场营销能力	营销专业知识和技能 市场份额 开拓新市场能力
	知识和技术管理	技术创新能力 信息系统与信息交流 合作伙伴知识共享意愿 长期技术计划
	产品研发和物流管理	质量及其稳定性 价格/成本比 持续不断创新研发的能力
	伙伴关系管理	信任水平 计划的拥护程度 利益共享和风险共担意愿组织文化兼容性

第8章 突破性技术创新供应链
伙伴初选模型研究

8.1 突破性技术创新供应链伙伴初选与聚类分析

8.1.1 伙伴初选的意义

进行突破性技术创新,需要选择合适的供应链合作伙伴,但当潜在大量的合作伙伴时,要是针对每一个潜在伙伴都进行评价,势必会带来高昂的成本,并且是非常低效的。因此,将大量的候选伙伴先进行初选,减少精选时的评价工作量,是非常有必要的。

从前文的叙述中,我们可以得知,伙伴初选主要是一个筛选分类的过程,该过程的第一步包括界定和确定可以接受的合作伙伴集,而随后的步骤主要是考虑将潜在合作伙伴缩减到一定的数量级,以达到降低最终评价对象数目的目的。

Dowlatshahi(2000)研究认为,伙伴初选可以带来三个好处:

①可以降低伙伴选择的总成本；②大部分的业务都只会在数量有限的合作伙伴间进行协调和合作；③密切和可行的合作关系，只能在有限的合作伙伴之间建立和展开。

吴翀（2009）研究认为，从大量潜在伙伴中选择最适合的合作伙伴无疑是一项艰巨而复杂的决策任务，并给出了这项复杂性决策的理论证明，如下所示。

假设：需要 n 种不同类型的合作伙伴，对于第 i 种类型的合作伙伴，有 K_i 个潜在伙伴可供选择。合作伙伴选择决策可分为以下两种情况。

第一，如果合作伙伴的选择没有任何限制条件，那么可能的组合数为：

$$N = \prod_{i=1}^{n} 2^{K_i} \tag{1}$$

第二，如果存在某种限制，如每个类别的潜在伙伴中至少选择一个，至多选择两个。在这种限制下，在第 i 种合作伙伴中，潜在伙伴选择的组合数是 $\dfrac{K_i(K_i+1)}{2}$。因此，整条供应链合作伙伴选择的组合数为：

$$N' = \frac{1}{2^n} \prod_{i=1}^{n} K_i(K_i+1) \tag{2}$$

如果我们假定需要 4 种不同类型的合作伙伴，即 $n=4$；有 26 个潜在伙伴可供选择（其中：$K_1=5$，$K_2=6$，$K_3=7$，$K_4=8$）。

在第一种情况下，根据式（1），则潜在伙伴的组合数为：

$$N = 2^5 \times 2^6 \times 2^7 \times 2^8 = 67108864$$

在第二种情况下，根据式（2），则潜在伙伴的组合数为：

$$N' = \frac{1}{2^4}(5 \times 6)(6 \times 7)(7 \times 8)(8 \times 9) = 317520$$

从这个理论证明可以看出，要是直接对大量潜在的候选伙伴进行评价，那么要评价的组合数很大，这将是一个低效的、高成本决策工作。但进行伙伴初选，可以将大量潜在的候选伙伴进行分类，经过分类的潜在候选伙伴，精选决策时就可以从不同类中挑选合适的对象，而每一类内部的相似性，使得选择的基数就是类别的数目和每一类里面的对象数目，可以大大降低潜在伙伴组合数，提高精选阶段的决策效率。

8.1.2　聚类分析与伙伴初选

Hinkle 认为聚类分析可以进行潜在伙伴的分类，进而降低最终决策对象的解空间，即如前文所述的降低潜在伙伴组合数，达到提高决策效率与降低决策成本的目的。

聚类分析是多元统计分析中研究"物以类聚"的一种方法。简单地说，聚类分析就是依据事物自身属性的不同，将属性相似的事物归为一类，如此，同一类里的事物之间，就有了高度的相似性。

聚类分析的方法比较多，本书采用在实际使用中用的最多的系统聚类法。它的核心思想就是把聚类样品一个个逐步归类。在这个逐步过程中，首先每个样品自成一类，那么也就有了 n 类；然后需要一一计算 n 类之间的距离，目的是把距离最小的两个类合并为一个类，这样就减少了 1 类，得到 $n-1$ 个类。如此以每次至少合并 1 类的规则，重复以上聚类过程，直到所有的样品全归为一类。在常规做法中，我们需要根据 n 个对象的 P 个指标进行聚类，此时我们把每个样本对象看作 P 维欧式空间的一个点，那么 n 个对象就是 P 维欧氏空间中的 n

个点，它们构成了一个 $n \times p$ 阶矩阵：

$$\begin{bmatrix} X_{11} & X_{12} & \cdots & X_{1p} \\ X_{21} & X_{22} & \cdots & X_{2p} \\ \vdots & \vdots & & \vdots \\ X_{n1} & X_{n2} & \cdots & X_{np} \end{bmatrix}$$

其中，p 为原始变量个数，n 为样品数，x_{ij} 表示第 i 个样品在第 j 个变量上的数据值，$i = 1$，$2 \cdots n$；$j = 1$，$2 \cdots p$。要对 n 个点进行聚类，最合理的办法就是距离越靠近的归为一类。如此，距离就成为最简单的衡量相似程度的标准。

在系统聚类分析法中，常用的距离定义有以下三种：

第一种，chebihov 距离：

$$d_{ij} = \max_{1 \leq k \leq p} \{ \mid x_{ik} - x_{jk} \mid \} \tag{3}$$

第二种，绝对值距离：

$$d_{ij} = \sum_{k=1}^{p} \mid x_{ik} - x_{jk} \mid \tag{4}$$

第三种，欧式距离：

$$d_{ij} = \left[\sum_{k=1}^{p} (x_{ik} - x_{jk})^2 \right]^{\frac{1}{2}} \tag{5}$$

其中，d_{ij} 为第 i 个与第 j 个样品之间的距离，并且有 $d_{ij} = 0$（当 $i = j$）及 $d_{ij} = d_{ji}$。

本书采用聚类分析法，目的就是将大量的候选伙伴按照聚类分析原理进行分类，把距离相近的伙伴归为一类，缩小核心企业的选择范围。本书伙伴初选的目的，就是候选伙伴的合理分类，降低组合数，从而提高决策效率。本书按照以下思路，将大量的候选伙伴进行一个系统聚类：首先将所有的候选伙伴各自看成一类，然后把距离最近的几个候选伙伴合成新的一类，形成新的子类，又再和其他距离最近的新的子类合为一类，如此下去，直到将所有的候选伙伴合成一类或者达到某一个专家设定的合并界限。这个聚类过程可以由一张谱系图形象地展示出来。在本书中，这些过程都将通过 SPSS 软件操作完成。系统聚类以后的候选伙伴，对于那些归属于同一类的伙伴，它们之间的属性是差不多的。因此，我们只需要选择最合适一类的潜在伙伴再进行评价，这样也可以不必过多考虑其他类的潜在伙伴。这样一来，就可以将所有的候选伙伴，按照研究获得的评价指标体系进行排序了。

8.2　基于聚类分析的 Kraljic 候选伙伴分类

8.2.1　Kraljic 经典分类模型介绍

Kraljic(1983) 首次提出一个二维的物料采购分类模型，虽然 Kraljic 的初衷是应用这个模型描述不同类型的产品，但我们可以借鉴这种二维模型，构建本书的候选伙伴分类模型。

Kraljic 根据两个变量对潜在伙伴进行分类，即潜在伙伴对财务绩效的影响力大小，以及供给风险的强弱程度。结合这两个变量可以得到一个 2×2 矩阵，矩阵中的四个元素描述了四种不同类型的潜在伙伴。简单地说，就是双高组合 1 种、双低组合 1 种、高低组合 2 种。其中，对于战略合作伙伴，它们具有高的供应风险和高财务绩效影响。因此，需要建立长期密切的合作关系。对于瓶颈合作伙伴，它们具有低财务绩效影响，但供应风险高。因此组织决策者应把重点放在确保供应的连续性上。对于杠杆合作伙伴，它们具有高财务绩效影响，但供应风险低。对于一般合作伙伴，它们的财务绩效影响和供应风险都较低，因此组织决策者应该通过采取一些经营战略降低成本，如减少该类合作伙伴的数量。具体如图8－1所示。

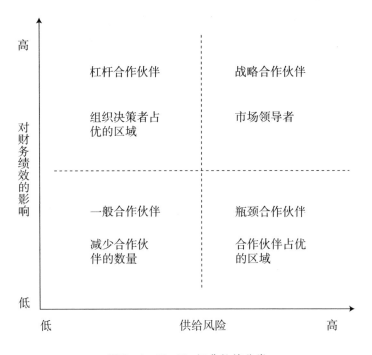

图8－1　Kraljic 经典伙伴分类

使用该模型可以使得决策者快速将潜在候选伙伴分为四类，即战略合作伙伴、瓶颈合作伙伴、杠杆合作伙伴和一般合作伙伴。而合作伙伴的差异化策略可使组织决策者对整条供应链的管理更加有效，从而提高其竞争力。

当然，在本书的实际应用中，只是借鉴这个经典分类模型，对于分类的变量会有一定的改变，这将在后面的论述中具体分析。

8.2.2 聚类分析法在分类模型中的应用

Kraljic 经典分类模型虽然给出了潜在伙伴的分类结果，但是并没有一个清晰的界限，这 4 种分类结果的分界点在哪。Kraljic 经典分类更多的是给出一个分类的原则，而具体采取什么方法去分类却没有叙述。本书将聚类分析法应用到这个经典分类模型中，可以将影响突破性技术创新的供应链合作伙伴因素考虑进来，对潜在伙伴进行分类。

聚类分析法的核心思想是将所有需要分类的 n 中样品先看到 n 类，然后依据某一个样品与其最近距离的样品归为一类，这样就只有 $n-1$ 类了，依次类推，直到所有的样品归为一类或者达到某个临界阈值 t。

在本书应用聚类分析法进行突破性技术创新潜在供应链合作伙伴分类的过程中，我们将采用专家设定阈值 t 的做法，使得我们将潜在伙伴可以归为前面所述的 4 种不同类型合作伙伴，即战略合作伙伴、瓶颈合作伙伴、杠杆合作伙伴和一般合作伙伴。而针对不同类型的合作伙伴，核心企业将采取不同的决策手段，进而决定在哪一种候选伙伴中选择合适的突破性技术创新活动伙伴。

8.3 突破性技术创新供应链伙伴初选模型构建

8.3.1 供应链合作伙伴分类指标建立

为了既能反映候选伙伴的突破性技术创新资源能力水平又能反映候选伙伴对参与突破性技术创新活动的倾向，本书将在第 7 章面向突破性技术创新的供应链伙伴选择评价指标体系的基础之上，构建如下分类指标。

在伙伴初选中，本书将有两个二级指标：一是候选伙伴的突破性技术创新资源能力；二是候选伙伴参与突破性技术创新活动倾向。其中，突破性技术创新资源能力主要包括第 7 章面向突破性技术创新的供应链伙伴选择评价指标体系中的财务资产、知识和技术管理、市场营销能力、产品和研发中的部分指标；参与突破性技术创新活动倾向主要包括第 7 章面向突破性技术创新的供应链伙伴选择评价指标体系中的人力资源管理、伙伴关系管理中的部分指标。具体如图 8 - 2 所示。

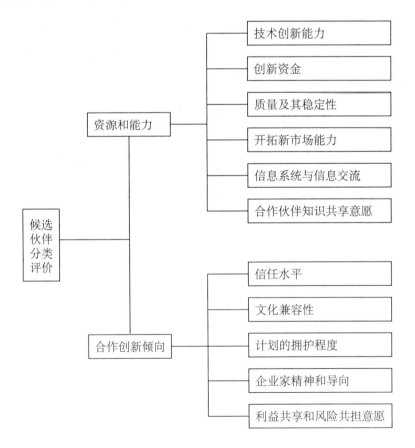

图 8 - 2　突破性技术创新供应链伙伴分类指标

图 8-2 所示的分类指标中指标的选取原则是在第 7 章建立的指标体系之上，咨询专家从每个二级指标下抽取若干个三级指标构建而成。本书在伙伴初选过程中的分类指标的选择，不仅结合了前文所述的指标体系，更重要的是，基本采用了指标体系中权重最大的那些指标。与此同时，考虑到伙伴初选的作用，是合理的候选伙伴初步分类，因此并不采用所有的指标体系中的指标，因为这样会增加工作量，尤其是在候选伙伴数目庞大时。

对于每个三级指标的数值，是对于候选伙伴在这个指标上的实际情况的反映。因为大部分都是定性指标，因而再次采用专家打分法可以获得一定的效果。虽然如此反复地咨询专家，会增大很大的工作量，但这是一个必不可少的过程，不然决策过程就没办法进行下去。在本章的专家打分过程中，将和第 7 章很大不一样的地方是，此次的专家更多的是针对核心企业自己本身内部的专家，如核心企业突破性技术创新团队的管理人员以及核心企业的高级管理者等。本章继续采取 5 级量表打分，具体过程以下会详述。

8.3.2 合作伙伴选择聚类分析的构建

合作伙伴选择聚类分析的构建主要包括以下两点。

（1）分类指标的专家打分和量化

针对突破性技术创新供应链伙伴初选分类指标，本书构建了两个二级指标，共 11 个三级指标。在本书的伙伴选择过程中，我们假设一条较简单的供应链：供应商—核心企业（本书中为高新技术企业）—分销商。因此是以核心企业为主，选择合适的供应商和分销商共同从事突破性技术创新活动。在初选的过程中，需要做的就是把大量潜在的供应商和分销商分类。

因此，在本书的初选模型构建过程中，因为采用的指标大部分都是定性指标，与此同时，相对值有时候也可以起到不错的效果。因此，我们拟定是核心企业的突破性技术创新团队和专门的评级机构组成的10名专家对潜在的各个伙伴从各方面进行打分。然后从10名专家的打分表中，去掉一个最高分和一个最低分，再取剩余8个分值的平均值，也就可以作为该候选伙伴在某一个指标下相对应的最终值。具体的指标打分标准和量化如表8－1所示。

同时，在图8－1中，我们把纵坐标上的对财务绩效的影响指标替换为资源和能力，把横坐标上的供给风险替换为合作创新倾向。那么，每个潜在合作伙伴最后通过专家对资源和能力及合作创新倾向评价得分，我们可以获得4种组合。这4种组合分别代表战略合作伙伴、杠杆合作伙伴、瓶颈合作伙伴和一般合作伙伴。其中，战略合作伙伴是指那些资源和能力水平高、合作创新倾向强的合作伙伴；杠杆合作伙伴是指那些资源和能力水平高、合作创新倾向低的合作伙伴；瓶颈伙伴是指那些资源和能力水平低、合作创新倾向高的合作伙伴；一般合作伙伴是指那些资源和能力水平低、合作创新倾向低的合作伙伴。

表8－1　　　　　　　　　　分类指标准则和量化

评价目标	评价子目标	具体内容	数据	打分
资源和能力（X）	创新资金 X_1(0.2444)	金额巨大	5	
		金额中等	3	
		金额小	1	
	技术创新能力 X_2(0.1071)	能力强大	5	
		能力中等	3	
		能力一般	1	

评价目标	评价子目标	具体内容	数据	打分
资源和能力 （X）	质量及其稳定性 X_3（0.1180）	质量非常好	5	
		质量中等	3	
		质量一般	1	
	开拓新市场能力 X_4（0.1124）	能力强大	5	
		能力中等	3	
		能力一般	1	
	信息系统与信息交流 X_5（0.2074）	信息交流畅通	5	
		信息交流阻碍	3	
		无信息交流	1	
	合作伙伴知识共享意愿 X_6（0.2108）	非常愿意共享	5	
		有选择的共享	3	
		一般不共享	1	
合作创新倾向 （Y）	信任水平 Y_1（0.2522）	非常信任	5	
		一般信任	3	
		不信任	1	
	文化兼容性 Y_2（0.2375）	非常兼容	5	
		勉强兼容	3	
		不兼容	1	

评价目标	评价子目标	具体内容	数据	打分
合作创新倾向 (Y)	计划的拥护程度 Y_3(0.1262)	大力拥护	5	
		一般拥护	3	
		不拥护	1	
	企业家精神和导向 Y_4(0.2609)	创新管理理念	5	
		一般管理理念	3	
		保守管理理念	1	
	利益共享和风险共担意愿 Y_5(0.1233)	程度大	5	
		中等程度	3	
		程度非常小	1	

（2）聚类分析过程

完成潜在候选伙伴的专家评价打分，接下来就可以对每个候选伙伴归类了。在本章的数据处理过程中，都将采用 SPSS 软件辅助完成。

Kraljic 经典分类是一个 2×2 矩阵，因此在有专家对三级指标打分的情况下，我们需要算出二级指标 X 和 Y 的综合得分。本书采用如下公式：

$$X = f(X_1, X_2, X_3, X_4, X_5, X_6) \tag{6}$$

$$Y = f(Y_1, Y_2, Y_3, Y_4, Y_5) \tag{7}$$

其中，函数 f 的计算，将采用类似第 7 章的指标体系中的处理方法，通过 AHP 赋予权重，并结合每个指标下的专家评价分值，算出综合得分 X 和 Y。

在 AHP 赋予权重的过程中，我们将继续采用第 7 章中 100 名专家的重要性评价打分值，把 X 下的 6 个指标和 Y 下的 5 个指标分别对应的分值取出来，合成一个新表，再用 AHP 法重新生成相应的权重，如表 8 - 1 第二列所示数据。其中，AHP 的判断矩阵和权重如表 8 - 2、表 8 - 3 所示。

表 8 - 2　　　　　　　　资源和能力的判断矩阵 C_1 和权重

C_1	创新资金	技术创新能力	质量及其稳定性	开拓新市场能力	信息系统与信息交流	合作伙伴知识共享意愿	ω
创新资金	1.0000	2.1778	2.0444	2.1111	1.2333	1.2111	0.2444
技术创新能力	0.4592	1.0000	0.8824	0.9375	0.5143	0.5085	0.1071
质量及其稳定性	0.4891	1.1333	1.0000	1.0667	0.5521	0.5455	0.1180
开拓新市场能力	0.4737	1.0667	0.9375	1.0000	0.5325	0.5263	0.1124
信息系统与信息交流	0.8108	1.9444	1.8111	1.8778	1.0000	0.9783	0.2074
合作伙伴知识共享意愿	0.8257	1.9667	1.8333	1.9000	1.0222	1.0000	0.2108

$\lambda = 6.0018$　　$CI = (\lambda - 6)/5 = 0.00036$　　$RI = CI/1.32 = 0.00025 < 0.1$

表 8 – 3 合作创新倾向的判断矩阵 C_2 和权重

C_2	信任水平	文化兼容性	计划的拥护程度	企业家精神和导向	利益共享和风险共担意愿	ω
信任水平	1.0000	1.0778	2.0000	0.9574	2.0333	0.2522
文化兼容性	0.9278	1.0000	1.9222	0.8911	1.9556	0.2375
计划的拥护程度	0.5000	0.5202	1.0000	0.4891	1.0333	0.1262
企业家精神和导向	1.0444	1.1222	2.0444	1.0000	2.0778	0.2609
利益共享和风险共担意愿	0.4918	0.5114	0.9677	0.4813	1.0000	0.1233

$$\lambda = 5.0004 \quad CI = (\lambda - 5)/4 = 0.0001 \quad RI = CI/1.32 = 0.00007 < 0.1$$

因此，式（8）和式（9）就可以转换为如下公式：

$$X = 0.2444X_1 + 0.1071X_2 + 0.118X_3 + 0.1124X_4 +$$
$$0.2074X_5 + 0.2108X_6 \qquad (8)$$

$$Y = 0.2522Y_1 + 0.2375Y_2 + 0.1262Y_3 + 0.2609Y_4 + 0.1233Y_5 \quad (9)$$

有了这个计算综合得分的公式以后，就可以按照核心企业专家对潜在候选伙伴的评价打分，计算出对应的供应商 S 和分销商 D 的 X 值和 Y 值。依据各个供应商 S 和分销商 D 的 X 值和 Y 值，就可以对供应商和分销商分别进行聚类分析。

把不同潜在伙伴的评价得分综合值通过 SPSS 软件聚类分析，就可以获得聚类分析谱系图，通过专家确定合理的阈值 t，把潜在候选伙伴归集为 4 类。得到的每一类内部对象之间具有相似性，因而选择里面的任何一项对于决策结果的影响差异不大。但是不同类之间存在明显的差异性，因而应当依据决策者的意图，选择合适的那类潜在候选伙伴。在本书的研究中，核心企业需要的潜在伙伴是那些可以在战略上一致，有着足够的资源和能力去共同从事突破性技术创新的供应链合作伙伴，因而对于后续的精选阶段来说，初选阶段的最终结果，就是为精选阶段归集到合适的那类战略合作伙伴。

通过这个聚类分析过程得出的不同类伙伴，看似有着核心企业专家的许多主观因素，势必会损失一些潜在候选伙伴的信息。但是，环境的不确定性、信息的不对称性及候选伙伴的信息隐藏等方面的主动性，分类导致的信息损失不一定会比这些因素导致的信息流失多，因此，可以合理地认为，聚类分析的结果可以很好应用到精选阶段。

同时，之所以要选择分 2 维聚类，还有一个重要作用，就是避免某一个候选伙伴的总得分很高，但在某一方面的能力有缺失。比如某一候选伙伴要是直接评价打分，可能他的分值非常高，因此被选中。其实，这个伙伴是因为资源和能力突出，拥有大量的资金和人力资源管理经验，但它对突破性技术创新没有兴趣，因此合作创新倾向得分低，却被高得分给掩盖了。但我们实际需要的合作伙伴，不仅是那些拥有大量资源和能力的候选伙伴，更是有长期技术计划，有突破性技术创新倾向的候选伙伴，采用这种聚类分析法，可以很好地避免这种结果的出现，因而可以选到更加可靠的合作伙伴。

8.4　突破性技术创新供应链伙伴初选模型运用

8.4.1　初选模型的应用步骤

在本节，本书将通过一个典型算例来展现初选模型的应用步骤。还是采用先前拟定的简单供应链模式：供应商（S）—核心企业—分销商（D）。在此假定有 18 个供应商和 12 个分销商共同竞争一个子任务，即核心企业只选择其中一个供应商和 1 个分销商来共同从事突破性技术创新活动。在初选过程中，本章要得到的就是可以把哪些供应商和分销商归类为战略合作伙伴。

通过核心企业专家打分，供应商和分销商在不同指标下的值如表 8-4 所示。

表 8-4 供应商和分销商专家评分值

	X_1	X_2	X_3	X_4	X_5	X_6	Y_1	Y_2	Y_3	Y_4	Y_5
S_1	1	3	1	2	2	4	4	3	4	4	1
S_2	5	3	5	4	5	5	5	4	5	5	4
S_3	3	3	2	3	3	3	5	2	2	2	3
S_4	3	3	4	4	4	3	4	5	4	4	3
S_5	2	2	1	2	4	4	3	3	3	3	2
S_6	5	4	5	4	5	5	5	4	3	4	5
S_7	4	5	4	5	3	2	4	2	4	4	5
S_8	3	2	2	3	5	3	3	5	1	2	3
S_9	3	3	4	4	1	5	4	3	3	4	4
S_{10}	5	5	5	5	3	2	2	3	2	1	3
S_{11}	5	1	5	3	3	4	4	4	3	4	1
S_{12}	3	4	4	3	4	3	1	4	2	2	2
S_{13}	1	1	3	2	3	3	4	5	3	3	3

	X_1	X_2	X_3	X_4	X_5	X_6	Y_1	Y_2	Y_3	Y_4	Y_5
S_{14}	3	4	1	4	2	2	3	4	2	2	3
S_{15}	5	4	5	3	2	5	4	5	3	4	2
S_{16}	2	2	3	2	3	3	3	3	3	5	5
S_{17}	2	4	4	1	4	2	2	2	3	2	3
S_{18}	4	2	5	5	4	2	5	3	4	5	3
D_1	3	3	2	3	3	5	5	4	3	3	4
D_2	3	4	4	5	1	1	2	3	3	3	4
D_3	4	3	2	5	1	1	2	3	3	4	5
D_4	4	4	5	5	4	5	4	3	1	5	3
D_5	4	3	4	5	2	2	2	3	3	2	3
D_6	5	5	5	2	2	2	1	3	3	4	5
D_7	1	5	2	3	5	1	5	4	3	3	5
D_8	2	1	5	2	5	5	5	4	1	2	2
D_9	3	4	3	5	2	2	3	4	3	4	5
D_{10}	2	3	1	3	5	5	4	2	1	2	2
D_{11}	1	5	5	3	4	3	4	4	3	2	3
D_{12}	4	3	4	5	3	3	3	4	2	3	4

根据式（8）和式（9），计算出不同供应商 S 和分销商 D 的综合得分，如表 8-5 和表 8-6 所示。

表 8-5 供应商 S 综合得分

	S_1	S_2	S_3	S_4	S_5	S_6	S_7	S_8	S_9
X	2.1665	4.6739	2.8823	3.4381	2.7186	4.781	3.5909	3.19	3.2375
Y	3.393	4.64	2.88	4.115	2.877	4.25	3.649	2.962	3.637
	S_{10}	S_{11}	S_{12}	S_{13}	S_{14}	S_{15}	S_{16}	S_{17}	S_{18}
X	3.9533	3.7217	3.4328	2.1849	2.5656	4.0464	2.5364	2.7528	3.595
Y	2.1	3.504	2.223	3.728	2.851	3.865	3.769	2.25	4.153

表 8-6 分销商 D 综合得分

	D_1	D_2	D_3	D_4	D_5	D_6	D_7	D_8	D_9	D_{10}	D_{11}	D_{12}
X	3.3039	2.6138	2.5151	4.4416	3.1693	3.4087	2.6009	3.5017	2.9140	3.3563	3.1691	3.5875
Y	3.8655	2.8714	3.2556	3.5219	2.4872	3.0034	3.9888	3.1056	3.7453	2.3784	3.2291	3.2349

应用 SPSS 软件分别对表 8-5 和表 8-6 做聚类分析，结果如下所示。

第一，供应商 S 聚类结果。

从图 8-3 可以看出，$t=14$ 时，供应商分为 4 类，分别为（S_2、S_6）；（S_{10}、S_{12}）；（S_4、S_7、S_9、S_{11}、S_{15}、S_{18}）；（S_1、S_3、S_5、S_8、S_{13}、S_{14}、S_{16}、S_{17}）。与此同时，从专家打分计算得到的综合情况来看，此 4 类分别对应战略合作伙伴、杠杆合作伙伴、瓶颈合作伙伴和一般合作伙伴。

第二，分销商 D 聚类结果。

从图 8-4 可以看出，$t=8$ 时，分销商分为 4 类，分别为（D_4）；

（D_5、D_6、D_8、D_{10}、D_{11}、D_{12}）；（D_1、D_7、D_9）；（D_2、D_3）。与此同时，从专家打分计算得到的综合情况来看，此 4 类分别对应战略合作伙伴、杠杆合作伙伴、瓶颈合作伙伴和一般合作伙伴。

谱系图可以很清晰地展示聚类分析的整个过程，因此从谱系图中，我们可以看到，即使归为 4 类以后，每一类里的对象或样本其实他们之间的距离还是有些差距的。因此，要是决策者需要更加精确的样品之间的联系，可以从谱系图中得到。

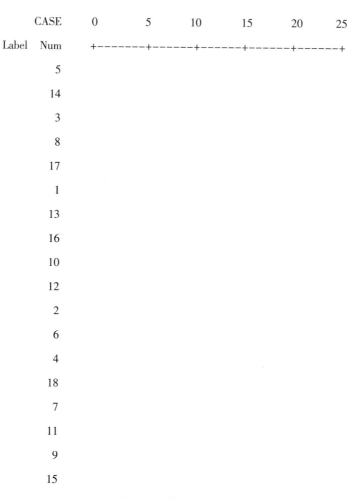

图 8 - 3　供应商 S 谱系

```
          CASE      0      5      10     15     20     25
Label   Num        +------+------+------+------+------+
         6
         8
        12
        11
         5
        10
         2
         3
         7
         9
         1
         4
```

图 8 - 4　分销商 D 谱系

从这个典型算例的聚类分析过程可以看出，突破性技术创新供应链合作伙伴五个初选步骤如下。

第一步，选取合适的分类指标，以便 2 维分类，并且按照一定的准则和量化标准，定义每个指标不同分值的含义，并且采用专家打分法和 AHP 法，确定每个指标的权重。

第二步，从核心企业选择合适的评价专家，针对候选的供应商和分销商分别打分，经过类似的过程 3—4 次，得到统一的候选伙伴评价值。

第三步，应用 SPSS 软件辅助处理候选伙伴的评价综合分值，并对不同供应商和分销商的综合得分 X 和 Y 进行聚类分析。

第四步，针对 SPSS 软件的输出结果，专家选取合适的阈值（t），从而使得分类结果可以符合 Kraljic 经典分类模型。

第五步，分析 SPSS 聚类分析结果中，每一类对象之间的相似性，并且对比 Kraljic 经典分类中不同组合之间的差异性，就可以把 SPSS 聚类分析结果中的 4 类一一对应到 Kraljic 经典分类。简单地说，就是 X 和 Y 得分（高、高）、（高、低）、（低、高）、（低、低）组合分别对应战略合作伙伴、杠杆合作伙伴、瓶颈合作伙伴和一般合作伙伴。

至此，初选聚类分析的工作就完成了，在本书中，精选阶段需要用到的就是战略合作伙伴这类里面的对象。因为战略合作伙在资源和能力、合作倾向两大指标下的值都较高，不仅可以满足核心技术企业在开展突破性技术创新活动时所需要的资源和能力支持，同时这一类型里的合作伙伴在合作稳定性上有保障，利于企业之间的突破性技术合作创新。

8.4.2　初选模型的适用性

前文构建了突破性技术创新供应链伙伴初选模型，并通过典型算例的模拟仿真，演示了初选模型的运用过程，也表明了初选模型的实际运用价值。但该模型并不能为企业选择到最终的潜在合作伙伴，主要是适用于以下两种情况。

一是初选模型单独使用的情况。当有大量的供应链候选伙伴时，企业需要把他们按照一定的分类评价原则进行具体分类，从而达到区分不同的候选伙伴的目的。

二是初选模型作为企业在运用精选模型前的一个运用步骤的情况。当企业需要选取最合适的候选伙伴时，需要一一比对各个候选伙伴的组合的评价值，这显然是低效率的工作。此时，先通过初选模型把大量的候选伙伴区别分类，再从需要的那一类候选伙伴中选择最合适的候选伙伴，将大大提高工作效率。

　　与此同时，初选模型的目的是为供应链核心企业最终选取到合适的供应链合作伙伴组建突破性技术创新联盟降低选取的组合数。因此，初选模型适用于那些对供应链有所依赖的行业，如机械行业、电子行业等。

8.5　本章小结

　　本章从介绍聚类分析和 Kraljic 经典分类入手，分析了两者结合可以进行潜在候选伙伴的初选。同时，前人的研究表明，进行伙伴初选有着很重要的意义，可以达到提高效率、降低决策成本等目的。整个合作伙伴初选过程，首先通过核心企业的相应专家对潜在伙伴进行打分，在有了候选伙伴的评价值的基础上。其次通过应用 SPSS 软件对候选伙伴进行分类，从谱系图中可以很直白地得到 4 组分类结果。最后通过一个典型算例，展现了突破性技术创新供应链伙伴初选的聚类分析过程。

第9章 突破性技术创新供应链伙伴精选模型

9.1 伙伴精选的意义及方法

9.1.1 伙伴精选的意义

经过初选以后剩下的候选伙伴，虽然说那类战略合作伙伴大体上都符合核心企业选择的要求，但是突破性技术创新活动是一个风险极大的过程，而且结果有着很大的不确定性，所以有必要根据企业自身的要求，选择最合适的一个或者几个合作伙伴。

因此，为了更好地符合企业的实际情况，同时由突破性技术创新的外溢性可以得知，挑选到最合适的合作伙伴，需要更加严密地对每个候选伙伴从各方面对比分析。因为只有选择到最合适的伙伴，才能更好地降低合作风险，提高突破性技术合作创新活动的成功率，并达到获得市场效益的结果。

简单地说，合作伙伴精选阶段要做的就是，如何用有效的办法决策及确定有供应商、核心企业、分销商组成的突破性技术创新团队。因此，不仅要选对合适的方法，还需要对合作伙伴进行全方位的评价。

9.1.2 层次分析法在精选中的应用

初选以后剩下的候选伙伴，是我们精选将要评价的对象。

层次分析法在第 7 章指标体系的构建中已经有所介绍，AHP 是一种多准则决策的理想处理方法。尤其当决策者需要解决那些难以用定量描述的决策问题时，会带来极大的方便。

AHP 的最终结果是相对于总的目标来说的，各决策方案的优先顺序权重，据此做出决策。在本书中，我们将直接引用第 7 章建立的突破性技术创新供应链伙伴选择评价指标体系中的权重值。

当每个决策对象的自身各方面的能力、资源和其他方面的表现值得以体现时，再结合 AHP 赋权重，就可以通过简单的数学运算，把每个决策对象的得分算出来，从而得以排序，并得到我们想要的结果。

与此同时，通过本书建立的突破性技术创新供应链伙伴选择的指标体系可以看出，大部分的指标都是定性的。因此，需要对这方面有相当研究的专家，如高校教师、调研机构和企业高层管理人员根据自己的专业知识，对不同的指标赋予不同的权重，是非常具有必要性的。只有这样，才能区分指标之间的差异性。

AHP 法相对于一般的方法应用与伙伴选择时，固然存在一些较主观的因素，导致结果可能与一些方法得出的有差异，但现在伙伴选择的评价方法中，本就是百花齐放，本书认为通过 AHP 赋权重，可以支持决策者做出正确选择。

9.2 突破性技术创新供应链伙伴精选模型构建

9.2.1 精选模型结构和过程

在本书的突破性技术创新供应链伙伴精选模型中，其实核心就是通过获得潜在候选战略合作伙伴的实际评价值，并综合 AHP 赋予的权重，计算得出每个不同战略合作伙伴的评价值，从而得到决策者想要的结果。因此，这个结构可以用下面的式（1）来表达。

$$Y_i = P_{lj}^* x_{ij} \tag{1}$$

其中，Y_i 表示第 i 个潜在战略合作伙伴的综合得分；P_{lj} 表示第 l（$l =$ 1，2，3，4，5，6）个二级指标下的第 j（$j =$ 1，2，3，4）个指标的权重，$P_{lj} =$ 二级指标因子贡献率比重 $\lambda *_l$ 三级指标 z_j 的权重 π_j；x_{ij} 表示第 i 个潜在战略合作伙伴在第 j 个指标下的自身表现值。

通过这个公式，就可以计算出每一个 Y_i 的值，从而对他们有一个排序，决策者可以根据自身需求，决定要与一个或者几个伙伴建立突破性合作创新联盟。

针对这个精选评价结构，我们可以知道，在伙伴精选过程中，必须经历以下三个过程。

首先，需要构建合适的突破性技术创新供应链伙伴选择指标体系，以便可以全方位、合理地评价潜在候选伙伴。在这个过程中，需要多次与相关专家探讨，综合各方面的影响因素，并采用相应的方法，如因子分析法得到评价指标体系。

其次，有了评价指标体系，就需要选择合适的方法，以便利用这个评价指标体系。在本书中，我们采用的是 AHP 赋权重的方法，得到不同指标的相对重要性，进而得到有差异性的指标权重，更加符合现实生活。

最后，就是根据候选伙伴的评价值，应用模型中的计量方法，评价出不同候选伙伴的得分，进而得到最终的决策结果。

9.2.2　精选模型应用步骤

针对前面所建立的精选模型和使用过程，我们可以知道在现实中该按以下三个步骤去使用它。

第一步，根据企业自身的条件，看是否在选择伙伴时，会遇到资源的约束，进而决定是按照哪一个评价指标体系去评价候选合作伙伴。在本书的精选模型中，我们假定在伙伴选择时，没有受到资源的约束。因此，应该选取的是基于突破性技术创新的供应链伙伴选择评价指标体系。

第二步，收集潜在候选伙伴在各个指标下的评价值。

第三步，综合评价指标体系和潜在候选伙伴的评价值，应用式（1）就可以计算出不同候选伙伴的综合得分，从而得到一个合理的候选伙伴排序。

9.3　突破性技术创新供应链伙伴精选模型应用

9.3.1　经典实例的选择

下面以一个经典实例来说明精选模型的仿真应用分析，以说明本书提出的精选方法在现实的商业决策中有着实际的应用价值。

现有一个高新技术企业，正准备进行一项突破性技术创新的研发活动，为了契合市场，因为希望有分销商参与其中，同时，为了降低供应风险，节约研发成本，现准备从自己公司平时的供应链企业中寻求合适的合作伙伴，组成研发联盟，共同从事突破性技术创新活动。

现假定该高新技术企业在前期对潜在候选伙伴已有了一定的了解，并且通过伙伴初选，已经初步拟定了一批有意向的最终合作伙伴。在接下来的算例中，假定只剩下 5 个供应商和 5 个分销商以供精选，同时该企业的目标是各选定一个供应商和一个分销商组成研发联盟。也就是如图 9 - 1 所示的一个简单的供应链，但内部存在非常密切的联系。

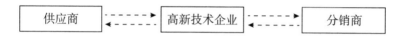

图 9 - 1　突破性技术创新研发联盟

以上就是这个企业正在筹划的突破性技术创新的背景介绍。因此，在接下来的精选过程中，本书需要做的就是以一种合理的方法，为该企业提供一个合理的决策方案。

9.3.2　伙伴精选过程

（1）指标的归一化处理

按照精选模型的应用步骤，该高新技术企业在选择候选伙伴时，假定没有受到资源的约束，因此，他们可以在可了解的范围之内，尽可能收集到候选伙伴的数据。因此，接下来的研究，将采用的是第 3 章研究得出的基于突破性技术创新的供应链伙伴选择评价指标体系。

在这个伙伴选择评价指标体系中，有部分是定量指标，大部分都是定性指标，因此，指标之间会存在一些因为量纲不同而没办法统一处理的问题，笔者将通过归一化处理，使得不同数据之间，具有可比性。

因此，得对评价指标体系中的定量指标和定性指标分类处理。经过归一化处理过的数据之间，就可以消除指标本身性质、形式等方面的影响。从而可以对所有数据进行综合加权，也就是数据之间有了可比性。这些数据的处理过程都将借助 SPSS 软件处理。

因为 SPSS 默认的标准化方法就是 Z – Score 标准化，此方法是基于原始数据的均值（Mean）和标准差（Standard Deviation）进行数据的标准化。将原始数据变成新数据，就是按照式（2）所示。

$$新数据 = (原数据 - 均值)/标准差 \qquad (2)$$

接下来将分别对供应商 S 和分销商 D 在不同定量和定性指标下的数据做标准化处理。

第一，供应商、分销商财务数据标准化处理过程（见表 9 – 1、表 9 – 2）。

表 9 – 1　供应商财务数据原始数据（左）和标准化数据（右）

供应商	净利润增长率	流动比率	存货周转率	资产负债率	净利润增长率	流动比率	存货周转率	资产负债率
S_1	0.412	0.512	0.017	0.465	– 0.18758	1.46364	– 1.00155	– 1.17717
S_2	0.457	0.342	0.021	0.532	0.31486	– 0.23131	– 0.09105	0.03997
S_3	0.564	0.231	0.018	0.612	1.50954	– 1.33801	– 0.77393	1.49326
S_4	0.324	0.364	0.028	0.542	– 1.17011	– 0.01196	1.50233	0.22163
S_5	0.387	0.377	0.023	0.498	– 0.46671	0.11765	0.3642	– 0.57769

表9-2　　分销商财务数据原始数据（左）和标准化数据（右）

分销商	净利润增长率	流动比率	存货周转率	资产负债率	净利润增长率	流动比率	存货周转率	资产负债率
D_1	0.357	0.441	0.024	0.567	-0.54511	1.39561	-0.25868	0.36712
D_2	0.583	0.235	0.019	0.487	1.4419	-0.67867	-0.68981	-0.74536
D_3	0.425	0.187	0.014	0.624	0.05275	-1.162	-1.12094	1.15975
D_4	0.278	0.298	0.041	0.447	-1.23968	-0.0443	1.20717	-1.3016
D_5	0.452	0.351	0.037	0.578	0.29014	0.48937	0.86226	0.52008

以上部分是定量指标，从候选伙伴那可以直接获取。接下来还有5类指标，基本上都是定性指标，对于这部分定性指标，我们将采取高新技术企业突破性创新团队10名专家按照5分量表打分，然后去掉最高分和最低分再取平均值的做法。其中，1—5分代表程度的加深。这在第4章初选时已对部分指标不同分值的含义做过结束，其他指标可以依次类推，此处不再重复。只有个别定量指标，比如市场份额，在本书中，我们可以认为在只有5个供应商和分销商时，10名专家可以分别给予1—5分区别他们，这样相对的结果一样有效。所以，接下来就是对这5部分定性指标的描述。并结合财务指标，就可以做综合打分了。

针对专家评分，对每一类指标分别进行标准化处理，如表9-3、表9-4、表9-5、表9-6、表9-7、表9-8、表9-9、表9-10、表9-11、表9-12所示。

表 9 - 3　　供应商人力资源管理数据原始数据（左）和标准化数据（右）

供应商	人力资源管理技能	组织创新文化	RI 项目管理水平	企业家精神和导向	人力资源管理技能	组织创新文化	RI 项目管理水平	企业家精神和导向
S_1	3	3	5	4	-1.43427	-1.41421	1.22788	0.15339
S_2	4	5	3	5	-0.23905	1.41421	-0.52623	0.92036
S_3	5	4	4	3	0.95618	0	0.35082	-0.61357
S_4	5	4	2	2	0.95618	0	-1.40329	-1.38054
S_5	4	4	4	5	-0.23905	0	0.35082	0.92036

表 9 - 4　　分销商人力资源管理数据原始数据（左）和标准化数据（右）

分销商	人力资源管理技能	组织创新文化	RI 项目管理水平	企业家精神和导向	人力资源管理技能	组织创新文化	RI 项目管理水平	企业家精神和导向
D_1	4	3	4	5	-0.23905	-0.95618	-0.23905	0.95618
D_2	5	4	4	4	0.95618	0.23905	-0.23905	-0.23905
D_3	4	5	5	4	-0.23905	1.43427	0.95618	-0.23905
D_4	3	4	5	3	-1.43427	0.23905	0.95618	-1.43427
D_5	5	3	3	5	0.95618	-0.95618	-1.43427	0.95618

表 9 - 5　供应商市场营销能力数据原始数据(左) 和标准化数据(右)

供应商	营销专业知识和技能	目标市场识别能力	市场份额	开拓新市场能力	营销专业知识和技能	目标市场识别能力	市场份额	开拓新市场能力
S_1	5	4	1	3	1	0.23905	− 1.26491	− 1.43427
S_2	4	3	2	5	0	− 0.95618	− 0.63246	0.95618
S_3	3	3	5	4	− 1	− 0.95618	1.26491	− 0.23905
S_4	3	4	4	4	− 1	0.23905	0.63246	− 0.23905
S_5	5	5	3	5	1	1.43427	0	0.95618

表 9 - 6　分销商市场营销能力数据原始数据 (左) 和标准化数据 (右)

分销商	营销专业知识和技能	目标市场识别能力	市场份额	开拓新市场能力	营销专业知识和技能	目标市场识别能力	市场份额	开拓新市场能力
D_1	5	3	2	4	0.95618	− 1.43427	− 0.63246	0.23905
D_2	4	4	3	3	− 0.23905	− 0.23905	0	− 0.95618
D_3	3	4	5	5	− 1.43427	− 0.23905	1.26491	1.43427
D_4	5	5	1	4	0.95618	0.95618	− 1.26491	0.23905
D_5	4	5	4	3	− 0.23905	0.95618	0.63246	− 0.95618

表 9 – 7 供应商知识和技术管理数据原始数据（左）和标准化数据（右）

供应商	技术创新能力	信息系统与信息交流	合作伙伴知识共享意愿	长期技术计划	技术创新能力	信息系统与信息交流	合作伙伴知识共享意愿	长期技术计划
S_1	3	3	4	4	– 1.43427	– 1	0	0.23905
S_2	5	5	3	3	0.95618	1	– 1.41421	– 0.95618
S_3	4	3	4	3	– 0.23905	– 1	0	– 0.95618
S_4	5	5	5	4	0.95618	1	1.41421	0.23905
S_5	4	4	4	5	– 0.23905	0	0	1.43427

表 9 – 8 分销商知识和技术管理数据原始数据（左）和标准化数据（右）

分销商	技术创新能力	信息系统与信息交流	合作伙伴知识共享意愿	长期技术计划	技术创新能力	信息系统与信息交流	合作伙伴知识共享意愿	长期技术计划
D_1	4	5	4	4	– 0.23905	1	– 0.23905	– 0.23905
D_2	3	4	5	4	– 1.43427	0	0.95618	– 0.23905
D_3	4	5	5	5	– 0.23905	1	0.95618	0.95618
D_4	5	3	4	3	0.95618	– 1	– 0.23905	– 1.43427
D_5	5	3	3	5	0.95618	– 1	– 1.43427	0.95618

表 9 - 9　供应商产品研发和物流管理数据原始数据(左)和标准化数据(右)

供应商	质量及其稳定性	价格/成本比	地理位置	持续不断创新研发的能力	质量及其稳定性	价格/成本比	地理位置	持续不断创新研发的能力
S_1	4	4	5	5	0.35082	0	0.7303	1.41421
S_2	4	5	3	4	0.35082	1	- 1.09545	0
S_3	5	3	3	3	1.22788	- 1	- 1.09545	- 1.41421
S_4	3	5	5	4	- 0.52623	1	0.7303	0
S_5	2	3	5	4	- 1.40329	- 1	0.7303	0

表 9 - 10　分销商产品研发和物流管理数据原始数据(左)和标准化数据(右)

分销商	质量及其稳定性	价格/成本比	地理位置	持续不断创新研发的能力	质量及其稳定性	价格/成本比	地理位置	持续不断创新研发的能力
D_1	3	4	3	4	- 1.43427	0.23905	- 0.61357	- 0.23905
D_2	5	4	5	3	0.95618	0.23905	0.92036	- 1.43427
D_3	4	3	2	5	- 0.23905	- 0.95618	- 1.38054	0.95618
D_4	4	3	4	4	- 0.23905	- 0.95618	0.15339	- 0.23905
D_5	5	5	5	5	0.95618	1.43427	0.92036	0.95618

表 9 – 11　供应商伙伴关系管理数据原始数据（左）和标准化数据（右）

供应商	信任水平	计划的拥护程度	利益共享和风险共担意愿	组织文化兼容性	信任水平	计划的拥护程度	利益共享和风险共担意愿	组织文化兼容性
S_1	3	3	3	4	– 1	– 1.43427	– 0.95618	0
S_2	3	5	3	4	– 1	0.95618	– 0.95618	0
S_3	5	4	4	3	1	– 0.23905	0.23905	– 1.41421
S_4	5	4	5	5	1	– 0.23905	1.43427	1.41421
S_5	4	5	4	4	0	0.95618	0.23905	0

表 9 – 12　分销商伙伴关系管理数据原始数据（左）和标准化数据（右）

分销商	信任水平	计划的拥护程度	利益共享和风险共担意愿	组织文化兼容性	信任水平	计划的拥护程度	利益共享和风险共担意愿	组织文化兼容性
D_1	5	4	3	4	1	– 0.23905	– 0.95618	0
D_2	5	5	5	3	1	0.95618	1.43427	– 1.41421
D_3	3	3	3	4	– 1	– 1.43427	– 0.95618	0
D_4	4	4	4	4	0	– 0.23905	0.23905	0
D_5	3	5	4	5	– 1	0.95618	0.23905	1.41421

至此，对于所有潜在供应商 S 和分销商 D 的指标数值，都已经标准化了，数据之间不再有隔阂，因此可以继续下一步伙伴精选过程。

第二，将所有标准化后的数据归集到表 9 – 13、表 9 – 14 中，并应用精选模型式（1），通过计算可以获得每个供应商和分销商的综合分值。

表 9 – 13　　　　　　　候选供应商 S 各指标得分

二级指标 λ_l	三级指标 π_{li}	P_{li}	S_1	S_2	S_3	S_4	S_5
财务资产 (0.1144)	净利润增长率	0.1590	0.0182	− 0.54511	1.4419	0.05275	− 1.23968	0.29014
	流动比率	0.3172	0.0363	1.39561	− 0.67867	− 1.162	− 0.0443	0.48937
	存货周转率	0.1272	0.0145	− 0.25868	− 0.68981	− 1.12094	1.20717	0.86226
	资产负债率	0.3966	0.0454	0.36712	− 0.74536	1.15975	− 1.3016	0.52008
人力资源管理 (0.1039)	人力资源管理技能	0.1414	0.0147	− 1.43427	− 0.23905	0.95618	0.95618	− 0.23905
	组织创新文化	0.1277	0.0133	− 1.41421	1.41421	0	0	0
	RI 项目管理水平	0.4348	0.0452	1.22788	− 0.52623	0.35082	− 1.40329	0.35082
	企业家精神和导向	0.2961	0.0307	0.15339	0.92036	− 0.61357	− 1.38054	0.92036
市场营销能力 (0.0879)	营销专业知识和技能	0.4098	0.036	1	0	− 1	− 1	1
	目标市场识别能力	0.1949	0.0171	0.23905	− 0.95618	− 0.95618	0.23905	1.43427
	市场份额	0.1783	0.0157	− 1.26491	− 0.63246	1.26491	0.63246	0
	开拓新市场能力	0.2170	0.0191	− 1.43427	0.95618	− 0.23905	− 0.23905	0.95618

二级指标 λ_l	三级指标 π_{li}	P_{li}	S_1	S_2	S_3	S_4	S_5
知识和技术管理 (0.1510)	技术创新能力	0.1707	0.0257	-1.43427	0.95618	-0.23905	0.95618	-0.23905
	信息系统与信息交流	0.3293	0.0497	-1	1	-1	1	0
	合作伙伴知识共享意愿	0.3348	0.0507	0	-1.41421	0	1.41421	0
	长期技术计划	0.1652	0.0249	0.23905	-0.95618	-0.95618	0.23905	1.43427
产品研发和物流管理 (0.1272)	质量及其稳定性	0.1989	0.0253	0.35082	0.35082	1.22788	-0.52623	-1.40329
	价格/成本比	0.3954	0.0503	0	1	-1	1	-1
	地理位置	0.1952	0.0248	0.7303	1.09545	-1.09545	0.7303	0.7303
	持续不断创新研发的能力	0.2105	0.0268	1.41421	0	-1.41421	0	0
伙伴关系管理 (0.4156)	信任水平	0.3416	0.142	-1	-1	1	1	0
	计划的拥护程度	0.1700	0.0706	-1.43427	0.95618	-0.23905	-0.23905	0.95618
	利益共享和风险共担意愿	0.1658	0.0689	-0.95618	-0.95618	0.23905	1.43427	0.23905
	组织文化兼容性	0.3226	0.1341	0	-1.41421	1.41421	0	0

同理，可以把分销商的所有得分归集起来，因为是同样的操作，文中不再重复。通过归集起来的各指标得分表，我们可以通过应用式（1）算出每个供应商和每个分销商的综合得分，如表 9 - 14 所示。

表 9 – 14　　　　　　　　供应商 S 和分销商 D 综合得分

S₁	S₂	S₃	S₄	S₅
– 0. 258054017	– 0. 34973455	0. 13648142	0. 246905853	0. 224401011
D₁	D₂	D₃	D₄	D₅
0. 027441927	0. 110912288	– 0. 177601918	– 0. 103233598	0. 142479503

从表 9 – 14 可以看出，供应商综合得分排名如下：$S_4 > S_5 > S_3 > S_1 > S_2$。分销商综合得分排名如下：$D_5 > D_2 > D_1 > D_4 > D_3$。因此，在本书中，最合适的供应商为 S_4，最合适的分销商为 D_5。也就是说，该高新技术企业将建立如图 9 – 2 所示的供应链突破性技术创新研发联盟。

图 9 – 2　供应链突破性技术创新研发联盟

至此，整个供应链突破性技术创新研发联盟最佳合作伙伴的选择就此完结。

9.3.3　伙伴精选结果讨论

从经典算例的结果来看，突破性技术创新供应链伙伴精选过程，最重要的两个环节就是 AHP 的合理赋权重和潜在伙伴的评价值。从运用的指标体系可以看出，本书选取的最终合作伙伴，是倾向于总体得分较高的潜在候选伙伴。在这种情形下，保证了突破性技术创新的资源和能力，也选择到有较高合作倾向的对象。

应该指出的是，尽管本例中所得到的结果在当今的商业环境中很具有代表性，但它仍然只是一个验证性的算例。使用它们仅仅是为了验证本书提出模型的有效性，以便为真实商业环境下的决策提供支持。当在商业决策实践中应用该模型时，得到的评价结果会随着决策环境的不同而有所不同。但是文章建立的模型，在现实运用中具有普遍性。因此可以相信，决策者可以通过本书建立的模型，结合现实环境下的决策对象，选择到最合适的伙伴。

9.3.4 精选模型的适用性

本书提出的精选模型是面向突破性技术创新的供应链合作伙伴的选择，因而此精选模型具有以下两个特征：选取合作伙伴的目的是组建突破性技术创新联盟，共同从事突破性技术创新；候选伙伴都是来自供应链核心企业自身所在的供应链上的企业。

因此，此精选模型适用于那些立志于从事突破性技术创新研发的企业，并且需要从自身所在供应链的企业中选取合作伙伴（如供应商、分销商）的企业。从行业来看，精选模型适用于那些对供应链有所依赖的行业，如机械行业、电子行业等。因而，文中提出的伙伴选择模型的适用范围具有一定的局限性。

9.4 本章小结

本章从介绍层次分析在精选中的有效使用入手，同时，前人的研究表明，进行伙伴精选有着很重要的意义，是选择到最佳伙伴的关键步骤。整个合作伙伴精选过程，首先是通过核心企业的相应专家对潜在伙伴进行打分，有了候选伙伴的评价值的基础；其次应用第 7 章评价指标体系及其权重，通过 SPSS 软件对评价值进行标准化处理，并运算出综合得分；最后通过一个典型算例，展现突破性技术创新供应链伙伴精选过程和实际意义。

第10章 供应商参与对制造商突破性创新的理论分析

10.1 供应商参与创新概述

10.1.1 供应商参与创新的相关理论分析

交易成本理论在供应商参与创新的文献中，提到最多的就是交易成本理论（TCA），因此有必要介绍一下交易成本理论及其余供应商参与创新的相关内容。

交易成本理论，第一次被 Williamson(1975) 提及，验证了两个有部分共同目标并试图最大化它们的成果的企业间合作交流过程。从 TCA 角度来看，合作的过程中相应的机制可能控制合作双方的机会主义。比如，某些种类的交易产生成本。专门交易投资（或者专用性投资）用于特定的关系不能轻易用于其他的关系。因此，专用性投资导致一个维护问题，这意味着必须设计一个控制机制来最大限度地减少双方的投机行为的可能性。

交易成本理论在分析合作关系方面被证明是有用的，因为它假设合作关系是长期的联盟或承诺而不是传统的买卖关系。在越来越多的企业寻求长期合作伙伴的时候这个假设被认为是合理的（Heide、John，1990）。基于交易成本理论，Stump 和 Heide（1996）验证了制造商的控制机制的利用，包括供应商选择以及这些机制如何用于管理供应商—制造商合作关系。例如，评价供应商的能力来减少制造商陷入对缺乏关键技能的供应商许下承诺的情况，从而降低重新选择供应商的成本。对供应商适当的激励措施是需要的，但是，过度的控制可能对合作关系产生消极影响，甚至引起机会主义行为。

从 TCA 的角度，交易的不确定性、重复交易频率和专用性资产投入这三个维度对供应商和制造商之间影响交易成本的三个因素进行分析，发现供应商的合作伙伴关系能有效降低交易成本。而且，特殊属性的技术决定了以重复交易为前提，以信任为基础，充分沟通、相互信任、风险共担利益共享的供应商参与创新是一种交易成本较低的创新方式。

10.1.2　供应商参与创新的起源和发展

供应商参与创新，有的文献中称为"供应商参与新产品开发"（Supplier Involvement in New Product Development，SINPD）或者"供应商早期参与"（Early Supplier Involvement，ESI），指供应商从产品设计阶段就开始参与一直到产品商业化，主要包括产品的研发、工艺提升和创新以及服务创新。它是供应商向制造商提供创新所需的技术、知识和资源并参与决策共同提升产品开发绩效的一个过程，在参与过程中供应商被赋予适当的责任。

供应商参与创新，起源于 20 世纪 40 年代的日本汽车制造业。当时 Nipppondenson 作为电子元件供应商参与丰田汽车公司汽车零部件的设计，随后 20 年，丰田公司通过大量供应商早期参与的做法创造了"日本奇迹"，取得巨大成功。学者们认为，日本公司竞争优势的主要源泉来自供应商的早期参与，引起西方学者的普遍关注和研究。

供应商参与创新研究的发展分为以下三个阶段。

第一阶段：20 世纪 80 年代末

最先开始研究供应商参与创新的是 Imai(1985)、Takeuchi 和 Non-aka(1986)，他们主要研究供应商早期参与对产品创新过程的作用。Clark 和 Clark、Fujimoto（1989）通过实证证明了供应商参与制造商创新这种模式的重要性。前期研究用可信的方法论证了日本和西方在新产品质量、成本和商品化时间方面表现的差距。

第二阶段：20 世纪 90 年代

20 世纪 90 年代初，一系列研究（Cusomano、Takeishi，1991；Lamming，1993；Nishiguchi，1994；Kamath & Liker，1994）更加深入地分析了日本和西方制造业间的差距，在这些重要的研究中，供应商参与被认为是最能解释日本创新绩效的关键因素。一些学者（Bidaultd 等，1998）着重研究了供应商参与的时间，提出了供应商早期参与的概念；供应商早期参与的影响被认为是提高制造商设计的关键因素（Wasti & Liker，1997；Swink，1999）。另一些研究提出供应商选择和评价是成功的关键因素（Wasti & Liker，1997；Hartley 等，1997），他们发现拥有很强的技术能力的供应商参与创新能够减少设计延时的风险。Ragatz(1997) 等确定了学习、信任、风险和利润共担、对绩效测量方式的认同、高管承诺和供应商能力在供应商参与创新的重要性。Wasti & Liker（1997）发现，技术不确定性和供应商技术能力共同影响供应商参与。

第三阶段：21 世纪以来

21 世纪初期，Petersen（2005）研究强调供应商选择过程应该强调供应商能力和文化的互补性。Koufteros（2007）不仅指出基于新产品开发能力的供应商选择和评价的重要性，而且指出合理化和供应商嵌入的总要性。Song & Benedetto（2008）基于交易成本和专用性投资理论，发现供应商参与突破性新产品开发的积极作用，强调供应商专用性投资的重要性。

供应商参与创新研究有两个主要的发展方向：其一，需要更好地理解供应商关系的参数和供应商参与的创新项目的管理；其二，是供应商参与突破性创新产品的相关问题的研究。

10.2　供应商参与创新的主要形式

新产品开发需要供应商参与的程度一般取决于项目的性质，在不同创新项目中，供应商扮演不同的角色。所以，不少学者对供应商参与创新产品的模式进行了研究，不同的学者从不同的角度对供应商参与进行了不同的分类。

根据供应商间的竞争程度和供应商参与阶段的不同将参与模式分为日本模式、传统模式和进阶模式。供应商在产品设计后才加入的是传统模式，这种模式下供应商竞争激烈；日本模式下，供应商从产品设计或概念阶段便开始参与，供应商和制造商是长期的战略合作伙伴关系，不存在竞争对手。进阶模式是制造商先让少量供应商参与产品设计，最后根据表现进行筛选。

根据供应商参与程度不同，可以将新产品部件分为三类：被控制部件、黑箱部件和供应商专有部件。被控制部件完全由制造商开发，供应商并未真正参与。黑箱部件由制造商制定功能要求，供应商来具体进行开发。供应商专有部件完全由供应商开发。

叶飞（2006）依据供应商参与阶段和供应商承担的责任将供应商分为 OEM（Original Equipment Manufacture）模式、ODM（Original Design Manufacture）模式、OBM（Original Brand Manufacture）模式三种。三种供应商参与新产品开发模式的比较如表 10 - 1 所示。

表 10 - 1 三种供应商参与新产品开发模式的比较

参与模式	参与阶段	供应商承担的责任	竞争供应商	信息沟通程度	利益分配
OEM模式	晚期，设计完成阶段	很低，只需按制造商规格和要求	很多，主要打价格战，竞争激烈	仅仅有变化时才进行沟通	对立，零和博弈，利益不共享
ODM模式	中期，设计阶段	一般	少数几个，但参与过程中表现不好可能遭淘汰，竞争较激烈	较高	合作,利益共享
OBM模式	早期、概念阶段	很高	几乎没有或有少数几个，通常和制造商有长期合作伙伴关系，不存在竞争对手	很高	合作,利益共享,长期利益来源

Kamath 和 Liker(1994) 根据供应商和制造商的合作关系类型进行分类，将供应商参与分为严格按制造商要求生产部件的契约型伙伴、基本上由制造商设计好的且供应商技术投入很少的追随型伙伴、制造商占主导地位供应商有一定发挥余地的成熟型伙伴和供应商制造商地位平等的合作伙伴四种类型。

根据供应商的贡献大小将供应商分为突破性创新模式、结构模式、渐进性创新模式。突破性创新模式指实现突破性创新产品；结构模式指对现有产品包括性能上的大步提升或者重新设计现存产品的某个相关部件接口；渐进性创新模式指微小地提升现存产品性能或者降低成本。

10.3　供应商参与创新的重要性及动因

供应商和制造商间的合作关系是创新成功的关键已经得到很多研究的认可，越来越多的制造商在技术创新时会选择和供应商合作。著名学者 Ragas 等在对 210 家企业研究后发现，大多数企业都热切希望供应商参与到产品创新中去，并希望增加参与的深度和广度。在英国，一个涉及 8000 个公司的创新调查表明，供应商是联合创新的主要资源，比用户作用更大。

Akira 认为供应商和制造商间的关系在知识开发、资源利用、合作创新中发挥着关键作用。从交易成本理论来看，供应商参与创新能够与制造商共享信息和技术，工程师之间的沟通和互动能够拓展其自身的技术能力，促进创新绩效。著名管理学家彼得·德鲁克认为，企业的创新能力取决于从外部组织获取新知识的能力。Roy 通过构建供应商和制造商交互作用对制造商创新（突破性创新和渐进性创新）的关系模型，发现供应商参与创新是制造商创新的有效途径。Johnsen 认为，适合的供应商会具备某种制造企业需要的能力，对制造商的产品创新有着关键的作用；双方在合作过程中，各层次员工不断地学习交流，能够减少产品创新晚期阶段出现重新设计的风险，而且能在知识技能上相互补充，不断提高产品创新质量。

Tether 指出，突破性创新比渐进性创新更需要公司间的合作。因为突破性创新在整个开发过程中都伴随着很大的不确定性，需要投入大笔资金，这就使其比一般的创新更需要供应商的参与。Song 和 Di Benedetto 运用交易成本理论强调了供应商参与复杂产品系统的突破性创新会对双方都有好处。我国有关学者研究表明，企业要想创新成功，则需要与上游或者下游企业形成纵向或横向的关系；尤其是在技术变化快、产业演变迅速的情况下，技术的不确定性增加更需要通过灵活的创新方式（合作创新）来应对外部环境的快速变化。

李随成、王巧通过综合分析众多国内外学者研究，认为供应商参与创新形成的原因主要有两点：原因一：从 1980 年以来，技术日新月异、创新速度和频率快速增长以及全球化竞争的大环境使得制造商必须不断进行创新活动才能经受复杂环境的考验。然而，现在的创新往往很复杂，需要大量的知识和资源的支持，企业往往依靠自身无法具备创新所需的所有资源和条件，企业创新过程变得越来越困难。所以通过和供应商合作互动来获得创新所需的知识、技术及各种资源变得非常重要。原因二：供应商希望通过合作达到降低开发成本的目的。创新成本是公司成本竞争力的关键因素，Rommel 等（1995）研究发现，机械工业行业的产品成本 50%—70% 决定于开发阶段。有关机构对美国《财富》杂志前 1000 家公司的大量研究发现，在创新产品推广过程中，供应商参与的越早，整个项目花费的资金就越少。

综述所述，我们发现供应商参与创新能够为制造商提供所需的各种技术、知识、资金等方面的资源，通过合作工程中的交流学习能够有效地促进创新的发生；供应商的参与创新还能够减低企业重复开发的成本和风险等。因此，在外界环境变化迅速的当今社会，制造商想要获得竞争力，就需要创新，而供应商参与到创新的各个环节中是非常重要且必要的，特别对于不确定性大的突破性技术创新而言。

10.4　供应商参与创新成功的关键因素

国内外针对供应商参与创新成功的关键因素的研究较多，但是专门针对突破性创新的研究很少见。由于突破性创新属于创新的一种，所以我们分析供应商参与创新的关键因素，然后再根据突破性创新的特征及现有文献分析突破性创新的关键因素。

Fredrik von Corswant 和 Claes Tunalv 通过对瑞士汽车制造商和它的供应商的创新合作进行实证后发现有利于供应商参与产品创新成功的九个关键因素，主要是：供应商技术能力、供应商与自己的供应商合作及与其他制造商合作、开放性的匹配期望、供应商参与的时机、长期的参与战略、生产与开发间的耦合、项目管理、先导性的供应商、协调汽车制造商。

Clark 等指出，长期的合作关系非常重要，只有长期的合作双方才能充分地进行交流和知识传递。Ragtatz 等在调查的基础上发现高层管理的承诺对管理起着关键的作用。Bruce 等（1995）强调了参与双方高层的承诺、外部环境的不确定性和文化兼容性的重要性。Dyer 和 Chu 认为，双方高度的信任与实际低成本相关，只有相互信任才能共享资源进而带来价值。Mohr 和 Spekman（1994）通过调查问卷研究，认为沟通、协调、承诺、信任以及冲突解决技巧是关键的因素。

Song 和 Benedetto（2007）在回顾 20 世纪 80 年代末至今关于供应商参与创新文件的基础上，基于广泛的实证研究确定了供应商参与创新成功的关键因素。主要包括三个方面：①供应商的选择。包括供应商早期参与，明确区分供应商角色和供应商参与水平，供应商技术胜任力和创新能力。②合作关系。包括培训分享、高度信任、风险共担和利润共享、高管间的承诺等。③制造商内部能力。内部机构间的合作等。

国内的研究基本上是基于国外研究的基础上，将成功因素分为合作关系、供应商能力和供应商参与技巧三个方面。合作关系虽然包含的内容不尽相同，但基本上包括合作经验、高管间的承诺、相互信任这几项；供应商能力都强调了供应商的技术能力；供应商参与技巧包括供应商参与时机、供应商对设计承担的责任和沟通频率。

突破性创新相对于渐进性创新，拥有更高的不确定性，因此除了供应商的技术能力、双方的合作关系等关键影响因素外，专用性投资也是非常重要的因素。Song 通过实证证明了专用性投资对供应商参与创新程度的影响。在供应商—制造商关系中，一方投入资产的专用性越强，双方的依赖程度就越深，进而关系的稳定性就会增强。从交易成本理论角度来看，专用性投资是制造商—供应商关系发展的决定性因素，它能够提升供应商参与程度，因为供应商为了防止制造商的投机行为，就必须维护专用性投资，而参与相关活动则是一种有效方式。

10.5　供应商参与对制造商创新绩效的影响研究

Kenneth 根据供应商承担的责任不同将其参与程度分为"白箱"设计、"灰箱"设计以及"黑箱"设计，如图 10 – 1 所示。

"白箱"设计
针对产品规格、工艺等与企业磋商，提供建议，由企业设计和开发

"灰箱"设计
与企业信息和技术共享，共同设计开发产品

"黑箱"设计
完全由供应商负责产品子系统或部件的设计

图 10 – 1　供应商参与程度描述

供应商参与程度越深，会增强其责任感，从而更有合作动力，相对地，供应商承担的责任越大，会促使其加深参与程度，与制造商的沟通也会越多。研究发现，"灰箱"情况下对新产品的长期绩效会起到提升作用，但在黑箱情况下，仅能降低产品成本缩短产品周期等短期绩效。

从 TCA 角度看，供应商参与创新能够在参与过程中双方工程师共享技术、信息、相互沟通能够扩展彼此的技术能力，进而提升创新绩效。Carr 和 Pearson 表明，供应商参与创新对制造商企业的创新绩效具有强大推动作用。Truffer 认为，供应商参与创新的不同阶段，双方各层次员工在合作过程中相互学习、交流，他们中可能有人正需要合适的机会来提出他们的突破性创意，一旦供应商参与创新成功，就可将这种创新商业化。

Seungwha 通过对以往文献的总结，认为供应商参与创新对制造商的创新绩效影响有以下 4 点。

（1）可以减少产品开发的风险，如可以减少产品开发到最后阶段发现失误需重新设计的成本（Bidault 等，1998）。

（2）增加创新产品的灵活性（Clark & Fujimoto，1991；Nishiguchi，1994；Imai 等，1985）。

（3）减少开发时间，提高创新产品市场化速度，增强产品的活力能力和获利能力（Clark，1989；Clark & Fujimoto，1991；Nishiguchi，1994）。

（4）通过技术和信息共享，筛选出好的方案来提高产品质量（Fujimoto 等，1996），避免不必要的错误和复制的浪费来减少开发成本（Dyer，1997；Lamming，1993），通过与拥有先进技术的供应商共享市场和技术信息，进而提高市场适应力，降低市场风险（Song & Parry，1997）。

Thomas E. Johnsen（2009）发现，早期大量的供应商参与新产品开发项目对提高新产品开发效率和绩效都有提高潜能，然而，现在的研究比较零散而且实证结果互相矛盾。除了上述认为供应商参与对产品绩效有促进作用的研究外，一些学者的研究表明供应商参与创新对创新效率不一定有促进作用。例如，Eizenhardt & Tabrizi 发现，供应商参与会增加开发时间，特别当技术不可预测快速变化时；Maurizio Sobrero & Edward B. Roberts 发现，供应商参与新产品开发和具体的合作项目有关，能提高合作双方的学习，但不一定促进合作效率。

Song & Di Benedetto 介绍了供应商参与突破性创新，强调外部供应商参与复杂的产品系统可能对参与突破性产品开发的双方都有好处，并用实证证明了供应商参与程度越深突破性创新绩效越好。

综上所述，供应商参与创新对制造商创新绩效是否有促进作用的研究观点还不一致，存在争议，这可能与其相互关系的影响因素复杂的原因所致。目前，对供应商参与对突破性创新产品绩效影响的研究还较少，随着国际竞争的不断加剧，技术引进已不足以支撑我国所需要的竞争力。因此，在以后的发展中必须重视突破性创新，而与供应商合作是获得创新互补性资源的重要渠道，研究供应商参与创新对突破性创新绩效的影响以及影响供应商参与创新成功的关键因素都具有重要的理论和实践意义。本书在国内外相关文献研究的基础上，结合突破性创新的特点，针对我国经济背景下对供应商参与突破性创新成功的关键因素、供应商参与创新对制造商突破性创新绩效的影响进行实证研究。

第11章　供应商参与对制造商突破性创新的概念模型与研究假设

本书在第 9 章研究问题的目的和意义以及第 10 章文献理论分析的基础之上，针对我国背景下影响供应商参与程度的关键影响因素，供应商参与程度和制造商突破性创新绩效的关系进行分析。具体探讨了供应商技术能力、供应商和制造商合作关系（高管的承诺、双方的信任和合作时间）、互补性知识、专用性投资四个要素对供应商参与程度的影响，供应商参与程度对制造商突破性创新绩效关系的作用机制。

11.1　概念模型的构建

目前，关于供应商参与制造商创新绩效的作用机制研究较多，但是针对供应商参与对制造商突破性创新绩效的作用机制仍是个"黑箱"问题。现有文献更多的是从某个侧面对其进行分析研究，供应商参与制造商突破性创新相对于渐进性创新而言有其自身的特点。所以，本书在第 2 章理论分析的基础之上并结合研究问题和研究目的，探索性地提出供应商参与程度的影响因素如供应商参与程度、企业突破性创新绩效的机理概念模型如图 11 - 1 所示。

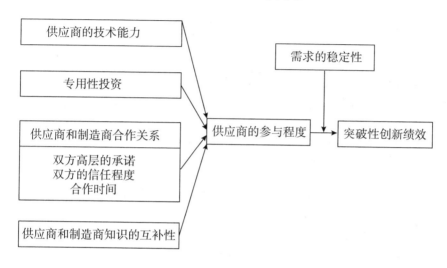

图 11 - 1　供应商参与对制造商突破性创新绩效的机理概念模型

11.2　研究假设

11.2.1　供应商的技术能力

供应商的技术能力包括产品开发能力和制造能力。在不确定的环境下，技术能力能为保证竞争优势提供稳定的保障。供应商和制造商在合作时，精密零部件供应商往往利用增强自身的技术能力，总结和应用技术要领来提高竞争能力和取得利润。供应商的专有技术是其快速学习、利用、改进新技术的基础，同时使得供应商和制造商技术信息高效率地传递。

有关实证发现在战略能力（包括市场营销能力、市场化能力、技术、信息技术和管理能力）中，技术能力和信息技术能力对突破性技术创新影响最明显，在美国市场营销能力比在日本对突破性技术创新影响明显。在中国，只有技术能力跟突破性创新有相关的积极作用（C. Anthony Di Benedetto，Wayne S. DeSarbo & Michael Song，2008）。拥有高水平技术能力的供应商最可能参与到制造商的创新活动中，而且容易通过制造商的审查，进而愿意让他们参加（Frazier，Spekman & O'Neal，1988）。根据供应商的能力评价或者供应商的潜能来确保选择了合适的供应商是非常重要的，而技术能力则是审查的重点指标，技术能力越强供应商能力越强，供应商参与突破性创新程度越高（Michael Song & C. Anthony Di Benedetto，2008）。

综上所述，我们可以提出如下假设。

假设1（H_1）：供应商的技术能力越高，供应商参与突破性创新程度越深。

11.2.2 专用性投资

供应商的专用性投资指供应商为满足制造商开展突破性创新的特殊要求而投入的特殊资本。与一般目的投资的区别在于：一般目的的投资往往能轻易重新部署或者转移到供应商的其他关系，而专用性投资只对突破性创新的价值高，对外界关系的价值很低。在制造商—供应商关系中，专用性投资可能植入一些产品系统到制造商公司需求中，进而保证符合制造商的需求；投入专用的设备和工具，适应制造商需要的技术（Stump、Heide，1996）。

从交易成本和有关文献（Anderson，1985；Coleman，1990，Rindfeisch & Heide，1997；Williamson，1975）来看，对于专用性投资

对供应商参与创新的作用有两种不同的观点：第一种观点认为，专用性投资越高则供应商参与创新程度越低，因为专用性投资在转移到别的用途上价值很小，互换者可能有通过议价或者威胁结果的动机（Kleinetal，1978）。专用性投资可能致使供应商有机会主义行为并因此降低参与程度（Anderson，1985；Williamson，1975）。然而，第二种观点指出，专用性投资能够提高供应商参与程度。专用性投资的压力增加投资的供应商的风险，因为回报价值取决于参与程度以及制造商的良好信誉。在供应商—制造商关系中，供应商投入的专用性资产越多，对制造商的依赖程度就越大（Emerson，1962）。根据交易成本理论，供应商需要防止自己的专用性资产被制造商的机会主义行为利用（Heide & John，1990）。投入资产的专用性越强，维护就变得越重要（Buvik & Gronhaug，2000）。由于专用性投资对外界的价值很小，因此供应商会尽量多参与创新的各种活动来保持这种投资关系（Leenders & Blenkhorn，1988）。供应商将更愿意参与到突破性创新活动中来增大其专用性投资的价值。李随成、姜银浩、朱中华（2009）认为，供应商专用性资产投入程度越高，供应商参与创新过程的程度越深。实证证明，供应商专用性投资越高，供应商参与突破性创新的程度越深（Michael Song & C. Anthony Di Benedetto，2008）。在本书中，我们支持第二种观点，因为供应商和制造商知道专用性投资带来的机会主义风险，在协商过程中，这个问题会通过合同保障或者社会约束（包括机制的完善）来要么阻止机会主义行为要么维持关系（Stump & Heide，1996）。

综述所述，我们可以提出如下假设。

假设 2（H_2）：供应商专用性资产投入程度越高，供应商参与创新过程的程度越深。

11.2.3　供应商和制造商合作关系

在文献研究的基础上，本书结合研究目的将供应商和制造商合作关系分为以下双方高层的承诺、双方的相互信任和合作时间三个重要影响因素。

（1）双方高层的承诺

承诺指合作双方意图培养和维持长期合作关系的态度（Anderson & Weitz，1992）或指长久地希望维持有价值的关系（Moor，1992）。

很多学者已经认识到，承诺在维持长期合作关系中的重要作用（Dwyer 等，1987；Morgan & Hunt，1994；Gundlach 等，1995）。在调查的基础上发现，高层的承诺对管理实践起着明显的关键作用（Ragatz，1997）。Bresnen 和 Fowler 在研究供应商和制造商合作关系中提出了参与双方高层承诺。Michael Song & C. Anthony Di Benedetto（2008）通过实证证明，双方的承诺对供应商参与突破性创新的程度有积极的促进作用。通过调查发现，供应商参与创新时承诺被认为是维持双方关系进而进行合作参与最有用的最相关的因素（Medlin、Aurifeille、Quester，2005）。

（2）双方的信任程度

学者们对"信任"这个术语的界定各持观点，但这些观点中似乎有一点是一致的，即"相关一方持有对另一方的行动和结果会令自己满意的一个积极的信心、态度和预期"（Andaleeb，1992）。有人认为，供应商和制造商的相互信任指在一定程度上供应商和制造商认为彼此是诚实的（Doney & Cannon，1997），并且是有能力的。

Sako 研究大量英国和日本合作关系后指出：信任是合作的前提；

信任减少监控成本；良好的信任可能直接转化为供应商提供创意的促进因素。Walter、Muller、Helfert & Ritter（2003）在他们分析供应商对创新和合作关系的作用中也发现了信任的重要性能。

绝大多数的关系模型中都包含信任（Wilson，1995）。交易成本理论认为，合作双方的相互信任有助于二者长期合作，更多地确保供应商的利益，使得供应商愿意为制造商做更大的投资和研发，进而推进制造商技术创新（李随成，2009）。战略合作伙伴关系一般都有高度的信任机制的特征（王巧，2008）。Dyer & Chu 认为，双方高度信任的关系与实际的低成本有关，因此信任鼓励共享资源和带来价值（2003）。双方企业和双方人际间的信任，对企业间的合作有正效应（王晓玉，2006）。通过实证证明，供应商参与创新企业间的信任对供应商参与程度是有促进作用的（曹玉玲，2008）。由于突破性技术创新具有很高的风险和不确定性，如果供应商参与并负责产品的设计与创新，那么，相互信任必须是最高的和最为理想的。Holger Schiele（2006）指出，供应商参与创新的情况下，双方之间如果缺乏信任，双方就不会开放地进行思想交流，这样供应商参与创新的程度就会降低，进而很难找到双方的合作点。

（3）合作时间

在供应链合作关系环境下，供应链合作关系不再是只考虑价格，而是更加注重选择能在优质服务、技术创新、产品设计等方面提供合作的伙伴。但是，供应链合作伙伴关系的潜在效益，往往在其建立后3 年左右甚至更久才能转化成效益或者实际利润（曹玉玲，2008）。

Clark 认为，联盟是知识传递的基础，并指出长期的合作关系是非常重要的，而不能是一次性的或者短期的合作。很多学者认为，合作时间是供应商选择的一个标准或者合作成功的因素（Handfield 等，

1999；McCutcheon 等，1997；Ragatz 等，1997）。合作的时间被证明对财务绩效和提高创新结果都有正效应（Felde，2004）。有研究表明，现在的供应商参与制造商创新平均有十年的合作时间。一般来说，合作时间越长，双方交流和共享资源的机会就越多，彼此的信任会不断增加。与制造商之间的长期合作关系，使得供应商参与到持续的创新活动中，供应商的替代压力和制造商的期望必将促使供应商不断地进行创新活动（Jeffrey K. Liker & Rajan R. Kamath，1996）。

综述所述，我们提出如下假设。

假设 3（H_3）：制造商和供应商的合作关系会对供应商参与创新程度有正效应。

11.2.4 供应商和制造商知识的互补性

著名管理学家彼得·德鲁克认为，企业的创新能力取决于从外部组织获取新知识的能力，整合外部不同来源地知识，可以提高企业的应变能力和创新能力。每一个企业都有优势或者核心知识，而有一些知识对拥有者而言利用价值不大，但对其他企业来说也许正好是其迫切需要的价值很高的核心知识。异质互补性知识集合起来显然会比供应链中单一成员企业的知识丰富。

基于资源的观点，异质互补性是组织合作的重要动机之一，异质互补性越强，组织潜在的合作机会就越大（Anderson Eric & Barton-Weitz，1992）。Sakakaibara（1997）指出，参与共同研发的动机，最重要的是获取互补性的知识。Brockhoff（1991）也指出，交换互补性的知识，是共同研发最重要的原因，而这种互补性的知识会导致创新潜力的增加。Glaister & Buckly（1996）研究发现，企业间合作的原因通常是为了获得互补性知识资源。Roy（2004）认为，供应商与制造商之间知识的缺口是新知识产生的突破口，异质而又互补的知识资源能够促进供应商参与制造企业进行深层次的交流和学习，以弥补双方的知识缺陷。

综上所述，我们提出以下假设。

假设 4(H_4)：制造商和供应商之间的知识互补性越强，供应商参与创新的程度就越深。

11.2.5 供应商的参与程度和突破性创新绩效

创新通常被划分为不同的步骤或阶段（Calantone 等，1997；Cooper & Kleinschmidt，1990；Johne & Snelson，1988；Page，1993；Urban & Hauser，1993；Crawford & Di Benedetto，2006），但主要包含产品设计、测试、商品化三个阶段。我们在叙述每一阶段供应商参与和企业创新的关系的基础上，阐述在突破性创新下它们的特殊关系。

供应商在参与制造商创新的不同阶段时，双方各个层次的员工在交流过程中，也许有人在为他们的突破性创新创意寻求发展机会，一旦供应商参与合作成功，突破性创新便可以商业化（Truffer，1997）。在产品设计阶段，供应商越早参与到创新过程中越好（Petersen 等，2005）。在这个阶段的早期参与供应商能够确保提供创新设计中需要的部件，并且提供必要的设备、培训方面和工具的投资。供应商参与产品设计会很大程度上减少设计的漏洞并降低创新过程中因为反复改进而付出高昂代价；在产品测试阶段，供应商在和制造商的合作过程中将提供技术特征、需要完善的部件的信息，从而迅速地对产品进行改善，提高客户的满意度（Bleakley F. R.，1995）；在产品商品化过程中，供应商参与将尽快在了解企业市场计划和产品营销策略的基础上，对产品做出必要的调整，联合企业推广产品分担推广活动的成本。供应商在这些阶段的参与是非常重要的，突破性创新高度不确定性带来的风险和成本更加显示供应商参与所带来的潜在价值的重要性（Michael Song & C. Anthony Di Benedetto，2008）。有关研究表明供应商参与程度越深，创新绩效越好（Petersen 等，2003、2005；Ragatz 等，1997）。

综述所述，我们提出如下假设。

假设5（H_5）：供应商参与程度越深，制造商的突破性产品创新的绩效越高。

11.2.6 需求的稳定性与供应商参与突破性产品创新

需求的稳定性指终端客户对服务或产品需求的稳定程度。当需求稳定时，供应商和制造商只会进行渐进性创新。供应商由于怕承担风险也不愿参加突破性创新。但是，当需求不稳定时，制造商在获得信息后会在合适的时候与供应商建立合作关系。这种合作关系需要在突破性创新的早期阶段建立，需要供应商深入参与，使彼此协调适应（Hakansson，1987）。需求的不稳定能够促使制造商和供应商积极有效地互动，进而促进突破性创新的绩效。

综上所述，我们提出以下假设。

假设6（H_6）：需求越不稳定，供应商参与对制造商突破性创新绩效的作用越大。

第 12 章　供应商参与对制造商突破性创新的实证研究

本研究的目标是探讨供应商参与制造商的创新活动对突破性创新绩效的影响及作用机制。为了保障在第 11 章概念模型基础上的实证结果的有效性，本章主要对如何验证第 11 章的概念模型和研究假设进行说明，主要包括研究变量的测量、问卷调查的收集、数据分析、模型的验证分析及结果讨论几个方面。

12.1　研究变量的测量

该节主要说明变量测量指标的测量原则和方法以及变量的可操作化定义两个方面。变量测量的获取方法主要说明本研究变量的测量指标选取遵循的原则和方法，而变量的可操作化定义则主要是在前人相关研究成果的基础上，结合本书的研究目的和专家建议将本研究的变量进行可操作化定义。

12.1.1　变量测量指标的获取方法

实证研究很重要的一项内容就是变量度量指标的设计，变量设计的好坏关系着统计分析结果的有效性和可靠性。本研究结合相关的理论研究，对概念模型和研究假设的相关变量给出操作性定义，这样可以准确地测量变量，同时为研究假设的验证起到铺垫作用。本研究变量测量指标的获取主要利用以下 3 种方法获得：①引用已有的研究成果，即直接选用相关的已被有关学者验证有效的具有普遍适用性的测量指标；②借鉴相关的研究成果，即借鉴与本研究相关的文献，并根据需要对测量指标进行适当调整；③理论与实践相结合，在理论研究的基础上，结合中国制造企业的实际情况，设计的测量指标尽可能符合实际情况。

12.1.2　变量的可操作化定义

本研究共涉及 7 个主要变量，分别是供应商技术能力、专用性投资、供应商和制造商的合作关系、知识互补性、供应商参与程度、突破性创新绩效以及需求稳定性。在采用调查问卷的形式获得数据的实证研究中，需要将研究变量可操作化定义，也就是明确变量的测量项目。在变量项目的选择上，本研究在借鉴已有研究成果的基础上，结合访谈和试调查情况对测量项目作相应修改，使得变量的测量项目更符合本研究的实际情况。7 个变量的具体操作化定义情况分别如下。

（1）供应商技术能力的可操作化定义

供应商技术能力是供应商参与创新的基本，只有具备良好的技术能力才能够在参与创新的过程中承担一定的开发责任，进而促进制造商创新绩效的提高。同时，供应商想要提高自身的技术能力也倾向于同制造商合作来促进和拓展自身的能力。在合作创新过程中，制造商看重的往往也是供应商开发技术、运用技术的能力。本研究在前人研究的基础上，结合本研究的实际情况，对供应商技术能力的可操作化定义如表 12 – 1 所示。

表 12 – 1　　　　　　　　　供应商技术能力的可操作化定义

变量	变项	指标描述	文献基础
供应商技术能力	V_1	本企业合作的供应商采用新技术的速度和技术改造的速度快	Douglas W. JaBahn、Robert Krapfel,2000
	V_2	本企业合作的供应商具有与客户合作设计方面的丰富经验	
	V_3	本企业合作的供应商能够提供高水平的工程协助	

（2）专用性投资的可操作化定义

专用性投资是供应商为满足制造商进行突破性创新而投入的特殊资本。它相对于一般目的的投资来说不易转移或重新部署到其他关系中。专用性资产投资投入专用的设备和工具来满足客户公司需求的技术标准，或者投入专用于某一客户公司的员工培训机制等。本研究在综合相关文献研究成果的基础上、结合大量访谈和专家建议，对专用性投资的可操作化定义如表 12 – 2 所示。

表 12 - 2 专用性投资的可操作化定义

变量	变项	指标描述	文献基础
专用性投资	V_4	本企业从供应商处购买的产品设备是为生产突破性创新项目产品定制的	Stump、Heide,1996
	V_5	本企业的供应商花了大量的资源来确保其规格和公司的生产能力相匹配	
	V_6	本企业的供应商对于创新产品需要的高度专业化工具和设备准备充分	
	V_7	本企业对于突破性创新项目有一些特殊的技术标准,需要供应商产品系统地广泛适应	
	V_8	本企业的供应商为了使突破性项目能够容易地适应客户需求,已经按企业的要求进行培训	

（3）供应商和制造商的合作关系的可操作化定义

供应商和制造商的合作关系是供应商参与创新的基础，良好的合作关系能够促进供应商的参与，进而促进制造商的创新绩效。本研究将从双方高层的承诺、双方的信任程度、合作时间三个方面衡量供应商和制造商的合作关系。在综合相关文献研究成果及考虑本研究的实际需要、结合大量访谈和专家建议，对供应商和供应商的合作关系的可操作化定义如表 12 - 3 所示。

表 12 - 3　　　　供应商和制造商的合作关系的可操作化定义

变量	维度	变项	指标描述	文献基础
供应商和制造商的合作关系	双方高层的承诺	V_9	双方高层管理者在供应商参与创新方面战略一致,并共同制订合作研发计划	于惊涛,2005; Sinmoin,1999; Jeffrey Cummings, 2001; Heide、John, 1992
		V_{10}	本企业重视与供应商一起合作、共同成长和共担风险	
		V_{11}	双方公司员工积极支持和配合供应商参与创新	
		V_{12}	本企业与供应商建立了良好的合作氛围,发扬团队合作精神,鼓励员工协同工作	
		V_{13}	双方高层重视合作开发新产品和工艺	
	双方的信任程度	V_{14}	供应商常常采取一些措施防止其技术的泄露	
		V_{15}	供应商愿意帮助贵公司了解和掌握相关技术知识	
		V_{16}	双方相信对方不会泄露其独有的技术、市场信息	
	合作时间	V_{17}	本企业与重要供应商签订了长期的合约(一般为 3 年)来保障更长时间的合作承诺	
		V_{18}	本企业与供应商致力于长期的合作战略	

（4）知识互补性的可操作化定义

知识互补性是企业间合作的重要动机之一，知识的互补性越强，企业合作的机会就越大。互补性知识能够促进企业间进行深层的交流和学习，弥补连接双方知识的空缺。本书在前人研究成果和实际研究需要的前提下，综合相关文献研究成果和本研究实际需要、结合专家建议，对知识互补性的可操作化定义如表12-4所示。

表12-4　　　　　　　　　知识互补性的可操作化定义

变量	变项	指标描述	文献基础
知识互补性	V_{19}	本企业和供应商的某些专业知识是共享的	Lofstrom，2000；Roper、Crone，2003
	V_{20}	本企业和供应商在专业知识方面具有相互依赖性	
	V_{21}	本企业和供应商都意识到企业的发展需要相互学习对方的专业知识	
	V_{22}	本企业和供应商都意识到专业知识领域有合作的必要性	

（5）供应商参与程度的可操作化定义

创新过程包括产品设计、测试和商品化三个过程。供应商在不同阶段参与制造商的创新，双方不同层次的员工在参与的过程中，通过交流学习能够激发他们的突破性创新创意。因此，供应商在不同阶段的深层次参与是非常重要的。本书在前人研究成果和实际研究需要的前提下，综合相关文献研究成果和本研究实际需要、结合专家建议，对供应商参与程度的可操作化定义如表12-5所示。

表 12 - 5　　　　　　　　　　供应商参与程度的可操作化定义

变量	变项	指标描述	文献基础
供应商 参与程度	V_{23}	供应商参与创新产品的设计	Stump、Hei- de,1996
	V_{24}	供应商参与创新产品的测试	
	V_{25}	供应商参与创新产品的商业化	

（6）突破性创新绩效的可操作化定义

一个渐进性技术创新产品包括改造、精细化和提升产品的性能、流通和生产系统。渐进性创新有利于改善企业的短期绩效，而突破性创新有利于提高企业的长期绩效。

虽然文献对突破性创新绩效的分类名称不同，但主要包括专利数、新产品数和一些经济效益指标。例如，秦剑和王迎军将突破性创新绩效包括产品创新绩效和过程创新绩效：产品创新绩效包括新产品研发数量、新产品的市场美誉度和品牌形象、新产品对顾客需求的满足程度以及新产品的性能和质量；过程创新绩效采用生产设备、工艺流程、管理控制系统和运营有效性 4 个指标。在另一篇文中指出突破性创新绩效，包括过程创新能力绩效以公司新产品销售额占所有产品销售额的比值来衡量；产品创新能力绩效以公司专利申请数量来衡量；营销能力绩效以公司销售利润率来衡量；管理能力绩效以公司的资产收益率来衡量。李宏贵等认为，在复杂多变、竞争激烈的市场环境下，突破性创新对长期保持组织绩效至关重要。突破性创新绩效包括两个层面的含义：一是主动突破性创新绩效，如申请的专利数、开发的新产品数；二是适应突破性创新绩效，如引进市场的新产品数、销售增长率和利润增长率。Song 等认为，新产品绩效的衡量标准是多

企业突破性技术创新管理

维的（Griffin & Page，1996），从产品角度出发，搜集突破性创新产品前三年的年均总利润均值和两年销售增长率均值两个衡量指标。总结出突破性创新的数量特征，这些特征可以将其与渐进性创新有效区分开来。具体的，这些新产品通常具有一整套全新的性能特征、改善已知的绩效特征 5 倍或 5 倍以上，能够节约 30% 或 30% 以上的成本。该研究在调查问卷中对此进行了说明，如果该公司近 3 年没有开发出符合这一标准的突破性技术，则被排除在样本之外。

本书用开发的新产品数量、开发这些新产品过程中申请的专利数、引入市场的新产品的销售增长率和利润额来衡量基于突破性产品的创新绩效。具体如表 12 - 6 所示。

表 12 - 6　　　　　　　　突破性创新绩效的可操作化定义

变量	变项	指标描述	文献基础
突破性创新绩效	V_{26}	在供应商的参与下,本企业新产品数增加较快	秦剑、王迎军、Song、龙勇、常青华、2008；李宏贵、熊胜绪,2010
	V_{27}	在供应商的参与下,本企业的专利数增加较快	
	V_{28}	在供应商的参与下,与行业平均值比较,本企业新产品销售率增加速度快	
	V_{29}	在供应商的参与下,与行业平均值比较,本企业新产品的年利润额增加速度快	

（7）需求稳定性的可操作化定义

需求稳定性指企业面对需求是否能准确预测的程度。具体包括两层含义：①需求的易变性强弱。也就是说，顾客需求偏好变化的速度快慢。②需求的多样性程度，即不同的顾客需求的差异程度。需求的

· 266 ·

易变性、多样性等不稳定因素导致产品市场需求的不稳定，所以需要企业根据顾客的需求对生产进行调整开发，导致产品生命周期的长短变化。所以，本书在文献研究的基础上将需求稳定性的可操作性定义为如表 12 - 7 所示。

表 12 - 7　　　　　　　　需求稳定性的可操作化定义

变量	变项	指标描述	文献基础
需求稳定性	V_{30}	本公司产品市场的需求量波动变化水平很小	Chen、Paulraj,2004
	V_{31}	本公司的产品生产计划表变动频率很小	
	V_{32}	本公司的产品的寿命周期很长	

12.1.3　调查问卷的设计

本研究依据既定的设计目标对问卷调查进行设计，在参考大量文献的前提下尽量做到科学、有效的设计原则进行。问卷设计的重点是对概念模型和研究假设中涉及的变量进行测量，进而达到数据收集的目的。本研究先根据 12.1.1 和 12.1.2 形成初始量表，再通过专家访谈的形式对初始量表进行了小范围的测试，并根据测试结果对量表进行修正。然后，通过对 20 家典型的制造企业进行初始问卷测试，根据测试结果对一些意义重复或者不能反映测度指标的项目进行删除，最后形成用于大范围调查发放的正式问卷。

本研究中量表的每一个项目采用李克特（Liker）7 级量表测量，要求受调查者依据对企业的实际了解情况对每一题项进行打分，1 表示完全不同意，7 表示完全同意。"1"到"7"的程度依次加强。

12.2 问卷调查的收集

调查问卷数据收集是实证研究的基础和关键，数据的有效和可靠与否直接影响到概念模型和研究假设的检验结果。

12.2.1 调查对象的确定和选择

由于本研究是建立在合作层面的，所以需要被调查的企业具备三个前提条件：首先，供应商向制造商企业提供的产品和服务，对制造企业的生产经营具有重要作用；其次，供应商和制造商在合作过程中有沟通和互动过程；最后，被调查企业有过合作经验。考虑到一般情况下大中型企业会开发比较复杂和新颖的产品，需要供应商参与制造商创新的可能性较大，所以我们把调查对象锁定为我国大中型工业企业。另外，考虑到样本的普遍性，也会选择一小部分中国大陆地区的外资企业。在行业选择上，主要选择那些产品较复杂的需要供应商参与、对创新要求强烈的行业，如通信设备、电子、汽车、化工等行业。

至于被调查者，由于有关学者（Fowler，1988）认为被调查者常常会由于不知道问题答案的信息，不想回答这些问题，不能理解问题内容等原因无法准确回答调查的问题，所以，本研究的调查对象主要选择对企业相关情况较了解的高级管理人员、中级管理人员和技术人员，这样在一定程度上确保了答卷者有足够的知识和经验填写问卷，进而提高问卷的有效性。

12.2.2　问卷的发放和回收

本研究问卷的发放形式主要包括现场填写和电子邮件两种形式，共发放 350 份问卷，实际回收 286 份，考虑到部分问卷填写不完整或不满足填写要求等实际情况，最后得到 215 份有效问卷。

12.2.3　数据分析程序及方法

为了验证研究模型中的假设，选择合适验证方法和程序很重要。本研究采用 SPSS 15.0 和 AMOS 7.0 两个统计软件作为统计分析的工具，具体的分析步骤有如下 5 个。

（1）描述性统计分析（Descriptive Statistic Analysis）

描述性统计分析即对调查问卷的基本性质进行统计并描述，主要对本研究问卷的基本情况进行分析。本研究将对调查的企业性质、主导业务所在行业、企业年经营额以及调查对象的职务的情况做描述性统计分析。

（2）量表的信度分析（Reliability Analysis）

信度是能够反映量表内部一致性的关键指标，信度的优劣在很大程度上影响研究结果的好坏。因此，在对收集的问卷进行分析之前，需要进行信度检验来进一步确定问卷的可靠性。一般常用 Cronbacha α 系数和折半信度这两种方法来检验量表的信度。本研究采用 Cronbacha α 系数法对量表的信度进行检验分析。

（3）量表的效度分析（Validity Analysis）

效度是指测量指标能够真正测出研究人员所要衡量事物的程度，它体现结构变量和测量指标间的关系。效度一般包括三种：内容效度

（Content Validity）、校标关联效度（Criterion – Related Validity）和构思效度（Construct Validity）。构思效度检验可以检验测量指标测出的理论的特质或者概念的程度。本书将利用 AMOS 7.0 软件采用验证性因子分析方法来测量调查问卷所得数据的效度。

（4）结构方程模型（Structure Equation Model Analysis）

SEMA 可以用来分析不可观察变量的结构和它的客观测变量之间的关系。结构方程的验证分析的基本思想是：依据已有的知识和理论，经过推理和假设，形成一个关于一组变量之间的因果关系的模型，然后利用问卷所得数据对模型进行验证。假如模型对数据的拟合效果很好，则可以接受模型；如若不然，则需要对模型进行修正，以达到更好拟合数据的目的（李霞，2001）。结构方程模型的决策流程包含理论模型的推导、路径关系图的构建、模型估计、模型的拟合程度的评估以及解释模型等。本研究采用 AMOS 7.0 for Windows 来构建和验证供应商参与对突破性创新绩效的影响的主效应的结构方程模型，用来估算各主构面间、每一构面和其包含的观测变量间的影响程度，以对相关假设进行检验。

根据 AMOS 提供的功能和指标的意义，本研究对选定来评价整体模型适合度的 7 个主要指标分别作如下简述。

第一，卡方检定值与其自由度的比值（$\chi^2/df = \text{CMIN}/df$）：$\chi^2/df$ 代表每减少一个自由度时降低的卡方值，一般来说，χ^2/df 的比值以小于 3 为标准，说明模型整体拟合度好。

第二，拟合优度指数（Goodness of Fit Index，GFI）：GFI 指标反映理论与观察共变结构中的变异量与共变量。一般来说，$0 < \text{GFI} < 1$，越接近 1，表明整体模型拟合度越好，而理想的 GFI 值应大于 0.9。

第三，调整拟合优度指标（Adjusted. Goodness of Fit Index，AG-

FI)：将 GFI 指标以模型自由度与其相对的变量个数比值，调整修正后所得到的较稳定的 AGFI 指标，其理想值一般要求大于 0.9。

第四，基准拟合度指标（Normed Fit Index，NFI）：NFI 衡量设定模型与独立模型的改善"增量"关系。一般来说，以零模型（Null Model）为基准推出的指标，其拟合值必须大于 0.9。

第五，非基准拟合度指标（Non - Normed Fit Index，NNFI）：NNFI 处理了自由度对模型的影响，它在考虑样本大小的情况下，将卡方值（χ^2）转换所得值，其理想拟合值需大于 0.9；一般用 TLC（Tucker - Lewis Coefficient）取代 NNFI，TLC 越接近 1，表示模型拟合程度越好。

第六，比较适合指标（Comparative Fit Index，CFI）：CFI 是通过与独立模型相比较来评价拟合程度，即使对于小样本估计模型拟合时也表现很好。其值在 0—1，一般要求在 0.8 以上，越接近 1，表明模型拟合程度越好。

第七，近似误差均方根估计（RMSEA Estimate）：此指标受样本容量大小的影响较小，是相对理想的指数。RMSEA 一般低于 0.1，表示拟合得较好；低于 0.05 则拟合得非常好，其值越小越好。

（5）多元回归分析模型（Mutiple Regression Analysis）

多元回归分析是根据多个变量的最优组合建立回归方程来预测因变量，能够反映变量之间相关关系的统计方法，其目的是研究一个因变量与自变量之间的统计关系（马国庆，2003）。本研究将利用 SPSS 15.0 统计软件采用多元回归方法对需求稳定性对供应商参与程度和突破性创新绩效的调节作用进行验证。

12.3 数据分析及结果讨论

本章依据第 11 章的研究方法来检验第 10 章所推导的假设，首先，利用描述性分析样本特征，其次，从信度和效度方面说明论文结构和方法的合理规范性，最后，对假设检验结果进行说明和讨论。

12.3.1 量表的描述性分析

描述性分析及对调查问卷的基本情况进行统计和描述，即对目标企业的性质、填写问卷人员的职务、行业类型等做描述性统计，相当于调查问卷的基本性质的描述统计。

本研究共发出"供应商参与对制造商突破性创新绩效的影响研究"调查问卷 350 份，实际回收 286 份，回收率为 81.7%。在 286 份回收的问卷中有 71 份无效问卷，有效问卷为 215 份，有效回收率为 61.4%。一般情况下，采用结构方程模型进行数据分析时需要的样本数为样本数减去模型中所需估计参数的数目大于 50（Bagozzi，1980），并且通常样本数最少在 100—400 才适于利用最大似然估计法来估计结构方程模型参数（Ding，1995）。Rex B. Kline（1998）在《结构方程模型的理论与实务》中提到在运用结构方程模型的论文中超过一般的样本数在 100—500。综上所述，本研究的有效样本数符合要求。

12.3.1.1 企业性质的描述性统计分析

本研究参考国家统计局关于企业性质的分类标准，将企业性质分为国有或国有控股、民营企业、股份制、中外合资企业以及外独资企业。

从表 12 - 8 我们可以看出受调查者中国有或国有控股占 42.8% (92 份)，民营企业占 27% (58 份)，非国有控股股份制企业占 15.8% (34 份)，中外合资企业占 9.3% (20 份)，外商独资企业占 5.1% (11 份)。

表 12 - 8　　　　　　　　　企业性质描述性统计

企业类型	样本数	百分比
国有或国有控股	92	42.8%
民营企业	58	27.0%
非国有控股股份制企业	34	15.8%
中外合资企业	20	9.3%
外商独资企业	11	5.1%
合计	215	100%

12.3.1.2　主导业务所在行业类型的描述性统计分析

为了保证本书研究的普遍意义，问卷的发放尽量包含大多数制造行业。如表 12 - 9 所示，通信设备、计算机及其他电子设备制造业和汽车制造业所占的比重最多，分别为 32.1% (69 份) 和 23.7% (51 份)，其次是冶金与建设设备制造业为 12.6% (27 份)，石油化工设备制造业占 8.4% (18 份)，电气机械及器材制造占 7.0% (15 份)，医疗设备制造业占 5.1% (11 份)，轻工业企业占 2.8% (6 份)，专用设备制造业占 6.0% (13 份)，其他行业占的比例较少，为 2.3% (5 份)。

表 12 – 9   主导业务所在行业类型的描述性统计

行业类型	样本数	百分比
通信设备、计算机及其他电子设备制造业	69	32.1%
石油化工设备制造业	18	8.4%
电气机械及器材制造	15	7.0%
医疗设备制造业	11	5.1%
冶金与建筑设备制造业	27	12.6%
汽车制造业	51	23.7%
轻工业企业	6	2.8%
专用设备制造业	13	6.0%
其他行业	5	2.3%
总计	215	100%

12.3.1.3 企业营业额的描述性统计分析

本研究参考国家统计局对工业企业规模的划分标准，基于营业额的大小将调查对象分为六个等级：3000 万元以下、3000 万—1 亿元，1 亿—3 亿元、3 亿—50 亿元、50 亿—200 亿元以及 200 亿元以上。其中，3000 万元以下为小型企业。3 亿元以上为大型企业，其余为中型企业。如表12 – 10 所示，可以计算得出在本研究的调查问卷中小型企业占到10.7%（23 份），中型企业占到38.6%（83 份），大型企业占到50.7%（109 份）。

表 12－10　　　　　　　　企业营业额的描述性统计

企业营业额大小	样本数	百分比
3000 万元以下	23	10.7%
3000 万—1 亿元	44	20.5%
1 亿—3 亿元	39	18.1%
3 亿—50 亿元	58	27%
50 亿—200 亿元	34	15.8%
200 亿元以上	17	7.9%
总计	215	100%

12.3.1.4　受调查人员所属职位的描述性统计

受调查的人员中，对公司经营等情况熟悉的高级管理者占 14.9%（32 人），中层管理人员占到 26.5%（57 人），而对供应商参与技术创新活动熟悉或了解的技术人员占到 43.3%（93 人），其他基层人员占 15.3%（33 人）（见表 12－11）。

表 12－11　　　　　　　　受调查人员职位描述统计

职位类别	样本数	百分比
高级管理者	32	14.9%
中层管理者	57	26.5%
技术人员	93	43.3%
其他	33	15.3%
合计	215	100%

由上面的描述性统计分析可以看出，无论是从企业的性质、行业、企业规模和填写问卷的企业职员来看，本研究的问卷调查具有广泛的代表性。

12.3.2 量表的信度分析

量表的信度能够体现量表内部的一致性，信度的优劣直接关系到研究结果的好坏，因此为了确定问卷的可靠和有效性，我们对量表进行信度检验。

本研究利用 Cronbach α 值检验量表的信度，测量同一构面下各变量间的一致性以及量表整体的一致性。一般来说，总量表的信度系数在 0.7—0.8 则基本可以接受，0.8 以上最好。而分量表的信度如果在 0.6—0.7 则算基本接受，最好在 0.7 以上。如果分量表的内部一致性在 0.6 以下或总量表的信度系数在 0.7 以下，应该增删题项或重新修订量表。本研究利用 SPSS 15.0 for Windows 统计分析软件作为信度检验工具，对量表的内部一致性进行检验。

（1）供应商技术能力量表信度分析

表 12 - 12 显示结果表明，"供应商技术能力"的信度系数为 0.860，说明该表具有高的信度。

表 12 -12　　　　　　　　供应商技术能力量表信度分析

构面名称	观察变项	Cronbach α	变项数
供应商技术能力	本企业合作的供应商采用新技术的速度和技术改造的速度快	0.860	3
	本企业合作的供应商具有与客户合作设计方面的丰富经验		
	本企业合作的供应商能够提供高水平的工程协助		

（2）专用性投资量表信度分析

专用性投资量表信度分析如表 12 - 13 所示，专用性投资的量表进行信度分析后的 Cronbach α 值为 0.941，在 0.7 以上，该量表的信度高。

表 12 - 13　　　　　　　专用性投资量表信度分析

构面名称	观察变项	Cronbach α	变项数
专用性 投资	本企业从供应商处购买的产品设备是为生产突破性创新项目产品定制的	0.941	5
	本企业的供应商花了大量的资源来确保其规格和公司的生产能力相匹配		
	本企业的供应商对于创新产品需要的高度专业化工具和设备准备充分		
	本企业对于突破性创新项目有一些特殊的技术标准,需要供应商产品系统地广泛适应		
	本企业的供应商为了使突破性项目能够容易地适应客户需求,已经按企业的要求进行培训		

（3）供应商和制造商的合作关系量表信度分析

本研究将供应商和制造商的合作关系量表划分为双方高层的承诺、双方的信任程度以及合作时间三个分量表，采用 Cronbach α 系数对总量表和分量表进行检验，结果如表 12 - 14 所示，"供应商和制造商的合作关系"总量表的信度系数为 0.909，说明具有很好的信度。"双方高层的承诺""双方的信任程度"以及"合作时间"三个分量表的信度系数分别为 0.960、0.943、0.909，明显高于信度要求水平，所以各分量表具有高的信度。

表 12 -14　　　　供应商和制造商的合作关系量表信度分析

构面名称		观察变项	Cronbach α	变项数
供应商和制造商的合作关系	双方高层的承诺	双方高层管理者在供应商参与创新方面战略一致,并共同制订合作研发计划	0.960	
		本企业重视与供应商一起合作、共同成长和共担风险		
		双方公司员工积极支持和配合供应商参与创新		
		本企业与供应商建立了良好的合作氛围,发扬团队合作精神,鼓励员工协同工作		
		双方高层重视合作开发新产品和工艺		
	双方的信任程度	供应商常常采取一些措施防止其技术的泄露	0.943	
		供应商愿意帮助贵公司了解和掌握相关技术知识		
		双方相信对方不会泄露其独有的技术、市场信息		
	合作时间	本企业与重要供应商签订了长期的合约(一般为 3 年)来保障更长时间的合作承诺	0.909	
		本企业与供应商致力于长期的合作战略		
总量表信度值			0.909	10

(4) 双方知识互补性量表信度分析

采用 Cronbach α 系数对双方知识互补性量表进行信度检验,结果如表 12 -15 所示,此量表的信度系数为 0.925,说明具有良好的信度。

表 12 - 15　　　　　　双方知识互补性量表信度分析

构面名称	观察变项	Cronbach α	变项数
双方知识互补性	本企业和供应商的某些专业知识是共享的	0.925	4
	本企业和供应商在专业知识方面具有相互依赖性		
	本企业和供应商都意识到企业的发展需要相互学习对方的专业知识		
	本企业和供应商都意识到专业知识领域有合作的必要性		

（5）供应商参与程度量表信度分析

采用 Cronbach α 系数对供应商参与程度量表进行信度检验，结果如表 12 - 16 所示，此量表的信度系数为 0.701，略高于 0.7，说明具有较好的信度。

表 12 - 16　　　　　　供应商参与程度量表信度分析

构面名称	观察变项	Cronbach α	变项数
供应商参与程度	供应商参与创新产品的设计	0.701	3
	供应商参与创新产品的测试		
	供应商参与创新产品的商业化		

（6）突破性创新绩效量表信度分析

突破性创新绩效量表的 Cronbach α 系数如表 12 - 17 所示，为 0.843，高于 0.8，所以表明该量表的信度高。

表 12 - 17 突破性创新绩效量表信度分析

构面名称	观察变项	Cronbach α	变项数
突破性创新绩效	在供应商的参与下,本企业新产品数增加较快	0.843	4
	在供应商的参与下,本企业的专利数增加较快		
	在供应商的参与下,与行业平均值比较,本企业新产品销售率增加速度快		
	在供应商的参与下,与行业平均值比较,本企业新产品的年利润额增加速度快		

（7）需求稳定性量表信度分析

如表 12 - 18 所示,需求稳定性的 Cronbach α 系数为 0.933,因此,该量表具有较高的信度。

表 12 - 18 需求稳定性量表信度分析

构面名称	观察变项	Cronbach α	变项数
需求稳定性	本公司产品市场的需求量波动变化水平很大	0.933	3
	本公司的产品生产计划表变动频率很大		
	本公司的产品的寿命周期很短		

12.3.3 量表的效度分析

本书利用验证性因子分析来检验各量表的效度。由于验证性因子分析是在已知因子的情况下验证数据是否按照预先的结构方式作用,所以利用验证性因子分析能够达到事前决定定义因子的数据拟合实际数据的能力。

12.3.3.1 供应商技术能力的验证性因子分析

利用 AMOS 7.0 对供应商技术能力进行验证性因子分析。图 12 - 1 是供应商技术能力的验证性因子分析结果，供应商技术能力通过 V_1、V_2、V_3 三个观测变量反映。

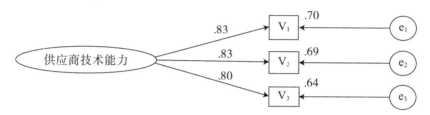

图 12 - 1　供应商技术能力的验证性因子

表 12 - 19 表明，各观测变量均在 0.001 的水平上（$P < 0.001$）具有较高的标准载荷系数 λ，说明一阶因子构面内部的各个观测变量具有良好的收敛效度。

表 12 - 19　　　供应商的技术能力的验证性因子分析收敛效度

一阶因子	观测变量	标准载荷系数 λ	P
供应商技术能力	V_1	0.83	—
	V_2	0.83	***
	V_3	0.80	***

注："—"为空值，对应于标准化回归系数被设定为"1"的情况；***表示 0.01 水平上显著，下同。

12.3.3.2 专用性投资的验证性因子分析

利用 AMOS 7.0 对专用性投资进行验证性因子分析。图 12 - 2 是专用性投资的验证性因子分析结果，专用性投资通过 V_4、V_5、V_6、V_7、V_8 五个观测变量反映。

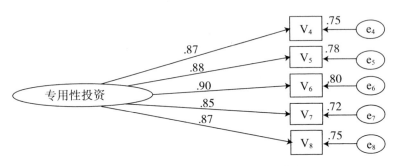

图 12 - 2   专用性投资的验证性因子分析

表 12 - 20 表明，各观测变量均在 0.001 的水平上（$P < 0.001$）具有较高的标准载荷系数 λ，说明一阶因子构面内部的各个观测变量具有良好的收敛效度。

表 12 - 20　　　　专用性投资的验证性因子分析收敛效度

一阶因子	观测变量	标准载荷系数 λ	P
专用性投资	V_4	0.87	—
	V_5	0.88	***
	V_6	0.90	***
	V_7	0.85	***
	V_8	0.87	***

12.3.3.3　供应商和制造商合作关系的二阶验证性因子分析

图 12 - 3 为供应商和制造商合作关系的二阶验证性因子分析模型，二阶因子为供应商和制造商合作关系，一阶因子为双方高层承诺、双方信任程度、合作时间。双方高层的承诺通过 V_9、V_{10}、V_{11}、V_{12}、V_{13} 五个观测标量来反映；双方信任程度包括 V_{14}、V_{15}、V_{16} 三个观测变量；合作时间通过 V_{17}、V_{18} 两个观测变量来反映。

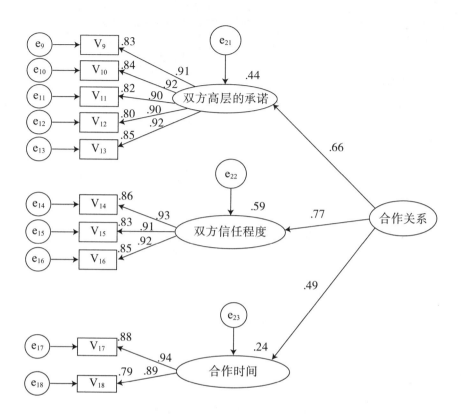

图 12 - 3　制造商和供应商合作关系的二阶验证性因子分析

采用 AMOS 7.0 对供应商和制造商的合作关系进行二阶验证性因子分析，得出各一阶因子和观测变量的收敛效度和模型适配度，分别如表 12 - 21 和表 12 - 22 所示。从表 12 - 21 可以看出三个一阶因子构面内部所有观测变量标准载荷系数均在 0.001 的水平上显著；供应商和制造商合作关系二阶因子构面内部的三个一阶因子的标准载荷系数也在 0.001 的水平上显著，说明所有的制造商和供应商的合作关系二阶验证性因子分析测度模型具有良好的收敛效度。

同时，从表 12 - 22 可以看出，各项模型适配度指标均满足要求，说明模型具有较好的拟合度。

表 12-21　制造商和供应商合作关系二阶验证性因子分析收敛效度

二阶因子	一阶因子	标准载荷系数 λ	P	观测变量	标准载荷系数 λ	P
合作关系	双方高层的承诺	0.66	—	V_9	0.91	—
				V_{10}	0.92	***
				V_{11}	0.90	***
				V_{12}	0.90	***
				V_{13}	0.92	***
	双方信任程度	0.77	***	V_{14}	0.93	—
				V_{15}	0.91	***
				V_{16}	0.92	***
	合作时间	0.49	***	V_{17}	0.94	—
				V_{18}	0.89	***

表 12-22　　　制造商和供应商合作关系模型适配度指标

模型拟合指数	χ^2/df	GFI	AGFI	NFI	CFI	RMSEA
评价标准	<3	>0.9	>0.8	>0.9	>0.9	<0.08
指标值	0.906	0.973	0.954	0.987	1.00	0.00

12.3.3.4　双方知识互补性的验证性因子分析

利用 AMOS 7.0 对双方知识互补性进行验证性因子分析。图 12-4 是双方知识互补性的验证性因子分析结果，双方知识互补性通过 V_{19}、V_{20}、V_{21}、V_{22} 四个观测变量反映。

表 12-23 表明，各观测变量均在 0.001 的水平上（$P < 0.001$）具有较高的标准载荷系数 λ，说明一阶因子构面内部的各个观测变量具有良好的收敛效度。

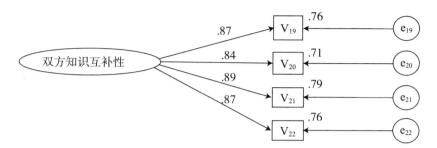

图 12 - 4　双方知识互补性的验证性因子分析

表 12 - 23　　　　双方知识互补性的收敛效度

一阶因子	观测变量	标准载荷系数 λ	P
双方知识 互补性	V_{19}	0.87	—
	V_{20}	0.84	***
	V_{21}	0.89	***
	V_{22}	0.87	***

12.3.3.5　供应商参与程度验证性因子分析

利用 AMOS 7.0 对供应商参与程度进行验证性因子分析。图 12 - 5 是供应商参与程度的验证性因子分析结果，供应商参与程度通过 V_{23}、V_{24}、V_{25} 三个观测变量反映。

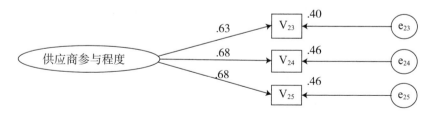

图 12 - 5　供应商参与程度的验证性因子分析

表 12 - 24 表明，各观测变量均在 0.001 的水平上（$P < 0.001$）具有较高的标准载荷系数 λ，说明一阶因子构面内部的各个观测变量具有良好的收敛效度。

表 12 – 24   供应商参与程度的收敛效度

一阶因子	观测变量	标准载荷系数 λ	P
供应商 参与程度	V_{23}	0.63	—
	V_{24}	0.68	***
	V_{25}	0.68	***

12.3.3.6 突破性创新绩效的验证性因子分析

利用 AMOS 7.0 对突破性创新绩效进行验证性因子分析。图 12 – 6 是突破性创新绩效的验证性因子分析结果，突破性创新绩效由 V_{26}、V_{27}、V_{28}、V_{29} 四个观测变量构成。

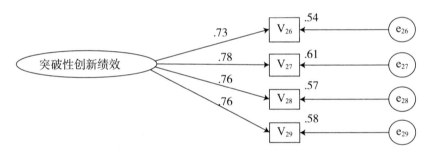

图 12 – 6   突破性创新绩效的验证性因子分析

表 12 – 25 表明，各观测变量均在 0.001 的水平上（$P < 0.001$）具有较高的标准载荷系数 λ，说明一阶因子构面内部的各个观测变量具有良好的收敛效度。

表 12 – 25   突破性创新绩效的收敛效度

一阶因子	观测变量	标准载荷系数 λ	P
突破性 创新绩效	V_{26}	0.73	—
	V_{27}	0.78	***
	V_{28}	0.76	***
	V_{29}	0.76	***

12.3.3.7　需求稳定性的验证性因子分析

利用 AMOS 7.0 对需求稳定性进行验证性因子分析。图 12 - 7 是需求稳定性的验证性因子分析结果，需求稳定性由 V_{30}、V_{31}、V_{32} 三个观测变量构成。

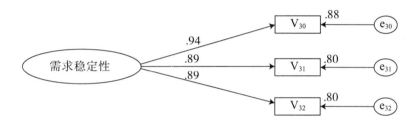

图 12 - 7　需求稳定性的验证性因子分析

表 12 - 26 表明，各观测变量均在 0.001 的水平上（$P < 0.001$）具有较高的标准载荷系数 λ，说明一阶因子构面内部的各个观测变量具有良好的收敛效度。

表 12 - 26	需求稳定性的收敛效度		
一阶因子	观测变量	标准载荷系数 λ	P
需求稳定性	V_{30}	0.94	—
	V_{31}	0.89	***
	V_{32}	0.89	***

12.4 模型的验证分析

12.4.1 构建基本结构方程模型

在量表信度和效度分析的基础上，结合第 3 章的概念模型，本节利用 AMOS 7.0 软件来构建供应商参与对制造商突破性绩效之间影响关系的结构方程模型，首先检验不包含调节变量（需求稳定性）的基本模型，如图 12 – 8 所示。

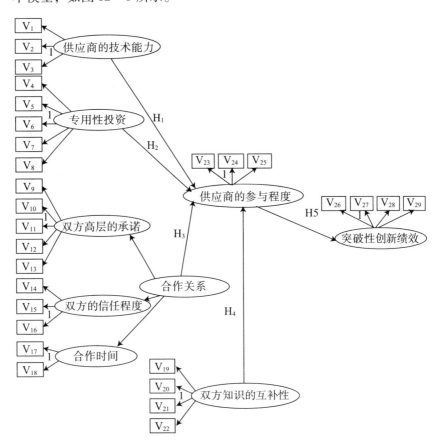

图 12 – 8 供应商参与对制造商突破性创新绩效影响结构方程模型

12.4.2　模型拟合度检验

本研究采用 AMOS 7.0 对所构建的图 12 - 8 的结构方程整体模型适配度进行分析。整体模型 SEM 的拟合度统计值结果如表12 - 27 所示。

表 12 -27　　　　　　　　　基本整体模型适配度统计值

模型拟合指数	χ^2/df	P	GFI	AGFI	NFI	TLI	CFI	RMSEA
评价标准	< 3	> 0.05	> 0.9	> 0.8	> 0.9	> 0.9	> 0.9	< 0.08
结果	1.077	0.150	0.894	0.875	0.923	0.993	0.994	0.019

绝对拟合度指标决定理论的整体模型能够预测观察协方差或相关矩阵的程度。由 12.2.3 可知，χ^2/df（整体模型的绝对拟合度指标）为 1.077 < 3，AGFI = 0.875 > 0.8；RMSEA = 0.019 < 0.08；接近理想值 0，因此可以说明该模型的绝对拟合度很好。P = 0.15 > 0.05，说明模型的 P 值大于 0.05 的显著性水平，因此模型与问卷具有非常好的拟合程度。比较适合指标（CFI）通过与独立模型相比较来评价拟合程度，对于小样本估计模型拟合时也可以表现得很好，一般来说要求大于 0.9，可以看出结果满足要求。基准拟合度指标（NFI）反映了设定模型与独立模型的改善增量关系，TLI 提出自由度的影响。我们可以看出这两个指标度满足要求。所以该模型的拟合度很理想。

12.4.3 基本整体模型路径效果分析和假设检验

本书利用 AMOS 7.0 软件对假设关系进行验证，结果如图 12 - 9 和表 12 - 28 所示，我们根据软件分析的路径系数来探讨潜变量间的影响效果。结构方程模型的路径系数可以分为标准化和非标准化两种，本书利用标准化路径系数来分析。一般来说，标准化系数的绝对值小于 0.1 表示效果不好，标准化系数在 0.3 左右表示结果中等，如果其绝对值大于 0.5 算是很好的效果（Cohen，1988）。

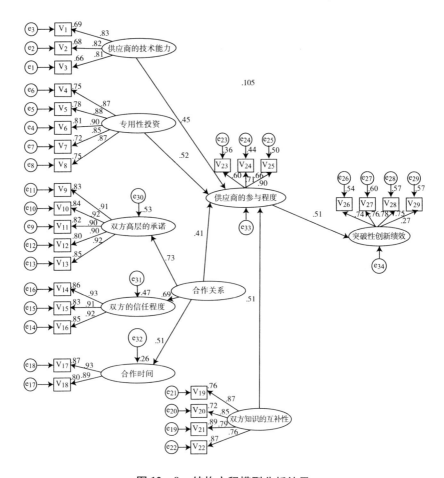

图 12 - 9　结构方程模型分析结果

表 12 - 28　　　　　　　　　　结构方程模型结果统计

路径效果	标准化估计值	标准差（S. E）	临界值（C. R）	P
供应商的参与程度 <——供应商的技术能力	0.449	0.042	6.002	***
供应商的参与程度 <——专用性投资	0.517	0.035	7.046	***
供应商的参与程度 <——合作关系	0.410	0.054	4.732	***
供应商的参与程度 <——双方知识的互补性	0.514	0.032	7.347	***
突破性创新绩效 <——供应商的参与程度	0.515	0.125	5.558	***

从表 12 - 28 可以发现，供应商的技术能力在显著性水平为 0.001 的前提下对供应商参与程度的影响效果为 0.449，表明路径效果较好，接受假设 1。专用性投资对供应商参与程度的影响效果为 0.517，显著性水平为 0.001，影响效果很好，因此接受假设 2。合作关系对供应商参与程度的标准路径系数为 0.41，并且 P 值为 0.001，所以影响效果较好，接受假设 3。双方知识的互补性对供应商参与程度的影响效果在 0.001 的显著性水平上为 0.514，效果很好，接受假设 4。最后，供应商参与程度对突破性创新绩效的影响效果为 0.515，在显著性水平 0.001 上效果很好，接受假设 5。

12.4.4　需求稳定性调节效应检验

假设 6 提出需求稳定性能够调节供应商参与程度对突破性创新绩效的影响作用，并且这种交互作用是正向的。本书需要考虑供应商参与和需求稳定性对突破性创新绩效的主效应。另外，还有两者的交互作用对突破性创新绩效的影响来验证假设 6。所以，本研究参考龙勇、常青华（2008）对调节变量的处理方法，利用多元线性回归模型进行验证，建立的回归模型如下所示：

$$F_2 = b_0 + b_1 F_1 + b_2 F_3 + b_3 F_4 + \varepsilon$$

其中，F_1 表示供应商的参与程度，F_2 表示突破性创新绩效，F_3 表示需求稳定性分析，F_4 表示供应商参与程度和需求稳定性的交互项。

我们利用 SPSS 17.0 对模型进行逐步回归并对结果进行分析。结果表明 $F = 26.287$，$P = 0.000$，$R^2 = 0.52$，说明模型拟合得较好。DW $= 1.922$，说明残差序列无自相关。回归系数结果如表 12 - 29 所示，我们可以看出需求稳定性（F_3）对突破性创新绩效（F_4）的影响不显著没有通过检验，这表明需求稳定性对突破性创新绩效没有显著的影响。F_1（供应商参与程度）的回归系数在 0.01 的水平上显著。而交互项"F_4（供应商参与程度 × 需求稳定性）"的回归系数在 $P = 0.05$ 的水平上显著，而且这种交互作用是负向的，说明需求稳定性通过供应商参与对突破性创新绩效有间接的影响，而这种影响是负的，说明需求越不稳定，供应商参与对突破性创新的影响越大。综上所述，假设 6 得到了验证。

表 12 - 29　供应商参与和需求稳定性对突破性创新绩效的多元回归系数结果

Model		Unstandardized Coefficients		Standardized Coefficients		t	Sig.
		B	Std. Error	Beta	B	Std. Error	
1	Constant	0.009	0.168		0.057	0.955	
	F_1	0.621	0.092	0.420	6.755	0.000	
2	Constant	0.056	0.167		0.336	0.737	
	F_1	0.507	0.102	0.343	4.963	0.000	
	F_4	−0.101	0.042	−0.168	−2.428	0.016	

12.4.5　假设检验结果汇总

根据本章前面的验证分析，其假设检验结果汇总如表 12 - 30
所示。

表 12 - 30　　　　　　　　　　假设检验结果汇总

假设	假设内容	验证结果
假设 1（H_1）	供应商的技术能力越高,供应商参与突破性创新程度越深	接受
假设 2（H_2）	供应商专用性资产投入程度越高,供应商参与创新过程的程度越深	接受
假设 3（H_3）	制造商和供应商的合作关系会对供应商参与创新程度有正效应	接受
假设 4（H_4）	制造商和供应商之间的知识互补性越强,供应商参与创新的程度就越深	接受
假设 5（H_5）	供应商参与程度越深,制造商的突破性产品创新的绩效越高	接受
假设 6（H_6）	需求越不稳定,供应商参与对制造商突破性创新绩效的作用越大	接受

12.5　结果讨论

本节将根据结构方程和回归分析结果，对本研究提出的假设检验
结果进行分析和讨论。尝试通过理论与实证结合的方式对供应商参与

对突破性创新的影响机理进一步探讨分析。本研究将因变量相同的假设归为一类分析，所以以下的分析分为三部分：①供应商的技术能力、专用性投资、供应商和制造商合作关系、双方知识的互补性这些前因因素对供应商参与程度的影响；②供应商的参与程度对突破性创新绩效的影响；③需求的稳定性对供应商参与程度和突破性创新绩效的调节作用。

12.5.1　各前因因素对供应商参与程度的影响分析

通过实证发现，供应商的技术能力、专用性投资、供应商和制造商合作关系、双方知识互补性对供应商的参与程度都有显著的正效应，同时验证了假设 H_1、H_2、H_3、H_4，这表明这些因素对供应商参与有很强的促进作用。

制造商选择具有良好技术能力的供应商参与企业的创新活动，往往有助于其对所在行业技术前沿的快速精准把握，使得制造商的创新更具前沿性和市场适应性。同时，技术良好的供应商能够在创新活动中承担较大的责任，可以帮助企业改进创新的规划和构思，使得企业在方案、技术等选择上更加准确，进而使得制造商更有市场竞争力。相反，技术较差的供应商难以满足制造商合作的需要，无法承担创新活动中的较大责任，也难以提出价值性大的意见或建议，自然无法深入参与制造企业的创新活动。因此，供应商技术能力越强，其参与创新活动的程度就越大。这与 H_1 的验证结果相符。

专用性投资是一种特殊的资本。专用性资产的专用性越高，那么投资的不变成本和可变成本就越高，供应商对制造商的依赖程度会变高，所以合作双方的连贯性、持续性就变得很关键。另外，专用性投资对外部关系的价值非常低，供应商会希望通过加深参与程度来维持关系。这样供应商会更愿意参与企业风险性高的突破性创新活动，使得专用性投资的价值尽量最大化。所以，专用性投资会加深供应商参与创新活动的程度。这与 H_2 的验证结果相符。

本研究中将合作关系分为承诺、信任和合作时间三个维度。承诺是双方维持合作关系的一个基础和保障，有了承诺双方会在一定程度上可以牺牲短期利益来保证长期利益，即使有不确定性的存在，彼此也会认为值得维持合作关系。当双方做出态度平等的承诺时，双方在以后的合作中互动更积极有效，同时有利于在合作过程中对关键知识、信息、技术等的分享交流，增加供应商参与创新的动力。所以，双方承诺有助于供应商参与程度；合作双方在合作过程中都会在保障自身利益的前提下规避风险，这就使得合作变成一种博弈。但是，制造商让供应商参与创新活动的目的就是共享利益分担风险提高企业创新的效益和效率，在合作过程中必然进行沟通、分享。如果供应商将创新的秘密信息泄露出去，对制造商将会产生严重后果，所以，只有在对供应商充分信任的前提下才能让其参与企业的创新活动。相对地，参与制造商的创新活动具有风险性，特别是风险性高的突破性创新，如果没有对制造商的充分信任，供应商深入地参与并获得应有的收益。所以，双方之间的信任程度越高，供应商参与的程度就越大；双方的合作时间越长，双方的默契、信任和了解程度就越高，对于后续的合作会起到一种促进作用。通过长期合作双方的沟通和协作会更容易有效，同时由于信任制造商会让供应商承担更大的责任，而供应商也倾向于这么做。综上所述，供应商和制造商良好的合作关系会对供应商参与程度起到促进作用。这与 H_3 的验证结果相符。

每个企业都有优势或核心知识，如供应商对产品性能、制造和使用等方面的知识了解和掌握得较深入，而制造商对产品使用过程中存在的缺点以及要改进的地方了解得较多，但对专用性设备的使用和维修方面的知识不够全面。所以，要是制造商和供应商合作形成"知识库"，就能对彼此的知识缺陷部分进行补充和完善。双方的知识越具有互补性，合作的潜力越大，需要交流学习的知识就越多。所以，双方的知识互补性越强，供应商的参与程度就越深。这与 H_4 的验证结果相符。

12.5.2 供应商参与程度对突破性创新绩效的影响

实证结果表明，供应商的参与程度越深，突破性创新绩效越好。供应商的参与能够提供制造商创新活动必需的专用性特殊资本，弥补制造商知识和技术上的欠缺，同时能够帮助分担创新的高风险。另外，在合作过程中，通过双方的沟通、交流、互相学习更容易擦出创新的创意火花，增加创新成功的可能性，帮助降低创新产品的成本，提高产品性能，提供有效市场信息，等等。因此，供应商深层次参与制造商创新活动的各个阶段是非常重要的，对制造商创新绩效的益处是显而易见的。所以，供应商参与程度越深，突破性创新绩效越好。这与 H_5 的检验结果是相符的。

12.5.3 需求稳定性的调节作用

实证结果表明，需求越不稳定，供应商参与对于突破性创新绩效的作用就越明显。一般情况下，当需求稳定时，制造商和供应商就会为了规避风险而满足于渐进性创新。所以，需求越不稳定制造商越趋向于通过突破性创新来竞争，同时需要和供应商更加深入地合作来满足所需资源分担风险。需求的不确定性能够促进供应商和制造商间的合作，对双方进行积极有效的互动具有促进作用，刺激供应商参与突破性创新。双方通过进行有效的沟通和交流，了解顾客需求，降低不确定性，最后促进创新的绩效。双方在需求不稳定的情况下根据市场和服务的性质评估它们未来的市场趋势，为创新的市场化奠定基础。资源理论也认为在不确定的条件下，强有力的合作可以促使公司获得所需资源，维护绩效。所以，需求越不稳定，供应商参与对突破性创新绩效的影响越大。这与 H_6 的检验结果相符。

12.6　启示和建议

本研究在一定程度上反映了我国供应商参与制造商创新的现状，结合本研究的结论，本书认为制造商想要在供应商参与创新的过程中不断提高自身的突破性创新绩效，可以从以下 4 个方面着手。

（1）做好供应商的选择和评价

本研究结果表明，供应商的技术能力越强其参与程度就会越深。一般情况下，制造企业的产品结构和技术都具有很大的复杂性，所以需要相当数量的供应商。企业建立针对自身发展情况和需要的系统的供应商评价体系，能够减少中途合作进行不下去而需要重新选定供应商的成本。制造商可以从供应商的产品质量、成本、交货期、资金实力、双方合作经验、产品创新能力以及技术能力等方面对供应商进行评价，可以根据实际需要加大技术能力的权重。

供应商选择是供应链管理的重要方面，它需要基于良好的供应链管理战略。在供应商的选择上要注意以下四点：首先，必须有供应商全球化和高水平的信息技术做基础。其次，要实行供应商分级管理、供应商合同管理、供应商优化策略，然后建立供应商网络和网络资源以及供应商分级体系。再次，结合企业的发展战略，根据供应商全面质量管理策略、质量体系认证、技术水平、成本结构、合作意愿以及柔性等方面进行评比择优选取。最后，要确定合作关系的类型，即要清楚信任度以及合作时间长短，供应商参与创新情况下会参与并负责最终产品的设计，其可能只服务于一个制造商，那么，供应商和制造商之间的相互信任程度必须是最高最理性的。

在与供应商合作过程中，需要根据供应商选择标准对其进行评价，及时确定最初的选择是否合适，进而确定合作关系是否需要继续，有无必要进行更密切的合作——战略合作关系。一般来说，通过五个方面对供应商进行评价：供应商阶段性自我评价、客户审计与评价、客户对供应商的奖励、整体评估以及客户对供应商的分级。

（2）与供应商建立良好的合作关系

制造商和供应商的合作关系对供应商参与程度具有显著的正效应。本研究中合作关系包括双方高层的承诺、信任程度和合作时间。我国制造商在同供应商的合作过程中，要注意彼此承诺的对称性，同时注意培养彼此的信任，两者是保障双方更好互动创新的前提。另外，合作关系的培养不可能短期见效，彼此的信任、密切的合作关系都需要长时间的培养，所以双方在合作初期就要意识到要有战略眼光，建立长期的合作关系对于突破性创新而言尤其重要。供应商和制造商的战略伙伴关系具有更高层次的整合、更广范围的合作、持久的合作效果、良好的协调性以及更高的相互信任的特点。供应链企业间的战略合作关系需要系统逐步地发展起来，往往需要经过对供应商选择、评价、开发以及合作关系的评价等。

企业间的战略合作关系由于会受到很多方面的影响，因此它是动态的。影响合作关系的因素主要包括三个方面：合作因素方面主要有相互信任度、目标一致性、资源共享、理解清晰、有效沟通等；供应商自身方面主要有质量承诺、技术、管理水平、柔性、持续改进以及资金保障等；制造商自身方面主要有成本结构合理性、长远眼光、质量观念以及管理水平。

在战略合作关系阶段，供应商和制造商可以对双方的合作关系进行评价。通过评价过程，合作双方可以发现不足之处并进行相互协商并调整，优化后续的合作。合作关系的评价主要包括供应商对合作关系的评价以及制造商对合作关系的评价。战略合作关系不仅对企业与供应链的运转非常重要，而且作为企业间共同投资和相互选择的结果，必须慎重保持和不断提高。只有保持良好的合作关系，双方才能产生高效的合作绩效。

（3）注重内外整合，尤其是对供应商知识与技能资源的整合

资源依赖理论认为，保持组织的持续运行需要多种资源。在经济全球化技术发展水平迅速的今天，企业不可能所有资源都自给自足，包括创新需要的人力、财力、物力、技术以及知识等各种资源。有效地整合资源是企业所需要的一种重要的能力。制造商在与外部实体，包括供应商、用户、服务机构、科研院所等建立互惠互利、资源互用的紧密合作过程中，需要获取自身创新所需的价值资源，完成内外部资源的有效整合。资源自由通过整合才能为企业有效分配利用。所以，企业必须重视知识整合。

优秀供应商的参与为制造商带来许多互补的技术知识、信息资源和管理技巧等，制造商应该组织员工虚心地和供应商相互学习，以达到提升创新能力最终提升创新绩效的目的。制造企业想要对核心技术不断地进行掌握和突破的一个重要途径就是从供应商身上获取、消化

吸收，然后进行加工再创新。这需要双方员工在经验、信息、技巧等方面进行充分信任地共享和相互学习，企业要注意做好新观点和新想法的管理与鼓励工作，为双方的沟通学习创造条件。

突破性创新中的供应商知识整合一般分为三个阶段：供应商知识的识别和获取、知识的评估和融合、知识的利用和创新。供应商知识是突破性创新的关键资源，在供应商知识的整合过程中，知识的识别和获取是整合的前提。知识的评估和融合是企业内部共享并与内部知识重构的过程。对知识的利用和创新属于整合后期，是突破性创新的重点，也是知识整合的目标。这三个阶段是动态的，之间没有标准的界限和固定的程序。多元化的整合策略有利于构建完善的供应商知识体系，进而提高知识整合的效率和结果。

企业应该从三个方面重视供应商知识整合。首先，组织建设方面，需要为供应商知识整合建立平台，成立供应商知识整合组织作为整合主体，负责供应商知识搜索、获取、评估、更新、修改和拓展等，并对整合过程进行监督。其次，建立顺畅的信息交流平台，优化信息基础设施。利用电子化的交流手段促进知识整合组织与供应商、内部产品创新人员间的密切联系和沟通，及时发现问题和差错进行原因分析，并听取和吸收供应商积极的改正意见。这样有助于帮助企业做出合理正确的决策。最后，建立友好的供应商知识地图系统。这个系统界面应简洁方便，能让成员清楚明白获取供应商知识的方法、内容以及如何积累并利用、维护、创新知识等，发挥知识的最大价值，最终达到促进突破性创新绩效、降低创新成本和风险的目的。

（4）加强与供应商的创新合作过程中的有效管理

供应商的参与程度对创新绩效有正效应，而供应商的参与程度具体表现在参与创新的具体活动过程中。双方在合作过程中，如果让供应商承担更大的责任，组建跨职能的联合团队，参与重大的创新项目等，同时却缺乏合理有效的管理，会造成成本加大、信息沟通不畅等不良后果，因此有效的管理对于双方合作关系的维持以及突破性创新绩效的保证作用非常重要。

目前，关于战略供应商的管理策略有签订长期合同而非短期合同、减少供应商数量、制订成长计划等。除此之外，出现了以下 5 点较新的管理理念。

第一，让供应商更大程度地参与新产品开发。

产品的生产成本往往决定于其开发阶段，因为构成产品成本的技术、生产方式以及材料都会在这时决定。制造企业的产品开发者不可能做到对产品设计的每一阶段都充分了解，特别是进行突破性创新。因此，供应商越早参与企业得到的好处越多。

第二，共享机密信息。

供应商和制造商要进行紧密的合作则必须分享流程、人员、一般价值、成本以及视为秘密的信息，这样可以增加彼此的信任度，同时减少信息资源的浪费和重复建设，而且合作双方在共同制订规划的过程中可以使合作的每一个成员的优势得到最大限度的发挥。如果供应商要和制造商建立真正的彼此信任的合作伙伴关系，双方必须习惯互相公开传统观念中的公司机密。

第三，让供应商参与企业管理。

当供应商深入参与企业的创新活动时，他们会很了解企业的优势和劣势，他们本身或许是行业领导者，具有许多制造商需要学习的地方。所以，制造商可以听取供应商的建设性意见，不断地进行持续性自我完善。供应商通过参与制订质量方案、确定合作目标来参与制造商的管理，往往可以帮助制造商提高产品开发质量，降低成本，提升管理水平。

第四，灵活处理。

目前，制造商更趋向于与少量的供应商合作，这样可以使供应商更好发挥学习曲线效应，进而降低成本。相对地，新的供应商常常能够提供新思想、新技术，对企业的创新非常关键。另外，对很多中小企业而言，往往担心与供应商过于密切的关系对自己造成不好的影响，而大型企业也不希望对供应商有过多依赖。以上事实表明，在目前制造商和供应商关系越来越复杂的形式下，制造商如何处理同供应商的关系没有既定模式，制造商需要灵活处理双方的关系。

第五，共同分析财务。

一些制造商为了降低经营过程中的风险对供应商的财务状况进行单方面评估，他们把对供应商的审核重点从质量上升到财务层面上。然而，一些企业已经开始和供应商合作分析成本、利润，他们有联合的数据跟踪和绩效标准，这个绩效标准重在管理双方的共同利润。供应链成员预测并跟踪利润率，共享利益、共担风险来保证共同的利润，这样更有利于双方的信任程度，更能促进供应商的参与程度。

第13章 企业突破性技术创新风险识别研究

13.1 企业突破性技术创新风险复杂性分析

13.1.1 突破性创新风险的概念界定

突破性创新属于技术创新的一种类型，随着我国生产力的发展，经济增长方式的转变，知识经济快速发展，技术创新吸引了越来越多的目光，因此对其引起的创新风险也成了近几年来国内研究的热点。具体可将其归纳为以下3种解释。

（1）技术创新活动失败的可能性（概率）角度

美国学者Aaron（1993）认为，企业进行技术创新活动时面临的风险其实指的是创新项目失败的可能性或者概率。这技术创新风险定义对现在技术创新风险研究具有重要的影响，也引发了大量对技术创新项目的失败可能性或概率的研究，以及技术创新项目的影响因素的研究（杨嘉歆，2009；吴涛，1999；毛荐其、霍保世，2002）。

其中，吴涛（1999）认为技术创新风险是指创新主题在技术创新过程中，由于各种环境因数的不确定性、项目自身的难度以及创新主体综合能力的制约，导致的技术创新活动的中止、失败，或达不到预期经济技术指标，而造成损失的可能性。同样观点的还有毛荐其、霍保世（2002），提出由于受到大量内外部因素，如存在不确定性的外部环境因素、企业或者创新研究机构自身创新能力的不足、技术创新项目自身的复杂特征或者研发难度，使得创新项目没有实现既定目标或者失败的可能性，即技术创新风险。

（2）技术创新活动面临的风险引起的损失的角度

其中，有学者用技术的灾难性后果来表示技术创新风险（Otway，1987），也有研究者用技术创新活动的无法达到预期目标以致造成损失后果，如时间、机会以及人力和财力方面，来体现技术创新风险（Andrews，2006）。Abernathy则认为，技术创新是由于信息不充分而导致的技术创新行为结果出现的种种偏差。我国学者周寄中认为，技术创新风险造成的影响不仅包括正面的还包括消极的，他将技术创新风险定义为技术创新过程中的不确定性事件或条件，它的发生将对技术创新项目的目标产生积极或消极的影响（袁泽沛、王琼，2002）。

（3）从技术创新活动中不确定性事件发生的概率和由此引起的后果角度

这种定义从创新失败的概率和损失两个角度描述了技术创新风险。加拿大学者 R. G. Cooper（1979）指出，在技术创新的每个时刻，都存在潜在损失，即潜在损失是创新过程中负的现金流和新产品引入市场的回报组合的负面结果，也存在不确定性，包括开发的不确定性和产品产出的不确定性，因此技术创新风险是这两者的函数。

谢科范（1999）将突破性创新风险定义为内外部因素造成创新项目没有实现既定计划的可能性概率，以及因此造成的损失后果，这些因素包括外部环境、技术创新项目本身特征、创新者自身特征和能力等。

综上所述，对风险和技术创新风险的定义种类繁多，其原因在于各个研究的出发点不同。本研究的目的是分析各层面的风险因素对突破性创新项目风险的影响，分析的是风险因素和整体风险水平的关系，为有针对性地制定企业突破性创新风险调控措施提供依据。因此，本研究借鉴谢科范的技术创新风险的概念，认为突破性创新风险是指在突破性创新过程中，由于突破性创新项目内外部因素（如突破性创新企业所处的外部环境、突破性创新企业或研究自身条件和实力以及突破性创新技术本身特征等因素）的影响，而造成突破性创新项目没有完成既定计划或者未达到预期目标的可能性概率和造成的损失后果。

13.1.2　突破性创新的风险识别研究综述

虽然突破性创新比渐进性技术创新在创新强度上更大，对企业内部各个方面和企业外部环境都影响更大，也更容易受这些因素的影响。但是以往技术创新风险因素识别研究对识别突破性创新的关键风险因素有较强的借鉴意义。因此，本书先从技术创新风险因素研究入手，并在此基础上对现有关于突破性创新风险因素进行分析。

在对技术创新风险因素的研究中，国内外研究者从自身学术目的出发，根据不同的分析对象，使他们在对技术创新风险因素的分类标准上存在自身研究特色，缺乏一致性。其中，比较常见的分类标准，如将技术创新看成一个过程，按照企业技术创新的流程活动来分类；

有从不确定性出发研究风险的起源并以此为分类标准；还有以风险特征为标准，以及按照技术创新本身的难度和复杂性或者创新者开发水平来分类（吴涛，1999；曹文钊，2007），具体从以下 5 个方面陈述。

（1）以将技术创新看成一个过程进行的分类

将技术创新看成一个过程的各个学者对其划分标准和细致度也存在不同，因此虽然他们都是以创新阶段为标准，但是依然存在着差异。例如，有学者认为技术创新阶段包括市场分析调研、方案决策、技术来源、创新立项以及实验、试制、生产、销售等 14 个，也将技术创新风险分为 14 类风险（吴运建、周良毅，1996）；也有学者将创新过程分为决策阶段（包括市场调研到技术创新方案制订等企业活动）、技术阶段（方案制订以后到实验样品形成的过程）、生产阶段（包括相关生产工艺装备准备、试制，直至规模生产）、市场阶段（技术创新产品投入市场，并根据由消费者反馈意见对创新产品进一步改进完善的过程）四个阶段，并将技术创新风险分成与之对应的四个阶段风险（谢科范，1999）。在此基础上，有学者提出技术创新过程充满了风险，但是每个阶段包括风险因素不尽相同，而且主要风险不一致，应针对性地根据技术创新阶段采取防范对策（李晓峰，2005；苗雨君，2010）。

（2）以创新项目管理理论为基础进行的分类

一些学者以创新项目管理理论为基础，结合风险过程阶段性和风险自身特征，以及技术创新项目特点，以企业在进行技术创新活动涉及的各方面特征为依据，将技术创新风险划分为技术风险、市场风险、管理风险、机会风险、决策风险等（吴涛，1999）。张清辉（2003）在研究合作技术创新风险同时，指出在技术创新过程中并非合作造成的风险，如市场风险（包括消费者需求变化、企业竞争、产品更新速度等）、政策风险（包括法律、财税、金融等方面政策）、金融风险（包括利率、汇率、股市变动，以及全球或地区性的金融环境）、能力风险（不同阶段创新活动不同，使得对企业能力要求也不同）、资金风险（包括资金实力、筹资融资能力等）。

（3）以风险来源为切入点进行的分类

以风险来源入手进行技术创新风险划分的学者中，一部分着重分析了技术创新风险项目的技术风险和市场化过程中的风险，如 Moriarty R. T. & Kosnik T. J. (1989) 在研究高科技创新产品市场化过程中主要风险来自技术本身和市场；Souder & J. D. Sherman (1993) 认为技术创新风险主要来自技术、市场和商业运作三个方面。在此基础上，学者们将外部环境因素纳入技术创新风险的来源中，如 Balachandra 等 (1997)。另外，有学者认为技术创新项目是同时受企业内外部环境影响的，不能像以往研究过于强调技术本身，或者市场化等方面，而是在技术创新项目开展时企业内部能力不足，技术项目自身的特征，或者企业外部环境如宏观环境、市场环境和产业环境等都可以使得创新项目的风险损失（Bennett 等 G.，1981；Balachandra 等，1997；Mohan V. Tatikonda，1999、2000；Polk 等，1996；路应金、徐谡、唐小我，2003；Keizer 等，2002）。

（4）以技术的不确定性进行的分类

有学者认为创新项目是一项包含一种态度、风格、理念的复杂活动，指出应该以技术的不确定性，特别是技术的新颖性和复杂性特点，将技术创新项目分为低等水平、中等水平、高等水平、超高水平四个水平等级，并对相应水平等级创新项目不确定性和风险进行对比分析，并建议企业和研究机构特别关注"更高水平的"技术创新项目及其所需态度、理念和配套的管理，一旦研发成功将增强企业和研究机构自身的竞争优势、巩固其商业地位（A. J. Shenhar，1993）。

（5）以其影响因素进行的分类

还有一种被广泛接受，并且在国内经常使用的创新风险划分方法，就是按照其影响因素进行分析。R. G. Cooper（1979）从影响创新产品收益入手，识别出了产品商业化因素、信息不确定性因素、企业过程管理因素、市场因素、企业资源能力因素、技术项目因素等六大种类的影响因素，建立了 77 个测量项指标体系，并通过因子分析将其细分为 18 个独立因子。国内学者谢科范（1999）在其著的《技术创新风险管理》（河北科学技术出版社 1999 年版）一书中结合宏观环境和微观层面的企业创新者以及创新项目 3 者的不确定性建立 58 个测量项的风险体系，并通过典型样本的实证统计分析确定对技术创新风险贡献较大的关键风险因素。洪进和汤书昆（2003）从企业内外部条件出发，将企业在创新过程中能遭受到的风险分为制度性、财政性、技术性、管理决策性四个方面。

由上可见，由于技术创新需考虑的因素和条件很多，学者们从自身研究出发对创新项目风险进行不同分类，虽然缺乏一致性，但是总的来说，对创新项目风险进行了详尽的分析和研究。

13. 1. 3　风险系统的复杂性分析

根据突破性创新风险源可知，突破性创新风险系统是企业外部环境、企业内部系统及突破性创新项目等创新风险源产生风险流，在改变企业创新系统风险状态的过程中相互影响和相互作用，并且贯穿整个突破性创新过程和创新企业生产经营活动，形成一个非常复杂的突破性创新风险体系。因此，本书从复杂系统的以下 4 个基本特征，分析突破性创新风险系统的复杂特征。

（1）开放性

开放性是复杂系统的主要特征之一，是指系统能够与环境进行物质、能量、信息等交换的属性（李锐，2010）。突破性创新风险系统是一个开放系统，它使风险源的众多不确定性在企业这一开放性系统中，通过企业内部的业务流程链、价值链等组成的风险传导网络传导和蔓延到企业各个功能节点和业务部门，给企业突破性创新带来不确定的损失结果，即风险。其中，构成突破性创新风险传导网络的企业业务流程链和价值链等，正是由企业典型的开放性复杂系统与外界环境进行物质、能量、信息交换而形成，即突破性创新风险是企业在突破性创新过程中与外界开放交互作用形成的。因此，突破性创新风险系统具备开放性特征。

（2）远离平衡态

远离平衡态是复杂系统形成的另一个必要条件。突破性创新风险系统可以从风险来源分为外部环境风险子系统、企业内部风险子系统、突破性创新项目风险子系统。每个子系统自身均包括各自的子系统，如外部环境子系统包括市场环境子系统、产业环境子系统、宏观经济政治形势子系统等。因此，突破性创新风险系统是非空集合，且随时间和空间变化而变化。同时，突破性创新风险系统内各个风险子系统发育不平衡，且具有多阶段性和动态性。由于突破性创新过程可以分为不同阶段，如从技术本身发展周期角度，突破性创新可以分为技术开创期、技术发展期、技术成熟期、技术衰败期。突破性创新企业在每个阶段面临的风险不同，即使同样的风险在不同阶段的发生时期对企业的影响程度或者可能造成的损失也不同。因此，突破性创新风险系统是一个远离平衡态的动态系统。

（3）涨落性

涨落性是复杂性系统不确定性的体现。涨落是系统内部子系统之间的非线性相互作用，加上外部因素的随机扰动而使系统的状态量偏离稳定状态值的现象，是通过系统组织内部的非线性关系形成驱动力，促使复杂系统突破平衡态，形成新的耗散结构状态，因此可以看出，涨落不仅能引起稳定状态的破坏，还能促进系统实现新的稳定状态。如图 13 - 1 所示，系统要突破以往的平衡态或者近平衡态，进入远离平衡态的耗散结构，必须依靠涨落的力量，但同时处于稳定态的系统具有一定的抗干扰和自我恢复能力，能够抵抗和化解随机小涨落引起的系统波动。因此，当突破性创新风险系统处于初始平衡态时，通过与外部环境进行各种交换，突破性创新风险系统内部的某状态参量达到了涨落临界，突破这一临界时的微小涨落都可能利用突破性创新风险系统内部非线性的放大机制，而成为巨涨落，如"蝴蝶效应"，从而为突破性创新风险系统状态跃迁提供了可能。

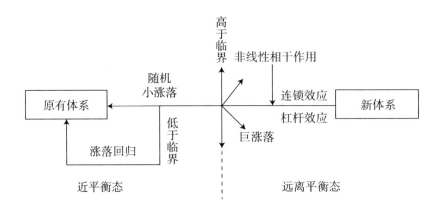

图 13 - 1　突破性创新风险系统的涨落机制

（4）非线性

突破性创新风险系统在形成过程中，风险的多样性、联动性和多变性，决定了突破性创新风险系统是一个复杂系统，即每一种风险并非单独直接作用于突破性创新风险系统，而是风险之间存在相互影响和相互作用的联动关系。而且，风险在突破性创新过程中功能节点上时，风险之间相互关系并非简单叠加，而是非线性的耦合关系。在突破性创新风险形成过程中，企业突破性创新风险系统的各个风险子系统之间，如外部环境风险子系统、企业内部风险子系统、突破性创新项目风险子系统等之间的相互作用和相互影响的关系也是一种非线性关系。其中，风险之间的相互作用和相互影响，能产生风险叠加、倍增的效应，使得整个企业风险增大，我们称这种相互关系为"强耦合"；相反，若风险之间发生耦合之后的值小于耦合之前的值，从而降低了突破性创新风险水平，这种耦合作用被称为"弱耦合"。同时，这种相互联动关系由于复杂系统的特征形成复杂的反馈回路，进而形成"超循环"。这正是非线性机制被称为复杂系统的动力的原因。

13.2　企业突破性技术创新的基本风险因素

13.2.1　基本风险因素的研究综述

Leifer 等人（2000）总结了突破性创新中所面临的不确定性，指出以往着重分析研究的技术不确定性和市场不确定性已经不能充分体现突破性创新面对的复杂、动态、变化多端的不确定性特征，还需考虑由于主流企业组织结构模式与适应突破性创新组织模式的根本性冲突和应对这种冲突的管理难度而产生的组织不确定性，以及企业在资源和能力上与突破性创新的相适应程度以及是否具备解决这些冲突的能力因而产生的资源不确定性，并强调这四种不确定性相互作用、相互影响的重要性。

Jimme A. Keizer 和 Johannes I. M. Halman（2007）通过文献回顾和对一个工业公司的 8 个突破性创新项目的 114 个参与人员的问卷访谈，并将结果进行分析后将风险分为不确定性风险和确定风险，并分别从新产品、供应商和消费者 3 方面体现不确定性风险高度。

杨嘉歆（2010）在对技术创新理论和风险管理理论的基础上，提出了突破性创新风险的风险要素体系。其中，环境要素系统包括宏观经济形势变动、产业政策法规影响、进出口产品影响等宏观因素和市场、行业、消费者等微观因素；企业能力要素系统包括管理能力、生产能力、市场营销能力、财务能力四个方面的因素；项目风险要素系统主要从技术特征和产品特征两个方面分析。

综上所述，以往学者们对突破性创新风险因素的研究大多集中在从突破性创新的不确定性出发，根据自身研究角度不同对突破性创新风险要素进行探讨分析。本书将从突破性创新风险来源入手，从环境层面、企业层面、突破性创新项目层面等多个层次对企业开展突破性创新项目所面临的巨大风险进行层层剖析，并建立一个多维度、全面的突破性创新风险指标体系。

13.2.2　基本风险因素

在基本风险因素的研究综述基础上，本小节主要从以下环境、企业内部系统、项目三个层面分析探讨基本风险因素。

（1）环境层面

环境层面指企业突破性创新系统以外的所有外部因素及其不确定性。由上一节对突破性创新风险源分析可知，外部环境风险主要来自宏观经济政治形势、自然地理环境、市场环境、产业环境四个方面，因此，本书将从外部宏观环境、产业环境、市场环境三个角度来探讨企业开展突破性创新活动时需要面临的环境层面风险要素。

第一，外部宏观环境。

宏观环境是企业进行一切活动的基础，是企业进行突破性创新的支撑。它是由企业所处的社会经济政治形势、物质文化生活条件、政府法律法规政策等多方面因素组成。对于企业进行突破性创新而言，本书认为宏观环境风险要素主要包括以下宏观政治经济形势风险、政府政策风险、知识产权风险三种。

其一，宏观政治经济形势风险。

宏观政治经济形势风险对企业突破性创新的影响是客观的、间接的。它可以通过影响市场对突破性创新产品的需求来促进或者阻碍企业创新，也可以通过对企业突破性创新的资金来源以及资金成本来影响企业突破性创新。比如，宏观经济形势不景气时，一般市场需求会萎靡不振，同时，各方银根的紧缩带来的企业融资难度和成本的提高，导致企业突破性创新项目资金紧张，甚至资金链断裂等风险。因此，宏观政治经济形势变动是企业突破性创新时必须面对的一个长期存在的客观风险。

其二，政府政策风险。

政府作为市场经济的风向标，对企业突破性创新活动具有导向作用。国家及其相关部门在支持或遏制某一行业或者产业发展时会出台相关的扶持或限制政策，如环保政策、能源政策、科技政策等。因此，企业突破性创新项目是否与政府政策方向相符，将直接关系到项目实施的难易程度，甚至成败。

其三，知识产权风险。

知识产权保护是政府对于企业进行突破性创新的保护，是一种政府行为。知识产权保护风险主要来自国家知识产权保障机制的不健全。这一风险的存在将大大增加企业突破性创新被模仿甚至被剽窃的风险，导致企业不得不承担增强突破性创新成果保护带来的高额成本。

第二，产业环境。

产业环境主要涉及产业特性和竞争者两个方面。

其一，产业特性。

企业突破性创新项目的顺利实施与所处产业自身特性是密切相关的。本书认为产业特性主要包括产业市场规模和产业技术更新速度两个因素。其中，产业市场规模直接关系到企业突破性创新项目的市场前景和发展价值；由于突破性创新项目通常研发周期较长，尤其资源投入巨大，需要相对漫长的成本回收期，因此，产业技术更新速度对企业突破性创新项目的选择和实施具有重要的影响。当企业突破性创新项目尚未收回成本甚至刚刚进入市场时，产业中可能出现性价更优的替代性创新产品，导致企业创新产品丧失竞争优势而难以回收成本。

其二，竞争者。

企业通过突破性创新意图在产业竞争中建立竞争优势，这是企业进行突破性创新的重要动力之一。因此，产业竞争对手情况对企业突破性创新项目有重要影响。本书从竞争对手数量和竞争对手实力两个角度对产业竞争者进行分析。其中，竞争对手数量过多，将会瓜分产业市场，同时可能出现激烈的市场价格竞争，摊薄企业突破性创新项目收益，并且可能加快技术更新速度。显而易见，竞争对手实力对企业突破性创新能否顺利进行的影响很大。对于突破性创新产品而言，它主要表现在竞争产品能够很好地满足消费者需求，客户也对竞争企业具有很高的忠诚度。

第三，市场环境。

企业突破性创新风险的市场环境因素产生主要来自市场的不确定性，是指由于企业突破性创新面对的市场是一般为非主流市场，或者尚未发现的潜在市场，企业无法对市场进行准确的预测分析，出现企业突破性创新产品可能不太适应目标市场需求变化而未被接受的风险结果。本书下面从市场规模和消费者需求两个方面对市场环境进行分析。

其一，市场规模。

市场规模或者市场容量关系到突破性创新产品的市场前景和开发价值。尤其是突破性创新项目而言，企业在市场研究时对市场规模进行的预期评估，直接影响企业决策质量和方向。因此，本书以现实市场规模、潜在市场规模、市场规模成长速度三个指标对市场规模因素进行描述。

其二，消费者需求。

突破性创新项目的消费者需求风险因素主要指由于其产品面对的消费者自身不太清楚产品具体详细的性能特征，使得企业对消费者的偏好、购买力等方面的信息较为模糊，而且这些方面的因素随时间或者收入等变化还会发生不可估计的改变，使其对突破性创新产品的销售产生可能的影响。本书主要从消费者需求变动速度、消费者对价格敏感度、消费者购买力等方面对消费者需求因素进行分析。

（2）企业内部系统层面

对企业内部系统层面，本书将主要从企业家精神、企业综合管理能力、创新研发能力、市场营销能力、财务能力、生产能力6个方面进行深入分析突破性创新风险因素。

第一，企业家精神。

相对于渐进性创新，突破性创新在技术上具有突破性进步，使得企业具有核心竞争力，获得竞争优势和巨额利润，但突破性创新在技术、市场、组织、资源上的巨大不确定性，经常让许多企业望而却步。对于一些能够成功实施突破性创新的企业，其通常具有积极支持突破性创新的企业家顶住各方面由于不确定性带来的质疑和犹豫而做出果断的决策。因此，企业在突破性创新项目决策中起到最关键的作用就是企业家，即企业家因素是突破性创新风险中不可忽视的因素之一。本书将从企业家风险承受能力、成功的信心、创新能力、竞争意识四个因素来描述企业家。

第二，企业综合管理能力。

突破性创新项目从创意产生到商品化过程中充满了不确定性和风险。因此，突破性创新项目成长和发展过程实质上是突破性创新的企业综合管理能力成长的过程。在这一过程中，企业管理能力方面体现的复杂程度和管理水平的不足使得突破性创新项目不能达到预期目标，从而形成了风险即突破性创新的企业综合管理风险。本书认为在突破性创新活动中企业面临的综合管理风险大体可以从信息管理要素和过程管理两个方面进行分析。

面对突破性创新的高度不确定性，企业在进行突破性创新过程中必须充分了解市场、技术、外部环境等信息，以及自身内部各部门紧密联系，以准确了解技术发展趋势、市场供需信息、客户信息和促进部门之间信息共享。因此，企业对产品技术发展过程的了解不足，市场信息了解不准确，内部信息沟通不足，与客户沟通不足，与合作伙伴沟通不足以及企业内部各部门信息传递机制不合理，必然会导致企业在突破性创新项目决策上的主观不确定性，增加突破性创新项目的风险。

由上可知，突破性创新是一个不断涌现不确定性和风险的过程。因此，突破性创新要求企业具备较高的过程管理能力，以明确在创新项目发展过程中企业应当采取的措施和阶段进入时机，以及高效的企业组织管理能力。企业在突破性创新项目的技术评估能力、市场评价能力、技术研发进度控制能力、企业组织管理能力方面的不足，都将加大突破性创新项目的风险。

第三，创新研发能力。

突破性创新项目在技术上存在巨大的不确定性。突破性创新项目的启动、技术方案的实施、研发新产品的定型、中试实验以及最终的应对消费者需求变化进行商品化这一过程中的关键技术研发和技术难点的攻关，都取决于企业的技术研发能力。因此，突破性创新项目的顺利实施对企业的研发能力具有苛刻的要求。本书认为企业研发能力主要包括科技研发人员实力、技术协作能力以及技术测试能力。

科技研发人员实力是企业创新研发能力的先决条件，保证创新项目顺利实施的关键。企业在研发和攻关突破性创新项目时要求企业集中大量的人力、物力、财力，因此它要求企业内部各部门具有高效的协作能力。而且，进入 21 世纪以后，世界的社会分工日益细化使得企业进行创新活动时呈现前所未有的开放性。尤其是突破性创新项目具有如此巨大不确定性和风险性的创新活动，通常寻求多方合作、共同分担风险、创新能力管理互补才能保证突破性创新成功完成，因此，技术协作能力对企业完成突破性创新项目具有重要的作用。

突破性创新项目由于市场和技术上的不确定，要求企业内部对突破性创新项目的每个阶段成果进行测试，确定其能否适应未来市场需求的变化，为企业是否进入下一阶段的决策提供依据。因此，企业内部技术测试能力对其突破性创新项目发展具有显著的影响，如果企业没有充足和匹配的内部技术测试能力，可能会导致突破性创新项目误入歧途，浪费企业的时间和资源。

第四，市场营销能力。

突破性创新项目面对的是非主流市场甚至尚未开发的市场。所以很多情况下，突破性创新产品不仅要适应市场的需求，而且要根据自身产品特点分析和确定可能的目标消费群体，并吸引消费者的关注，挖掘潜在的消费需求。因此，企业的市场研究资源、市场调研能力、市场营销管理能力都对突破性创新项目成败具有重要的作用。

突破性创新项目的市场存在不确定性，甚至尚未形成，相较于渐进性创新，其市场研究对象资源较为缺乏。因此，企业在进行突破性创新活动时需要在市场研究方面投入更多的人力资源和物质资源，以尽可能全面准确地反映市场情况。

企业在突破性创新活动时需要通过大量的调研分析来充分了解市场情况，以降低突破性创新在市场上高度不确定性。因此，企业市场调研能力对突破性创新顺利实施具有重要的作用。

企业进行突破性创新时，市场营销活动主要在于吸引消费者的关注，引导消费者，挖掘消费者的潜在需求。因此，本书认为企业的市场营销管理能力主要包括销售网络模式选择、产品定价策略选择、产品宣传能力三个方面。

第五，财务能力。

突破性创新项目由于技术不确定性，使其在技术研发周期和费用上存在不确定性，给企业财务管理上带来了巨大的挑战。同时，由于突破性创新项目在市场方面表现出的不确定性，从传统财务评价标准上来说，它是不稳健的。而且，随着突破性创新项目的开展，企业投入的资金量越来越巨大，也使得资金成本损失风险日益增大，给企业财务管理和资金运营带来了很大的困难。因此，企业财务能力是突破性创新顺利完成的保证。本书将用资金需求量、融资来源难易程度、企业自身资金实力、资金供应及时性以及企业资金运营状况五个指标来描述企业的财务能力。

第六，生产能力。

企业开展突破性创新项目时，只有将突破性创新成果转化为商品，实现其市场价值，才算完成突破性创新项目。因此，企业在突破性创新过程中不仅要考虑外部因素、企业研发设计能力等因素，还要考虑突破性创新成果到商品的顺利转化过程中所需的生产设计能力。企业生产能力不但直接影响突破性创新成果的产品化，而且会影响企业开展突破性创新初期的创新活动。若企业生产能力薄弱，则可能影响企业在突破性创新活动的创意和中试阶段的效果，因生产能力条件的限制退而求其次，仅对适应企业生产能力的创新产品进行研究开发，而不是尽可能追求突破性创新产品性能的最大化。企业生产能力的不足甚至会导致企业不得不放弃一些产品化难度较大但前景较好的突破性创新项目。本书认为，企业生产能力方面要素主要包括企业工程设计能力、配套设备研发或引进难度、原材料供应、资金供应、生产试验能力等因素。

（3）项目层面

项目层面主要涉及技术新颖性和技术自身条件两个方面。

第一，技术新颖性。

本书从企业和消费者两个角度来阐述技术新颖性。首先，对于企业来说，突破性创新在技术方面的突破性使得企业对其所面向的目标市场或者潜在目标市场不太了解，甚至目前市场尚未开发，并且突破性创新的用途未完全展现，使得企业无法明确详尽地了解。

其次，对于消费者来说，突破性创新产品可能是全新的技术产品，消费者对此比较陌生，企业突破性创新项目面对着只存在潜在需求的可能，而且消费者学习使用突破性创新技术的成本会比较高。因此，由突破性创新带来的技术新颖性在给企业带来商机的同时，会伴随着诸多风险，对企业突破性创新项目产生重要的影响。

第二，技术自身条件。

相对于渐进性创新而言，突破性创新具有很大的创新强度和高度的不确定性。因此，突破性创新技术本身会直接影响突破性创新项目的成败。本书从技术先进性、技术复杂度和难度、技术可替代性、产品生产周期四个方面来描述技术自身条件可能产生风险。

其一，技术先进性。

突破性创新项目在技术方面的突破性带来技术先进性，但是先进的技术并不代表经济上的可行性，也可能不与企业现有条件相匹配。因此，企业进行突破性创新项目开发时在保持技术先进性的同时要兼顾可行性和适用性。

其二，技术复杂度和难度。

突破性创新技术的复杂度越高，难度越大，相应地给企业的研究开发、生产活动带来了越大的困难，产生更大技术风险和生产风险。但是若企业能成功克服这一困难，技术复杂度和难度将成为阻碍其他企业模仿和开发的壁垒，对企业突破性创新产品形成天然的屏障。

其三，技术可替代性。

虽然突破性创新成果相对于现有技术是较为新颖和先进的，但是难以实施是考虑到企业对其在时间、资源等方面投入巨大，如果一旦行业出现可与之竞争的同类技术甚至更先进的技术，企业将面临不可预测的危机，因此技术的可替代性是不能被忽视的。而且企业对突破性创新投入需要一定的成本回收期，因此，突破性创新技术的可替代的容易程度和时间周期对企业创新投资收益具有很大的影响。同时，技术可替代性也决定了突破性创新产品的技术寿命周期，进而影响突破性创新产品的生命周期。因此，技术的可替代性是突破性创新项目的重要风险要素之一。

其四，产品生命周期。

突破性创新产品的生产周期是指企业将相关资源投入生产过程中，经过突破性创新技术进行加工，形成最终产品入库的整个过程周期。由于突破性创新技术的复杂度过大，可能导致企业产品生产周期过长，这将增大突破性创新产品的生产成本，使得产品的产量难以提高，并且价格难以降低，容易导致突破性创新产品失去市场竞争力，造成企业损失。因此，产品生产周期过长也是突破性创新项目的主要风险之一。

13.2.3 构建企业突破性创新的基本风险指标体系

通过对以往企业风险指标体系、技术创新风险指标体系以及突破性创新风险理论的文献研究的基础上，结合上一节针对突破性创新风险系统的各个组成部分及其之间的相互关系，以及突破性创新风险的传导特征，本研究以突破性创新风险来源为标准，将突破性创新风险分为环境层面、企业层面、突破性创新项目层面三个层面以及 13 个子类别。在此基础上，通过与企业管理人员和专家学者进行咨询和访谈，最终确定了企业突破性创新的基本风险指标体系，如表 13 - 1 所示。

表 13 - 1　　　　　　　　　**企业突破性创新的基本风险指标体系**

宏观环境风险		X_1	宏观政治形势不稳定
		X_2	宏观经济形势严峻
		X_3	政府政策支持力度很小
		X_4	知识产权保障机制不健全
市场风险	潜在市场	X_5	现实市场需求不大
		X_6	潜在市场需求不大
		X_7	目标市场成长速度慢
		X_8	潜在市场规模较小
	产业竞争	X_9	产业市场规模小
		X_{10}	产业技术更新速度快
		X_{11}	市场竞争对手数量众多
		X_{12}	市场价格竞争激烈
		X_{13}	竞争产品已经能很好地满足消费者需求
		X_{14}	客户对竞争企业忠诚度很高
	消费者需求	X_{15}	消费者需求变动频繁
		X_{16}	消费者对价格敏感度高
		X_{17}	消费者购买力小
		X_{18}	目标消费者数量小

续　表

企业 能力风险	决策者	X_{19}	决策者创新能力有限
		X_{20}	决策者竞争意识不够
		X_{21}	决策者是风险厌恶者,不能承受风险
		X_{22}	对创新成功的信心
	综合管理能力	X_{23}	技术评估能力有限
		X_{24}	市场评价能力有限
		X_{25}	技术研发进度控制能力有限
		X_{26}	企业组织管理能力有限
		X_{27}	对产品技术发展过程的了解不足
		X_{28}	市场信息了解不准确
		X_{29}	内部信息沟通不足
		X_{30}	与客户沟通不足
		X_{31}	与合作伙伴沟通不足
		X_{32}	信息传递机制不合理
		X_{33}	创意筛选能力有限
		X_{34}	财务评价分析能力有限
	研发能力	X_{35}	科技研发人员实力不足
		X_{36}	技术协作能力不足
		X_{37}	对技术本身了解不足
		X_{38}	内部技术模品测试能力有限

续　表

企业 能力风险	市场营销能力	X_{39}	市场研究资源不足
		X_{40}	市场调研能力有限
		X_{41}	市场营销管理能力有限
		X_{42}	现有的销售网络模式不适合创新产品
		X_{43}	产品定价不合理
		X_{44}	产品宣传能力有限
	财务能力	X_{45}	信贷资金来源难度大
		X_{46}	创新资金需求量大
		X_{47}	企业资金实力较弱
		X_{48}	企业资金供应不及时
		X_{49}	企业资金运营能力较差
	生产能力	X_{50}	企业现有的工程设计能力不适宜新技术开发
		X_{51}	配套设备研发或者引进难度很大
		X_{52}	技术产品的原材料供应不足
		X_{53}	原材料供应难度较大
		X_{54}	资金供给不稳定
		X_{55}	生产试验能力有限

续　表

创新项目	对企业的新颖性	X_{56}	企业对潜在目标市场不太了解
		X_{57}	企业对新技术用途了解不足
		X_{58}	需要新的营销体系
		X_{59}	可能招来新的竞争对手
	对消费者的新颖性	X_{60}	对市场来说是全新的技术
		X_{61}	只存在潜在需求
		X_{62}	消费者对创新很陌生
		X_{63}	消费者学习使用创新技术的成本很高
	技术本身条件	X_{64}	技术先进性低
		X_{65}	技术不成熟
		X_{66}	技术复杂度和难度高
		X_{67}	生产成本高
		X_{68}	生产周期长

13.3　突破性技术创新的关键风险指标体系构建

13.3.1　突破性创新风险系统构建

由风险的概念可知，风险是由风险因素、风险事件、损失三个基本要素构成的，如图 13 - 2 所示。

图 13-2　风险三要素的关系

从三大基本要素及其之间的关系图能看出,风险因素的变化或者发展能产生或促进风险事件的出现和形成,从而造成损失甚至导致项目失败,其中损失是指实际结果与预期结果之间偏离(刘堂卿,2011)。这一不确定性的损失结果就构成了风险。突破性创新风险是企业实施突破性创新时面临的风险,它具有风险的一般性,也有风险因素、风险事件、损失三个基本要素,还具有自身的复杂性和系统性,如图 13-3 所示。

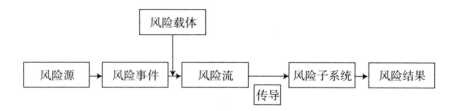

图 13-3　突破性创新风险产生机理

因此,本书从风险源、风险事件、风险流、风险载体、风险传导路径五个方面对企业突破性创新风险进行分析,构建突破性创新风险系统,分析突破性创新风险的产生机理。

(1)突破性创新风险源

风险源就是导致企业产生风险的因素或者条件的根源(张志英,2009)。夏喆(2007)认为,风险源即企业运营风险的根源,主要是指企业在生产运营过程中面临的内部系统与外部环境的不确定性因素。在戴胜利(2009)看来,它是指造成企业运作效益损失的各种内外部因素，包括企业内部生产经营者的不安全行为、企业外部相关主体的不安全行为和企业外部环境风险。王丽娜（2010）进一步地对企业技术创新风险源进行了阐述，认为企业技术创新风险源是指那些携带技术创新风险因子，具有影响企业技术创新成败或绩效的外部环境中的危险物质、外部其他行为主体的不安全行为及创新企业内部不安全行为等因素的综合。王建秀（2012）认为，企业风险源主要包括主观风险源和客观风险源，其中主观风险源主要来自企业风险管理者认知有限性产生的主观认知偏差，客观风险源包括自然环境与人为环境的随机性导致的不确定性。

可见，风险源是指导致企业产生可能的损失的不确定性因素的集合。因此，突破性创新风险源是指企业在实施突破性创新时，面临来自企业外部环境和内部系统，以及创新项目等各个方面的不确定性因素的总和，这些不确定性因素可能会影响企业突破性创新项目绩效，甚至导致创新失败。

突破性创新由于在技术创新方面的革命性和动态性，决定了其本身就是富有挑战性和风险性的企业行为。针对突破性创新的不确定性特征，Richardleifer（2000）总结和分析了 Rensselaer 突破性创新研究项目的成果，在《突破性创新：成熟企业如何能够智取后起之秀》一书中指出企业实施突破性创新将面临来自技术、市场、组织、资源四个方面的不确定性，并强调组织和资源的不确定性，不同于技术和市场为一般技术创新所拥有的，而是突破性创新所有的不确定性。而且认为各种不确定性之间存在互相联系和互相影响。这个结论揭示了突破性创新相对于渐进性创新的高度不确定性和极大的风险性。Jimme A. Keizer 和 Johannes I. M. Halman（2007）从突破性创新产品项目发展特点出发，结合大量案例，将突破性创新风险分为不确定性风险和确定性风险，其中不确定性风险来自企业内部组织和项目管理方面，确定性风险来自新产品性能、资源供应商和消费者等方面。杨嘉歆（2010）认为，突破性创新风险来源主要包括外部环境风险、突破性创新项目本身的难度和复杂性，以及创新项目实施者能力局限性导致的突破性创新项目无法完成预期目标和未达目标产生的损失后果。

在此基础上，结合突破性创新自身特质，本书认为突破性创新风险源可以从企业外部环境、企业内部系统、突破性创新项目本身三个层次入手。

第一，外部环境风险源。

在突破性创新过程中，企业始终处于一个复杂的动态的外部环境之中。这个外部环境包括宏观社会经济政治形势、自然地理环境、市场环境、产业环境四个方面。企业在实施突破性创新过程中始终受到这些环境因素变化带来的影响，其中超出了企业控制范围的变化将导致可能损失的风险结果。这些导致风险结果的环境因素构成了突破性创新的外部环境风险源。

第二，企业内部风险源。

与渐进性创新不同，企业在实施突破性创新时面临的技术突破性和市场不连续性，使得企业在研发、销售、人力资源以及财务等方面都受到不同程度的考验，因此，对于突破性创新管理实质上就是增强企业自身内部各方面的风险承受能力和风险化解能力的过程，也就是降低不确定和减少创新风险的动态过程。在这个过程中，企业自身内部的各方面的组织结构、资源、能力等因素都有可能导致突破性创新达不到预期效果，甚至失败的风险结果，即这些因素都是突破性创新的企业内部风险源。

第三，项目风险源。

突破性创新项目风险源主要来自技术不确定性。相对于渐进性创新而言，突破性创新虽然在技术上具有突破性，但是相应带来的技术发展稳定性、核心技术的市场定位、技术先进性、项目的研发复杂度、技术生命周期、互补技术和设备、技术外溢和扩散以及竞争技术等众多因素和它们自身不可预测的变化都可能使得突破性创新项目失败。

因此，突破性创新风险源可以看作由外部环境风险源、企业内部风险源和创新项目风险源三个方面组成的，并且这三个方面可以进一步分解，包含自身的子风险因素集。如此，突破性创新风险源就形成了庞大的多维度、多层次的风险源系统，如图 13 – 4 所示。

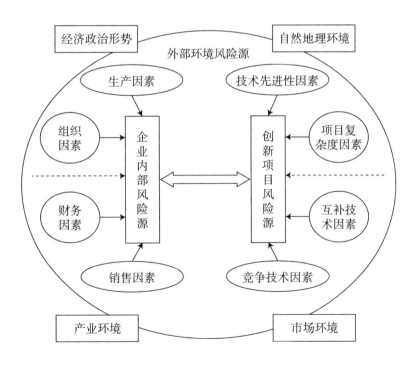

图 13 – 4　突破性创新风险源结构

（2）突破性创新风险事件

突破性创新风险事件是指在突破性创新过程中企业外部环境、内部系统及其突破性创新项目的非预期变化积累到一定程度以后的具体表现形式。风险事件是触发风险源迸发释放风险流的导火线。根据上述对突破性创新风险源概念和组成结构的分析，突破性创新风险源是指企业在突破性创新过程中所处的外部环境，实施突破性创新项目的自身条件以及企业自身能力等方面的不确定性。相应地，突破性创新风险事件是这些非预期变化对突破性创新产生非预期变化过程的具体体现，是这些非预期变化的不确定性在突破性创新过程中不断累积，以致能够让突破性创新风险源发生偏离、变化，刺激风险源释放风险流，给企业突破性创新带来不确定损失的突发事件（夏喆，2006）。因此，突破性创新风险事件是突破性创新风险源释放风险流的触发器，也是突破性创新风险流动和传导的开始。

（3）突破性创新风险流

为了深入分析突破性创新风险的生成机理和传导过程，本书借鉴以往研究经验，将突破性创新风险视为一种蕴含在风险源中的经济能量。它需要风险事件的爆发刺激，当突破性创新风险的累积或者发生速率大于企业所能承受或者容忍的范围时，便从风险源中释放，通过各种突破性创新风险载体，传导和蔓延至突破性创新企业的各个流程和功能节点，并与之结合导致相应可能结果，最终形成突破性创新风险状态。由此可见，这些能量产生于突破性创新风险源，产生于企业外部环境、内部系统以及创新项目等风险源的状态变化，通过风险载体传导和蔓延，依附于各个功能点，并通过各功能点业务之间的相互关联，产生能量之间的耦合，从而形成最终的突破性创新风险状态。

本书将这些风险能量称为风险流，它具有可流动性、非对称性、依附性和耦合性四个性质。

第一，可流动性。风险流作为一种特殊的经济能量，可以通过相应的风险载体，沿着突破性创新项目运营活动开展，向企业内部各职能部门蔓延，进而受这些部门节点的功能特征影响，产生不同特征的风险，即说明了可流动性是企业突破性创新风险在突破性创新过程中产生和传导的前提。

第二，非对称性。虽然风险流产生于风险源，但是风险流和风险源之间没有一一对应的对称关系。相同特征的风险流有可能来自不同风险源，如财务风险也许是由生产部门、研发部门或者决策者等活动引起的；风险源产生的风险流可能不一样，如创新产品原材料成本提高也许将增加采购原材料资金引发财务风险，或者提高了生产成本使得价格提高，使得销售受阻引发产品市场营销风险等。正是风险流和风险源之间的非对称性使得突破性创新过程中存在众多不同性质的风险流，大大增加突破性创新具有风险性，构成了企业面对的复杂的突破性创新风险状态。

第三，依附性。如果没有对风险载体的依附性，因为风险事件从风险源中释放的风险流就无法在企业突破性创新系统内流动和传导；如果没有对企业功能节点的依附，就无法影响企业各个功能节点的正常运行，无法形成突破性创新风险。因此，风险流的形成和传导，离不开它对风险载体和功能节点的依附性。也就是说，风险流必须依附于风险载体进行流动和传导，也必须依附于企业功能节点来实现对突破性创新的影响和作用。

第四，耦合性。耦合是指两个（或两个以上的）体系或运动形式通过各种相互作用而彼此影响的现象（夏喆，2007）。这里我们借用这一物理概念来描述从风险源中爆发出的不同特征的风险流通过风险载体传导和蔓延在企业各个职能部门组成的节点上，并由于各部门之间的紧密关系，随着突破性创新项目逐渐深入，各风险流之间产生彼此依赖、彼此影响的现象。可见，风险流之间的耦合性取决于风险流自身性质之间的匹配度，以及依附的功能节点的关联度。

（4）突破性创新风险载体

突破性创新风险载体是指在突破性创新过程中风险流传导和蔓延时充当承载作用的有形或者无形的事物。根据风险载体的存在形态将突破性创新风险载体分为有形载体和无形载体。其中，有形载体主要包括物质、资金、人力资源、技术等，无形载体包括信息、行为、政策制度等。

风险载体在创新风险系统中起到了承载作用和传导作用。企业外部环境、企业内部系统以及突破性创新项目中的风险源在初始稳定时刻是独立的，相互没有联系的，只是片面、局部且不易被察觉和不可预见的风险表征，此时一般企业自身可以防范和化解。当风险源释放风险因子，只有风险因子与风险载体结合形成风险流，需要这些风险流之间的相互联系和相互影响过程中发挥媒介和桥梁作用，风险流才可以在企业突破性创新过程中各功能节点间累积和扩散。同时，虽然突破性创新面对的外部环境存在随机性变化，企业组织存在不确定性，但是从风险流和风险载体角度深入分析时，载体承载着各种风险流，并使其在传导过程中相互作用和相互影响，实际上是建立在企业突破性创新过程中各个功能节点发生业务往来的基础上的。因此，企业在突破性创新过程中遭遇的各种风险流都遵循着一定的产生和传导规律，只要根据内外部环境和载体流动的规律，就可以分析创新风险的产生和传导机制，进而构建企业突破性创新风险扩散和传导网络，为构建突破性创新风险系统奠定了坚实的基础。

（5）突破性创新风险传导路径

突破性创新风险传导路径是指风险流传导和蔓延的路线和途径。沈俊（2006）基于企业系统论观点，从利益链角度将企业风险传导路径分为企业内部部门之间的传导、企业与外部企业之间的传导、外部企业之间的传导三个层面。夏喆（2006）从业务流程链、相关利益链和价值链的角度对企业风险传导路径进行了分析。王丽娜（2010）在此基础上提出了技术创新风险传导路径。由上可知，不管以往学者从哪个角度对风险传导路径分析，前提在于企业是存在于宏观经济政治形势的经济系统，并将各个职能部门视为子系统。因此，本书从突破性创新企业自身出发，从风险源的三个层面出发，构建了企业突破性创新风险传导网络，如图 13 - 5 所示。

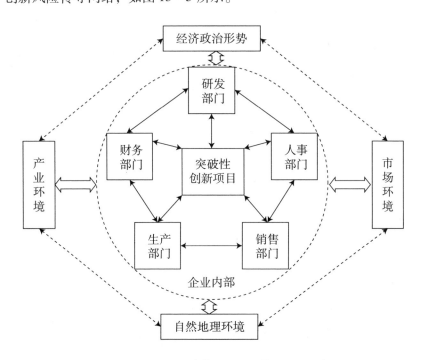

图 13 - 5　企业突破性创新风险传导网络示意

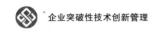

如图 13 - 5 所示，本书从以下三个层次描述企业突破性创新风险传导网络。

第一，项目与企业之间的传导路径。由于突破性创新的高度不确定性，企业进行突破性创新活动时并不会像以往产品研发那样按照一定顺序依次地从创意方案到研发部门、生产部门，最后通过营销部门进入市场，并完成技术创新活动（王丽娜，2010），而是从突破性创新的创意期开始通过多个部门共同合作，降低不确定性，提高项目的可行性和成功率。例如，张洪石、陈劲、高金玉（2004）提出了模糊前端管理中机会的确认需要通过市场与技术分析，建立生产和组合战略，并且随着突破性创新项目开展，生产与组合战略不断对突破性创新项目进行反馈。这表明突破性创新过程中，始终需要有多个部门共同合作，这也形成了突破性创新项目不确定性产生的风险因子向企业传导的路径。

第二，企业内部系统的部门之间的传导路径。在突破性创新过程中，每个阶段的完成通常都会需要多个部门共同合作才能完成，如之前提到的模糊前端阶段管理。若将企业视为一个综合经济系统，各个部门作为其子系统，彼此之间相互独立，又相互影响。突破性创新过程其实就是企业各部门相互制约、共同作用的结果。而且，突破性创新过程的各阶段之间存在着直接或间接的关系，如不能及时控制某一阶段的风险，该阶段的风险将沿着企业部门之间的功能利益链以及各阶段之间的紧密关系组成的传导路径蔓延到企业各个功能部门和突破性创新过程。

第三，企业与外部环境之间的传导路径。企业作为一个开放的经济系统，企业的日常生产经营活动与外部环境密切相关。对于开放性系统的企业来说，外部环境是其状态改变的重要因素，尤其对于开展突破性创新活动的企业来说，对外部环境的变化尤为敏感。外部环境

的复杂性以及环境因子之间的相互关系，通过与企业的密切关系形成
直接或者间接的传导路径，影响企业突破性创新。

综上所述，外部环境、企业内部系统及突破性创新项目三个层面之
间形成的复杂的相互影响、相互作用的关系，是推动突破性创新风险由
静态转为动态并在企业内进行传导的动力所在，也体现突破性创新风险
传导的规律和特征，构成了复杂的企业突破性创新风险传导网络。

13.3.2　关键风险指标体系构建

关键风险指标体系构建包括样本数据收集、风险要素分析和关键
风险要素体系三个部分。下面分别予以论述。

（1）样本数据收集

为了分析企业突破性创新的关键风险要素，本书根据上文的基本
指标体系设计了一套问卷调查表，要求被调查人员根据参与过的突破
性创新项目的工作经验和实际情况，对企业创新风险在创新项目的影
响程度进行评分。所有题项以 Likert 5 级量表来衡量，1 表示影响程
度很低，5 表示影响程度很高。

问卷调查采用纸质现场调研、E - mail 等调查形式。调查对象包
括本学院 MBA 班级学员，以及中联重工、三一重工等机械企业，华
菱钢铁集团等传统制造企业，华为、中兴等电子设备制造企业，西门
子、博世等跨国企业管理员和技术人员。问卷调查地域为湖南省、上
海市、深圳市、广东省、四川省等。共计发放问卷 200 份，回收有效
问卷 152 份，回收率为 76%。

在此基础上，本书将用 SPSS 17.0 统计软件，首先对量表的有效
性进行检验，其次为了降低变量之间的多重相关性，降低指标体系维
度，以简化突破性创新风险指标体系。

（2）风险要素分析

风险要素分析包括环境层面、企业内部系统层面、项目层面。

第一，环境层面。

环境层面的分析主要涉及以下四个层面。

其一，变量之间相关性检验。

主成分分析需要变量之间具有高相关性，一般有两类方法进行变量之间相关性检验，即 KMO 测试和 Bartlett 球形检验（马庆国，2002）。环境层面的变量之间相关性检验结果如表 13 - 2 所示，KMO 值为 0.773，表明样本数据可以进行主成分分析。

表 13 - 2   环境层面的 KMO and Bartlett 检验

Kaiser – Meyer – Olkin Measure of Sampling Adequacy		0.773
Bartlett's Test of Sphericity	Approx. Chi – Square	432.629
	df	153
	Sig.	0.000

其二，提取因子。

从表 13 - 3 可以看出，本书通过正交旋转法提取了环境层面得到了特征值大于 1 的五个因子，它们的累积贡献率为 74.789%。

表 13 - 3   环境层面的主成分累积贡献率

Comp-onent	Initial Eigenvalues			Extraction Sums of Squared Loadings			Rotation Sums of Squared Loadings		
	Total	% of Variance	Cumula-tive %	Total	% of Variance	Cumula-tive %	Total	% of Variance	Cumula-tive %
1	5.920	32.892	32.892	5.920	32.892	32.892	3.398	18.878	18.878
2	2.991	16.615	49.506	2.991	16.615	49.506	3.169	17.604	36.483

续　表

Comp-onent	Initial Eigenvalues			Extraction Sums of Squared Loadings			Rotation Sums of Squared Loadings		
	Total	% of Variance	Cumula-tive %	Total	% of Variance	Cumula-tive %	Total	% of Variance	Cumula-tive %
3	1.886	10.476	59.982	1.886	10.476	59.982	2.423	13.463	49.946
4	1.390	7.723	67.705	1.390	7.723	67.705	2.359	13.105	63.051
5	1.275	7.084	74.789	1.275	7.084	74.789	2.113	11.739	74.789
6	0.976	5.420	80.210						
7	0.776	4.311	84.521						
8	0.619	3.442	87.962						
9	0.496	2.756	90.718						
10	0.341	1.897	92.615						
11	0.317	1.762	94.377						
12	0.281	1.564	95.941						
13	0.212	1.177	97.118						
14	0.167	0.930	98.049						
15	0.139	0.771	98.819						
16	0.090	0.500	99.319						
17	0.085	0.473	99.793						
18	0.037	0.207	100.000						

其三，因子的解释。

为了内容具有较好的收敛效度和区分效度，本书设置题项的因子载荷必须大于0.5，而该题项在其他因子的载荷须越小越好，接近于0（王立生，2007）。环境层面的因子组成，如表13-4所示。

因子 H_1 主要由 X_5（现实市场需求）、X_6（潜在市场需求）、X_{13}（竞争产品）、X_{15}（消费者需求变动）、X_{16}（消费者价格敏感度）组成的，主要反映突破性创新面临的需求风险。

因子 H_2 主要由 X_{10}（产业技术更新速度）、X_{11}（竞争对手数量）、X_{12}（市场价格竞争激烈程度）、X_{18}（目标消费者数量）组成的，主要反映突破性创新面临的竞争风险。

因子 H_3 主要由 X_1（宏观政治形势）、X_2（宏观经济形势）、X_3（政府政策支持力度）、X_4（知识产权保障机制健全性）组成，反映了突破性创新的宏观环境风险。

因子 H_4 主要由 X_7（目标市场成长速度）、X_{14}（客户对竞争企业忠诚度）、X_{17}（消费者购买力）组成，主要反映突破性创新的市场潜力风险。

因子 H_5 主要由 X_8（潜在市场规模）、X_9（产业市场规模）组成，反映了突破性创新的市场规模风险。

表13-4　　　　　　　　环境层面的旋转后因子载荷矩阵

	Component				
	1	2	3	4	5
X_{15}	0.831				
X_{13}	0.681				
X_5	0.649				

续　表

	Component				
	1	2	3	4	5
X_{16}	0.591				
X_6	0.529				
X_{18}		0.796			
X_{11}		0.795			
X_{12}		0.720			
X_{10}		0.651			
X_3			0.824		
X_2			0.726		
X_4			0.626		
X_1			0.553		
X_{17}				0.820	
X_{14}				0.774	
X_7				0.773	
X_9					0.848
X_8					0.781

其四，信度检验。

根据主成分分析结果，对环境层面量表和内部各因子的信度进行检验，结果如表 13 - 5 所示，无论是环境层面的克隆巴赫系数 α（Cronbach α）系数为 0.868，还是环境层面内部的小项的克隆巴赫系数 α 系数都大于 0.7，同时校正项总计相关性（CITC）值均大于 0.5，而且对应指标删除后的 Cronbach α 系数均小于对应的整体 Cronbach α

系数值，可以说明环境层面的问卷量表具有较好的信度，保证了数据收集的有效性。

表 13-5　　　　　　　　　　环境层面因子信度检验

因子	编号	校正的项总计相关性	对应指标删除后的 Cronbach α 系数	部分量表 Cronbach α 系数	整体量表 Cronbach α 系数
H_1	X_5	0.572	0.728		
	X_6	0.584	0.715		
	X_{13}	0.524	0.747	.777	
	X_{15}	0.666	0.696		
	X_{16}	0.643	0.703		
H_2	X_{10}	0.608	0.823		
	X_{11}	0.693	0.785		
	X_{12}	0.625	0.815	.838	
	X_{18}	0.759	0.754		0.868
H_3	X_1	0.632	0.672		
	X_2	0.766	0.502		
	X_3	0.563	0.735	.773	
	X_4	0.533	0.721		
H_4	X_7	0.643	0.702		
	X_{14}	0.713	0.62	.789	
	X_{17}	0.542	0.729		
H_5	X_8	0.727		.842	
	X_9	0.727			

第二，企业内部系统层面。

企业内部系统层面的分析主要涉及以下四个步骤。

其一，变量之间相关性检验。

由表 13 - 6 可知，KMO 值为 0.622，勉强可以进行主成分分析。

表 13 - 6　　　　　企业层面的 KMO and Bartlett？检验

Kaiser – Meyer – Olkin Measure of Sampling Adequacy		0.622
Bartlett's Test of Sphericity	Approx. Chi – Square	2849.296
	df	666
	Sig.	0.000

其二，提取因子。

从表 13 - 7 可以看出，本书通过正交旋转法提取了企业内部系统层面得到了特征值大于 1 的 9 个因子，它们的累积贡献率为 79.283%。

表 13 - 7　　　　　企业层面的主成分累积贡献率

Comp-onent	Initial Eigenvalues			Extraction Sums of Squared Loadings			Rotation Sums of Squared Loadings		
	Total	% of Variance	Cumula-tive %	Total	% of Variance	Cumula-tive %	Total	% of Variance	Cumula-tive %
1	10.803	29.198	29.198	10.803	29.198	29.198	5.939	16.052	16.052
2	5.042	13.628	42.826	5.042	13.628	42.826	5.173	13.981	30.033
3	3.767	10.182	53.007	3.767	10.182	53.007	4.375	11.824	41.857
4	2.195	5.933	58.941	2.195	5.933	58.941	2.901	7.841	49.699
5	2.108	5.697	64.638	2.108	5.697	64.638	2.782	7.520	57.219
6	1.646	4.450	69.087	1.646	4.450	69.087	2.668	7.210	64.429

续　表

Comp-onent	Initial Eigenvalues			Extraction Sums of Squared Loadings			Rotation Sums of Squared Loadings		
	Total	% of Variance	Cumula-tive %	Total	% of Variance	Cumula-tive %	Total	% of Variance	Cumula-tive %
7	1.459	3.944	73.031	1.459	3.944	73.031	2.084	5.633	70.061
8	1.299	3.512	76.543	1.299	3.512	76.543	1.913	5.170	75.232
9	1.014	2.740	79.283	1.014	2.740	79.283	1.499	4.051	79.283
10	0.831	2.245	81.528						
11	0.787	2.126	83.654						
12	0.744	2.012	85.666						
13	0.683	1.847	87.513						
14	0.606	1.637	89.150						
15	0.578	1.562	90.712						
16	0.492	1.329	92.041						
17	0.432	1.168	93.209						
18	0.396	1.070	94.280						
19	0.311	0.842	95.122						
20	0.266	0.720	95.842						
21	0.227	0.613	96.454						
22	0.184	0.498	96.953						
23	0.175	0.474	97.427						
24	0.154	0.415	97.842						

Comp-onent	Initial Eigenvalues			Extraction Sums of Squared Loadings			Rotation Sums of Squared Loadings		
	Total	% of Variance	Cumula-tive %	Total	% of Variance	Cumula-tive %	Total	% of Variance	Cumula-tive %
25	0.134	0.361	98.203						
26	0.124	0.334	98.537						
27	0.109	0.294	98.831						
28	0.089	0.241	99.072						
29	0.069	0.185	99.257						
30	0.063	0.171	99.428						
31	0.054	0.146	99.574						
32	0.046	0.125	99.699						
33	0.043	0.115	99.814						
34	0.028	0.076	99.890						
35	0.022	0.059	99.949						
36	0.013	0.035	99.983						
37	0.006	0.017	100.000						

其三，因子的解释。

从企业内部系统的旋转后因子载荷矩阵（见表 13 - 8）来看，根据效度评价原则，X_{32} 在二个因子上面的载荷绝对值都大于 0.5，应当予以剔除。X_{43}、X_{55}、X_{48}、X_{34} 的最大载荷都小于 0.5，其测量题项应该删除。另外，由于因子 5、因子 8 和因子 9 只有一个因子存在，并且它对整个量表的累积贡献不是很大，因此也予以删除。因此最后，我们是 6 个因子，29 个测量项进行解释。

因子 Q_1，是由 X_{40}（市场调研能力有限）、X_{39}（市场研究资源不足）、X_{41}（市场营销管理能力有限）、X_{42}（现有销售网络模式适应性）、X_{30}（与客户沟通不足）、X_{28}（市场信息了解不准确）、X_{24}（市场评价能力有限）、X_{44}（产品宣传能力有限）构成，反映了企业突破性创新的市场营销方面的风险。

因子 Q_2，是由 X_{36}（技术协作能力不足）、X_{37}（对技术本身特征了解不足）、X_{23}（技术评估能力不足）、X_{25}（技术研发进度控制能力不足）、X_{38}（内部技术模品测试能力不足）和 X_{33}（创意筛选能力有限）构成，反映了企业突破性创新的研发方面的风险。

因子 Q_3，是由 X_{54}（资金供应不稳定）、X_{45}（信贷资金来源难度大）、X_{47}（企业资金实力较弱）、X_{49}（企业资金运营能力较差）、X_{46}（创新资金需求量大）所构成，反映了企业突破性创新的财务方面的风险。

因子 Q_4，是由 X_{21}（决策者风险承受能力）、X_{19}（决策者创新能力）、X_{20}（决策者竞争意识不够）和 X_{22}（决策者对创新成功的信心）构成，反映了企业突破性创新的决策者角度的风险。

因子 Q_5，是由 X_{26}（企业组织管理能力有限）和 X_{35}（科技研发人员实力不足）构成，反映企业组织管理能力和过程管理方面的风险。

因子 Q_6，是由 X_{52}（技术产品的原材料供应不足）、X_{53}（原材料供应难度较大）构成，反映了企业突破性创新的资源供应方面的风险。

表 13 - 8　　　　　　　　　企业层面旋转后因子载荷矩阵

	Component								
	1	**2**	**3**	**4**	**5**	**6**	**7**	**8**	**9**
X_{40}	0. 926								
X_{39}	0. 900								
X_{41}	0. 875								
X_{42}	0. 838								
X_{30}	0. 812								
X_{28}	0. 696								
X_{24}	0. 696								
X_{44}	0. 579								
X_{43}									
X_{36}		0. 865							
X_{37}		0. 845							
X_{23}		0. 810							
X_{25}		0. 732							
X_{38}		0. 694							
X_{33}		0. 579							
X_{51}		0. 561							
X_{50}		0. 527							
X_{55}									
X_{54}			0. 850						

	Component								
	1	**2**	**3**	**4**	**5**	**6**	**7**	**8**	**9**
X_{45}			0.783						
X_{47}			0.755						
X_{49}			0.695						
X_{46}			0.683						
X_{34}									
X_{48}									
X_{21}				0.843					
X_{19}				0.668					
X_{20}				0.644					
X_{22}				0.589					
X_{29}					0.839				
X_{32}					0.834	0.560			
X_{26}						0.896			
X_{35}						0.768			
X_{52}							0.823		
X_{53}							0.819		
X_{27}								0.623	
X_{31}									0.648

其四，信度检验。

根据主成分分析结果，对企业层面量表和内部各因子的信度进行
检验，结果如表 13 - 9 所示，无论是企业层面的 Cronbach α 系数为
0. 927，还是内部各因子的 Cronbach α 系数都大于 0. 7，同时校正项总
计相关性（CITC）值均大于 0. 5，而且对应指标删除后的 Cronbach α
系数均小于对应的整体 Cronbach α 系数值，可以说明企业层面的问卷
量表具有较好的信度，保证了数据收集的有效性。

表 13 - 9　　　　　　　企业层面因子的信度检验

因子名称	编号	校正的项总计相关性	对应指标删除后的 Cronbach α 系数	部分量表 Cronbach α 系数	整体量表 Cronbach α 系数
Q$_1$	X$_{24}$	0. 603	0. 921	. 923	0. 927
	X$_{28}$	0. 711	0. 918		
	X$_{39}$	0. 734	0. 916		
	X$_{40}$	0. 741	0. 915		
	X$_{41}$	0. 842	0. 908		
	X$_{42}$	0. 787	0. 912		
	X$_{44}$	0. 887	0. 904		
	X$_{30}$	0. 820	0. 909		
Q$_2$	X$_{36}$	0. 652	0. 895	. 903	
	X$_{37}$	0. 600	0. 899		
	X$_{23}$	0. 617	0. 900		

续　表

因子名称	编号	校正的项总计相关性	对应指标删除后的 Cronbach α 系数	部分量表 Cronbach α 系数	整体量表 Cronbach α 系数
Q_2	X_{25}	0.752	0.885	.903	0.927
	X_{38}	0.819	0.879		
	X_{33}	0.780	0.885		
	X_{51}	0.593	0.899		
	X_{50}	0.786	0.882		
Q_3	X_{54}	0.750	0.814	.861	
	X_{45}	0.654	0.839		
	X_{47}	0.730	0.824		
	X_{49}	0.606	0.850		
	X_{46}	0.691	0.829		
Q_4	X_{21}	0.636	0.717	.788	
	X_{19}	0.650	0.712		
	X_{20}	0.640	0.716		
	X_{22}	0.512	0.781		
Q_5	X_{26}	0.721		.838	
	X_{35}	0.721			
Q_6	X_{52}	0.661		.794	
	X_{53}	0.661			

第三，项目层面。

项目层面的分析主要涉及以下四个步骤。

其一，变量之间相关性检验。

由表 13 - 10 可知，KMO 值为 0.648，勉强可以进行主成分分析。

表 13 - 10　　　创新项目层面的 KMO and Bartlett' 检验

Kaiser – Meyer – Olkin Measure of Sampling Adequacy		0.648
Bartlett's Test of Sphericity	Approx. Chi – Square	165.180
	df	36
	Sig.	0.000

其二，提取因子。

从表 13 - 11 可以看出，本书通过正交旋转法提取了创新项目层面得到了特征值大于 1 的 3 个因子，它们的累积贡献率为 72.060%，能达到解释程度。

表 13 - 11　　　　创新项目层面的主成分累积贡献率

Comp-onent	Initial Eigenvalues			Extraction Sums of Squared Loadings			Rotation Sums of Squared Loadings		
	Total	% of Variance	Cumulative %	Total	% of Variance	Cumulative %	Total	% of Variance	Cumulative %
1	4.179	46.439	46.439	4.179	46.439	46.439	2.735	30.386	30.386
2	1.406	15.621	62.060	1.406	15.621	62.060	1.921	21.339	51.725
3	0.963	10.700	72.760	0.963	10.700	72.760	1.893	21.036	72.760
4	0.763	8.478	81.238						
5	0.607	6.745	87.983						

续　表

Comp- onent	Initial Eigenvalues			Extraction Sums of Squared Loadings			Rotation Sums of Squared Loadings		
	Total	% of Variance	Cumula- tive %	Total	% of Variance	Cumula- tive %	Total	% of Variance	Cumula- tive %
6	0.485	5.389	93.372						
7	0.339	3.765	97.137						
8	0.154	1.715	98.851						
9	0.103	1.149	100.000						

其三，因子的解释。

从突破性创新项目层面要素的旋转后因子载荷矩阵（见表 13 - 12）来看，根据效度评价原则，X_{67} 在 2 个因子上面的载荷绝对值都大于 0.5，应当予以剔除。因此，突破性创新项目层面要素是由 2 个因子、8 个测量项进行解释。

因子 M_1，是由 X_{58}（创新技术尚未完全展现其用途）、X_{64}（技术先进性）、X_{57}（企业对潜在目标市场不太了解）构成，反映了企业突破性创新项目层面的技术对企业的新颖性带来的风险。

因子 M_2，是由 X_{63}（消费者学习使用创新产品的成本高）、X_{62}（消费者对创新产品很陌生）构成，反映了企业突破性创新对消费者的新颖性带来的风险。

因子 M_3，由 X_{66}（创新技术复杂度和难度高）、X_{65}（技术不成熟）、X_{68}（创新产品生产周期长）构成，反映了企业突破性创新的技术不确定性带来的风险。

表 13 - 12　　　　　　　　创新项目层面的旋转后因子载荷矩阵

	Component		
	1	2	3
X_{58}	0.917		
X_{64}	0.764		
X_{57}	0.678		
X_{67}	0.664	0.541	
X_{62}		0.863	
X_{63}		0.757	
X_{66}			0.818
X_{65}			0.708
X_{68}			0.501

其四，信度检验。

根据主成分分析结果，对创新项目层面量表和内部各因子的信度进行检验，结果如表 13 - 13 所示，无论是创新项目层面的 Cronbach α 系数为 0.927，还是各因子的 Cronbach α 系数都大于 0.7，同时校正项总计相关性（CITC）值均大于 0.5，而且对应指标删除后的 Cronbach α 系数均小于对应的整体 Cronbach α 系数值，可以说明创新项目层面的问卷量表具有较好的信度，保证了数据收集的有效性。

表 13 - 13   层面因子的信度检验

因子名称	编号	校正的项总计相关性	对应指标删除后的 Cronbach α 系数	部分量表 Cronbach α 系数	整体量表 Cronbach α 系数
M_1	X_{58}	0.675	0.693	0.796	0.851
	X_{57}	0.652	0.709		
	X_{64}	0.601	0.767		
M_2	X_{63}	0.754	0.545	0.661	
	X_{62}	0.507	0.545		
M_3	X_{66}	0.558	0.659	0.698	
	X_{65}	0.649	0.520		
	X_{68}	0.533	0.642		

（3）关键风险要素体系

如上述所示，通过对问卷量表的信效度检验和主成分分析，我们获得了企业突破性创新项目的关键风险因素指标体系，包括了 14 个因子、55 个测量项目，如表 13 - 14 所示。

表 13 - 14   企业突破性创新项目的关键风险因素指标体系

	因子	因子贡献率	测量项	载荷值
环境层面	需求风险因子	0.189	消费者需求变动频繁	0.831
			竞争产品已经很好地满足消费者需求	0.681
			现实市场需求不大	0.649
			消费者对价格敏感度高	0.591
			潜在市场需求不大	0.529

续 表

	因子	因子贡献率	测量项	载荷值
环境层面	竞争风险因子	0.176	目标消费者数量小	0.796
			市场竞争对手数量众多	0.795
			市场价格竞争激烈	0.720
			产业技术更新速度快	0.651
	宏观环境风险因子	0.135	政府政策支持力度很小	0.824
			宏观经济形势严峻	0.726
			知识产权保障机制不健全	0.626
			宏观政治形势不稳定	0.553
	市场潜力风险因子	0.131	消费者购买力小	0.820
			客户对竞争企业忠诚度很高	0.774
			目标市场成长速度慢	0.773
	市场规模风险因子	0.117	产业市场规模小	0.848
			潜在市场规模较小	0.781
企业层面	市场营销风险因子	0.161	市场调研能力有限	0.926
			市场研究资源不足	0.900
			市场营销管理能力有限	0.875
			现有的销售网络模式不适合创新产品	0.838
			与客户沟通不足	0.812
			市场信息了解不准确	0.696
			市场评价能力有限	0.696
			产品宣传能力有限	0.579

因子		因子贡献率	测量项	载荷值
企业层面	研发风险因子	0.140	技术协作能力不足	0.865
			对技术本身了解不足	0.845
			技术评估能力有限	0.810
			技术研发进度控制能力有限	0.732
			内部技术模品测试能力有限	0.694
			创意筛选能力有限	0.579
			配套设备研发或者引进难度很大	0.561
			企业现有的工程设计能力不适宜新技术开发	0.527
	财务风险因子	0.118	资金供给不稳定	0.850
			信贷资金来源难度大	0.783
			企业资金实力较弱	0.755
			企业资金运营能力较差	0.695
			创新资金需求量大	0.683
	决策者风险因子	0.078	决策者是风险厌恶者,不能承受风险	0.843
			决策者创新能力有限	0.668
			决策者竞争意识不够	0.644
			对创新成功的信心	0.589
	人事管理风险因子	0.072	企业组织管理能力有限	0.896
			科技研发人员实力不足	0.768
	资源供应风险因子	0.056	技术产品的原材料供应不足	0.823
			原材料供应难度较大	0.819

续　表

因子	因子贡献率	测量项	载荷值
项目层面 对企业的新颖性	0.304	需要新的营销体系	0.917
		技术先进性低	0.764
		企业对新技术用途了解不足	0.678
对消费者的新颖性	0.213	消费者对创新很陌生	0.863
		消费者学习使用创新技术的成本很高	0.757
技术本身风险因子	0.210	技术复杂度和难度高	0.818
		技术不成熟	0.708
		生产周期长	0.501

第 14 章　企业突破性技术创新风险评估研究

14.1　企业突破性技术创新风险评估方法选择

14.1.1　突破性技术创新风险评估方法综述

风险评估就是对项目的风险大小进行评价（张俊英，2011）。目前突破性创新风险评估的文献很少。本书也从技术创新入手进行文献综述。

有些学者以传统的风险评估的理论的均方差思想为基础，对技术创新项目投资风险进行评估，如吴运建和周良毅（1996）以及雍灏（2008）。但是此类理论思想强调项目财务风险，简单实用，为技术创新项目投资提供依据，但是往往忽略了对技术创新项目其他方面的风险，对技术创新过程中的风险管理贡献不大。

也有学者通过建立技术创新项目风险评估指标体系，运用层次分析法、灰色系统理论、模糊理论等评估模型对突破性项目风险开展综合分析，为企业确定突破性创新项目风险水平以利于企业投资决策。其中，部分学者采用了层次分析法，从不同角度构建风险评估指标体系，建立分层结构模型，对技术创新的风险进行了评估，对项目风险的高低进行排序（Mustafa，1991；Akomode，等，1999；张瑜和朱思良，1991；路应金、徐谡、唐小我，2003）；也有学者分别在技术创新项目和高新技术产品项目上都采用了灰色系统理论（张炯、叶元煦、张沈生，2001；吴明赞、陈淑燕、陈森发，2001）；有学者以模糊理论为基础，建立技术创新项目风险评估模型，通过对创新项目风险进行测度来确定项目风险（叶飞，1999；孙威武，2004）。另外，还有学者对不同方法进行综合运用，如层次分析法和模糊理论的结合运用（苏越良、高阳、曾小青，2003），以及杨嘉歆（2010）采用了多层次模糊聚类模型对突破性创新风险进行了综合评估。

还有不少学者在建立技术创新项目风险评估模型的同时，以技术创新风险定义和内涵为基础，结合项目投资决策理论和特征对创新项目综合风险进行深入分析和评估（谢科范，1999），或者从创新活动在创新过程中的表现特征和影响因素出发，采用矩阵分析方法，以各种具体风险因素测度为基础，建立了技术创新项目总体失败率的具体评估方法（钟英姿、车斌，2003）。

14.1.2　评估方法选择

评估方法主要有基于财务指标的和基于财务体系的两种方法。

（1）基于财务指标的评估方法

基于财务指标的风险评估方法，是从企业投资决策的角度，对技术创新项目的财务方面产出进行分析，以达到对项目风险评估的目的。例如，吴运建和周良毅（1996），认为均方差是实际收益值对期望值的偏离度，因此可以利用投资风险评估的均方差思想，对技术创新项目投资风险进行评估。其主要步骤分以下两步。

第一，计算技术创新项目净现值分布的期望值。

$$\begin{cases} P_n(k) = \sum_{t=0}^{n} \left[\dfrac{Y_t}{(1+k)^t} \right] \\ E[P_n(k)] = w_n(k) \end{cases}$$

其中，$P_n(k)$ 为项目的净现值，n 为项目的生命周期（年），k 为风险调整贴现率，Y_t 为 t 时刻的现金流。

第二，计算技术创新项目净现值分布的方差。

根据现金流在各周期之间的相互关系，分为两种情况：

各周期之间的现金流完全独立时的方差表达式为：

$$V_{ar}[P_n(k)] = \sum_{t=0}^{n} V_{ar}\left[\frac{Y_t}{(1+k)^t} \right], \quad [\text{其中，} (1+k)^t \text{为常数}]$$

各周期之间的现金流相关时的方差表达式为：

$$V_{ar}[P_n(k)] = \sum_{t=0}^{n} \left[\frac{V_{ar}[Y_t]}{(1+k)^{2t}} \right] + 2 \sum_{t=0}^{n-1} \sum_{t'=1}^{n} \frac{\rho_{tt'} \times \sigma_t \sigma_{t'}}{(1+k)^{t+t'}}$$

其中，$\rho_{tt'}$ 是 t 期和 t' 期现金流的相关系数，σ_t 和 $\sigma_{t'}$ 分别为 t 期和 t' 期的标准差。

这种评估方法强调项目财务风险，简单实用，为技术创新项目投资提供依据，但是在应用上述净现值处理项目风险评估时，通常将折现率的高低来反映风险大小，容易排除不确定性较高但折现值极低的有潜在价值的技术创新项目，而且在分析期内折现率为固定值，不能反映技术创新项目风险的变化，同时往往忽略了对技术创新项目其他方面的风险，无法全面反映技术创新项目的风险。

（2）基于指标体系的评估方法

基于指标体系的评估方法有以下 5 种。

第一，层次分析法。

层次分析法（AHP）是一种定性、定量相结合的分析方法，它通过两两比较标度值的方法，将决策者的主观经验给予量化，既能体现主观的逻辑性判断分析，又能体现计算和推演的客观性和精确性，使得决策过程具有条理性和科学性，比较适合目标结构复杂且缺乏数据的情况，是一种简便、灵活、实用的多准则决策方法。

其中，Mustafa（1991），张瑜和朱思良（1991），Akomode 等（1999），路应金、徐谖、唐小我（2003）都采用层次分析法（AHP），从不同角度构建风险评估指标体系，将决策有关的因素分解成目标、准则、方案等层次，建立分层结构模型，构建判断矩阵，对技术创新的风险进行了评估。在层次分析法评估模型中，评估指标体系和分层结构是层次分析法评估的重要部分。例如，Akomode 等（1999）对新产品开发风险的评估模型中，建立了目标层、包括产品风险和客户风险两方面的分目标层，以及包括四个新产品方案的方案层。张瑜和朱思良（1991）在新产品开发风险评估时，以赤霉素为例，将决策问题分为目标层，包括市场风险、生产风险、政策风险和技术风险等主要风险的因素层，子因素层以及风险强度层四个层次。

但是，层次分析法在应用中缺点也较为明显，它面临着评价专家主观上的片面性和不确定性，且同一层次的元素不宜很多，否则判断矩阵容易出现不一致现象。

第二，灰色理论。

灰色系统理论主要研究的是"外延明确，内涵不明确"的"小样本，贫信息"问题。在客观世界中，大量存在的不是白色系统（信息完全明确），也不是黑色系统（信息完全不明确），而是一些内部信息部分明确，部分不明确的系统，这部分就是灰色系统。灰色评价方法就是建立在灰色系统理论的基础上，针对数据少且不明确的情况下，利用既有数据潜在的信息来白化处理，并进行预测或决策的方法。

张炯等（2001）提出了基于灰色系统理论的技术创新风险评估与决策方法，其步骤包括：①建立包括指标集、专家集、事件集、方案集和局势集的模型论域；②确定指标权重；③构造指标的隶属度函数；④构造决策矩阵；⑤设立决策准则进行综合决策。

在此基础上，不少学者运用层次分析法对指标进行分层来弥补灰色系统理论只能处理系统数据较少的缺点（吴明赞、陈淑燕、陈森发，2001；王立新、李勇、任荣明，2006；梁威，2009）。例如，吴明赞、陈淑燕、陈森发（2001）提出了高新技术产品开发投资风险的多层次灰色评价方法，建立了包括开发风险、生产风险、市场风险、管理风险、发展风险等的风险评估指标体系；设立三级评估指标集：

$$U = \{U_1, U_2, \cdots, U_m\}（一级评估指标集）$$

$$V_i = \{V_{i1}, V_{i2}, \cdots, V_{im}\}（二级评估指标集）$$

$$W_{ij} = \{W_{ij1}, W_{ij2}, \cdots, W_{ijm}\}（三级评估指标集）$$

他们还制定W_{ijm}的评分等级标准；利用层次分析法确定各层指标权重，组织评价专家对W_{ij}进行评分，通过灰色理论评估的基本过程对W_{ij}、V_i、U逐级做综合评估并排序。

第三，模糊综合评价。

模糊综合评价是建立在模糊数学理论的基础上的。在客观事物中，问题的表现往往不是绝对的，不是只有肯定或者否定两种情况，还涉及模糊因素。针对这一情况，学者们提出了模糊综合评价方法。它通过隶属函数和模糊统计方法为定性指标定量化提供了有效的工具，实现了定性和定量方法的有效集合，并且综合评价的结果为评语集在其论域上的子集，包含了丰富的信息。例如，叶飞（1999）、孙威武（2004）等运用模糊综合评价方法对技术创新项目风险度的高低进行了评估。

同时，在进行评估研究中，学者通常会结合多种方法，利用各自的优点对方法局限性的弥补。例如，模糊综合评价法经常和层次分析法综合运用（苏越良、高阳、曾小青，2003；彭灿、李璐，2006；包国宪、任世科，2010；杨嘉歆，2010）。

苏越良、高阳、曾小青（2003）将技术创新风险因素分为技术、市场、信息、财务、政策和法规等方面，提出了网络环境下企业技术创新多阶段多层次模糊综合评价模型对不同阶段风险进行综合评价。

彭灿、李璐（2006）引进吴涛（1999）的三维风险分析模型对关键风险因素的识别，通过三角模糊数来描述专家判断信息，考虑了人类判断的模糊性，通过区别对待定量与定性指标，保留了实际绩效数据，构建了"考虑实际绩效数据的模糊层次分析法"，使技术创新的风险分析递阶结构趋于完善。

在此基础上，杨嘉歆（2010）采用了多层次模糊聚类模型，结合了层次分析法和模糊风险分析，对突破性创新风险进行了综合评估。其基本步骤为：定义风险评估系统；建立因素集和初始事件集；建立评语体系；进行单因素评估；构建递阶层次结构模型；建立评判标度系统；建立模糊数判断矩阵群；计算风险节点的单层权重向量；综合评价。

第四，主成分分析法。

主成分分析法是利用数学线性变换将给定的具有多种相关性的变量转成不相关的变量，并且把多指标转化为几个综合指标达到降低维度目的的多元统计分析方法。主成分之间按照方差大小进行排序，第一主成分具有最大的方差，且主成分之间不相关。通过主成分分析方法可以得到合理的解释型变量。各主成分的线性转换模型为：

$$F_i = U_i^T X (i = 1, 2, \cdots, n)$$

其中，$X = (x_1, x_2, \cdots, x_n)$ 是原 n 个相关变量，U_i 是协方差矩阵的第 i 个特征值对应的标准化特征向量。再根据公式做出综合评价。

$$Z = \sum CR_i \times F_i$$

其中，CR_i 为各指标的权重，即根据主成分方差贡献率来确定。

例如，刘继海、陈晓剑、刘天卓（2006）对高新技术企业在技术创新的不同阶段面临各种风险运用主成分分析模型进行综合度量，并针对性地提出技术创新不同阶段的风险管理策略。

张玲（2006）在其论文中提出加权主成分分析法，即根据评价指标对评价问题的重要性，通过专家评判对它们依次赋权，以达到定性和定量结合的效果，并通过与模糊灰色综合测评模型的比较验证了模型的合理性。

第五，可拓物元评价模型。

可拓物元评价模型是建立在可拓学理论基础上。可拓学的理论主要包括物元理论和可拓集合论。它针对矛盾问题，用事物、特征、量值三个要素组成三元组的物元来描述事情。通过物元能够反映事物的质与量之间的关系，进而反映事物变化的过程，并且通过可拓集合论进行定量化分析（许劲，2002）。可拓物元分析是研究物元及其变化规律，从而建立起对应的物元模型，进而实现定性到定量的描述和转换，适用于定性和定量相结合的多指标量化问题研究（张先起，2005；刘娜，2007）。

自蔡文（1983）提出可拓集合以来，大多学者将其应用于多指标参数的质量评定模型中，来完整地反映样品的综合质量水平，如门宝辉、梁川（2003）将城市环境质量分级标准、评价指标及其特征值作为物元，构建模型的经典域、节域，计算权系数和关联度，建立了城市环境质量的综合评价模型；马从国、陈文蔚、倪伟等（2012）应用物元分析理论建立了猪头品质等级的评价模型。近年来，逐渐有学者将可拓物元评价模型应用于风险综合评价（李文博、郑文哲，2006；张雪、张庆普，2007；孙维丰、陈立文、苑红宪等，2008），而且有学者已经开始尝试将可拓物元评价模型引入技术创新风险评估中，并取得了良好的效果（李晓峰、徐玖平，2006；索贵彬、赵国杰，2008；苏卫亚、谷建全、曹武军，2011）。

14.2　企业突破性技术创新风险评估可拓物元模型

综合运用物元模型和可拓学为突破性创新风险评估问题提供了一条新的解决之路。本书将根据企业突破性创新风险因素指标体系，划分风险评价等级，确立物元矩阵，以构建定性和定量相结合的突破性创新风险评估的多维物元模型，最后利用风险可拓评估方法计算接近

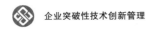

度模型和风险关联度，确定突破性创新项目风险评估等级。

14.2.1　建立可拓物元模型

建立可拓物元模型涉及以下 5 个方面。

（1）物元概念

物元，是描述事物的基本元，它是由事物名称（N）、特征（c）和量值（v）三个基本要素组成的有序三元组，用 $R=(N, c, v)$ 来表示，其中量值 v 是 N 关于 c 所取的量值，即 $v=c(N)$，反映了事物 N 的质和量的关系（蔡文，1998）。通过物元，可以更确切地描述客观事物的转变过程，把解决矛盾问题的过程形式化，因此，物元是描述事情的基本元素（CAI Wen，1990）。

（2）构建多维特征物元矩阵

一个事物可以具有多个特征，可以通过建立 n 维特征物元矩阵来描述事物这种"一物多征"的性质（蔡文，1998）。设某事物 N 的全部特征有 n 个，这 n 个特征为 c_1，c_2，$\cdots$，c_n，其对应的量值为 v_1，v_2，$\cdots$，v_n，可以得到该事物的多为特征物元矩阵（R），公式：

$$R = \begin{bmatrix} N & c_1 & v_1 \\ & c_2 & v_2 \\ & \vdots & \vdots \\ & c_n & v_n \end{bmatrix} = \begin{bmatrix} R_1 \\ R_2 \\ \vdots \\ R_n \end{bmatrix}$$

其中，$R_i=(N, c_i, v_i)$（$i=1, 2, \cdots, n$）表示该事物的子特征物元矩阵（蔡文，1995）。

（3）构建多维主特征物元矩阵

由于某些事物的特征众多，在实践工作中会因为种种原因难以全部获得，因此，为了区分事情，应当抓住事物的主要特征，建立事物的主特征物元矩阵。设某事物 N 有 n 个特征，但其中主要特征只有 m 个，称这 m 个特征为主特征，显然 $m < n$。令这 m 个主特征为 cc_1，cc_2，$\cdots$，cc_m，其对应的量值为 vv_1，vv_2，$\cdots$，vv_m，得出该事物的多维主特征物元矩阵（RR），公式：

$$R = \begin{bmatrix} N & cc_1 & vv_1 \\ & cc_2 & vv_2 \\ & \vdots & \vdots \\ & cc_m & vv_m \end{bmatrix} = \begin{bmatrix} RR_1 \\ RR_2 \\ \vdots \\ RR_m \end{bmatrix}$$

其中，$RR_i = (\mathrm{N}, cc_i, vv_i)$（$i = 1, 2, \cdots, m$）表示该事物的子主特征物元矩阵（蔡文，1995）。

由上可知，给定的事物 N 在给定时刻，它的主特征物元矩阵是唯一的。即不同事物的主特征物元矩阵是不同的，不同的时刻的同一事物的主特征物元矩阵也是相异的。因此，可以利用主特征物元矩阵来区分不同的事物，以及认识同一事物的不同状态。例如，企业进行突破性创新项目时，面临来自外部环境、企业内部系统以及项目本身的风险状态是不同的，且同一突破性创新项目在不同时刻其风险状态也不相同。因此，可以用反映企业突破性创新风险的主特征，即突破性创新风险的因素指标，建立事物的多维主特征物元矩阵来描述突破性创新项目风险状态，体现突破技术创新项目风险的变化过程。

（4）确立经典域和节域物元矩阵

设突破性创新风险评估的因素指标有 m 个，即 x_1，x，$\cdots$，x_m。

并通过专家或者统计分析将风险定量地分为 n 个等级，把突破性创新风险评估因素指标体系描述为物元模型，即经典域物元矩阵，公式：

$$R_{oj} = \begin{bmatrix} N_{oj} & x_1 & v_{oj1} \\ & x_2 & v_{oj2} \\ & \vdots & \vdots \\ & x_n & v_{ojm} \end{bmatrix} = \begin{bmatrix} N_{Oj} & x_1 & <a_{oj1}, b_{oj1}> \\ & x_2 & <a_{oj2}, b_{oj2}> \\ & \vdots & \vdots \\ & x_m & <a_{ojm}, b_{ojm}> \end{bmatrix}$$

其中，R_{oj} 表示企业突破性创新项目处于第 j 级风险时的物元模型，N_{oj} 表示第 j 级风险，$v_{ojk} = <a_{ojk}, b_{ojk}> (j = 1, 2, \cdots, n; k = 1, 2, \cdots, m)$ 表示风险是第 j 级时第 k 个风险因素指标的取值范围。

同时，各风险因素指标的取值范围形成的物元模型，即节域物元矩阵（R_P），公式：

$$R_P = \begin{bmatrix} N_P & x_1 & v_{p1} \\ & x_2 & v_{p2} \\ & \vdots & \vdots \\ & x_n & v_{pm} \end{bmatrix} = \begin{bmatrix} N_P & x_1 & <a_{p1}, b_{p1}> \\ & x_2 & <a_{p2}, b_{p2}> \\ & \vdots & \vdots \\ & x_m & <a_{pm}, b_{pm}> \end{bmatrix}$$

其中，N_P 表示企业突破性创新风险的全体等级，$v_{pk} = <a_{pk}, b_{pk}>$，$(j = 1, 2, \cdots, n; k = 1, 2, \cdots, m)$，表示在企业突破性创新的全体等级 N_P 中 x_k 的取值范围，可以看出 v_{pk} 包含了 v_{ojk}。

（5）确立待评物元矩阵

对于待评的突破性创新项目，把检测或者分析得到的各个风险因素指标的数据用物元矩阵表示，公式：

$$R = \begin{bmatrix} N & x_1 & v_1 \\ & x_2 & v_2 \\ & \vdots & \vdots \\ & x_m & v_m \end{bmatrix}$$

其中，N 为待评估的突破性创新项目风险，$v_k(k = 1, 2, \cdots, m)$ 表示企业突破性创新风险体系中的第 k 个风险因素指标评价值。

14.2.2 突破性创新项目风险评估等级划分

企业进行突破性创新的过程中，影响突破性创新项目风险要素很多，而且绝大多数指标都难以量化，因此，本书将各个指标的风险可能程度统一划分为高风险、较高风险、一般风险、较低风险和低风险五个等级。

假设 14.1 突破性创新风险因素指标有五个风险等级 = {一级、二级、三级、四级、五级} = {低风险、较低风险、一般风险、较高风险、高风险} = {R_1、R_2、R_3、R_4、R_5}，且风险等级之间存在临界转变值。

假设 14.2 突破性创新风险因素指标 x_i 可以被量化，其量化结果为模糊值 xv_i。

$$\begin{cases} \text{当 } x_i \text{ 属于低风险时,} & xv_i \in [0,1] \\ \text{当 } x_i \text{ 属于较低风险时,} & xv_i \in (1,2] \\ \text{当 } x_i \text{ 属于一般风险时,} & xv_i \in (2,3] \\ \text{当 } x_i \text{ 属于较高风险时,} & xv_i \in (3,4] \\ \text{当 } x_i \text{ 属于高风险时,} & xv_i \in (4,5] \end{cases}$$

因此，在对突破性创新风险因素指标进行调查分析时，可以依据企业突破性创新风险因素指标 x_i 与风险等级 R_i 之间的关系来确定突破性创新风险因素指标的评价值。如专家认为指标 x_i 处于低风险时，则可以参考一级风险范围 ［0，1］ 进行评分，得到评价值 u，另一位专家认为指标 x_i 处于一般风险时，同样参考对应的三级风险范围 （2，3］ 进行评分。若有 k 个专家，则该风险因素指标 x_i 的评价值 v_i 为：

$$v_i = \frac{1}{k}\sum_{n=1}^{k} u_a$$

其中 $a = (1,2,\cdots,k)$。

14.2.3　企业突破性创新风险的可拓测度

如上所述，我们建立了突破性创新风险综合评估的物元矩阵模型，但是对突破性创新项目风险等级进行评估时，需要确定企业突破性创新项目风险的物元矩阵模型与经典域物元矩阵的关联函数，进而根据关联函数确定待评的突破性创新项目的风险等级（李晓峰，2005）。具体从以下 3 个方面予以论述。

（1）确立接近度模型

为了解决这一问题，本书借鉴文献（李晓峰，2005；李晓峰、徐玖平，2011）并借助实变函数中距离的概念提出了接近度的概念，以用定量形式准确描述点在区间中的位置。

设 $v_{pk} = <a_{pk}, b_{pk}>$ 表示第 k 个风险因素指标 x_k 的取值范围，区间 $v_{ojk} = <a_{ojk}, b_{ojk}>$ 表示第 k 个风险因素指标 x_k 处于第 j 级风险等级时的评价值取值的允许范围，点 v_k 是带评估突破性创新项目的第 k 个风险因素指标 x_k 的评价值，其中 $j=1, 2, \cdots, n$; $k=1, 2, \cdots, m$,

则得出点 v_k 与区间 v_{pk}，v_{ojk} 的接近度，如公式：

$$p(v_k, v_{pk}) = \left| v_k - \frac{a_{pk} + b_{pk}}{2} \right| - \left(\frac{b_{pk} - a_{pk}}{2} \right)$$

$$p(v_k, v_{ojk}) = \left| v_k - \frac{a_{ojk} + b_{ojk}}{2} \right| - \left(\frac{b_{ojk} - a_{ojk}}{2} \right)$$

（2）风险关联度

由上可得，待评突破性创新项目的第 k 个风险因素指标 x_k 关于第 j 级风险等级的关联度（$K_j(v_k)$），公式：

$$K_j(v_k) = \frac{p(v_k, v_{ojk})}{p(v_k, v_{pk}) - p(v_k, v_{ojk})}$$

其中，$j = 1$，2，$\cdots$，n；$k = 1$，2，$\cdots$，m。

可见，风险关联度 $K_j(v_k) \in (-\infty, +\infty)$。通过风险关联度 $K_j(v_k)$，可以把"具有性质 P"的事物从定性描述拓展到"具有性质 P 的程度"的定量描述，因此，风险关联度函数可作为定量描述事物量变和质变的工具（李晓峰，2005）。通过进一步讨论点 v_k 评价值在区间的位置与风险关联度函数的关系，可得出以下 5 点结论。

第一，当风险因素指标 x_k 的评价值 v_k 处于其第 j 级风险等级的取值范围内（$v_k \in v_{ojk}$，且 $v_k \neq a_{ojk}$，b_{ojk}）时，则风险关联度 $K_j(v_k) > 0$。

第二，当风险因素指标 x_k 的评价值 v_k 处于其第 j 级风险等级的取值范围的上界点（$v_k = b_{ojk}$）或者下界点（$v_k = a_{ojk}$）时，则风险关联度 $K_j(v_k) = 0$。

第三，当风险因素指标 x_k 的评价值 v_k 处于其允许取值范围内，但不在第 j 级风险等级的取值范围以内（$v_k \in v_{pk} - v_{ojk}$，且 $v_k \neq a_{ojk}$，b_{ojk}，a_{pk}，b_{pk}）时，则风险关联度 $0 > K_j(v_k) > -1$。

第四，当风险因素指标 x_k 的评价值 v_k 处于其允许取值范围的上界点（$v_k = b_{pk}$）或下界点（$v_k = b_{pk}$）时，则 $K_j(v_k) = -1$。

第五，当风险因素指标 x_k 的评价值 v_k 既不处于其允许取值范围内，也不在允许取值方位的上界点或下界点（$v_k \notin v_{pk}$，且 $v_k \neq a_{pk}$，b_{pk}）时，则风险关联度 $K_j(v_k) < -1$。

由上可知，风险关联度 $K_j(v_k)$ 的数值描述了待评估风险因素符合风险等级范围的隶属程度。当 $K_j(v_k) > 0$，表示 $v_k \in v_{ojk}$，即第 k 个风险因素指标 x_k 具有等级为 j 的风险，且风险关联度 $K_j(v_k)$ 越大，表示风险因素指标 x_k 的 j 级风险的特征越明显；当 $K_j(v_k) = 0$，表示风险因素指标 x_k 处于 j 级风险的临界点上；当 $K_j(v_k) < 0$，表示第 k 个风险因素指标 x_k 不属于等级为 j 的风险，且风险关联度 $K_j(v_k)$ 越小，表示风险因素指标 x_k 离 j 级风险越远。

（3）风险关联度矩阵

由风险关联度 $K_j(v_k)$ 计算公式可得出待评企业突破性创新项目各风险因素指标与各个风险等级的关联度矩阵：

$$K = \left[K_j(v_k) \right]_{m \times n}$$

根据风险关联度矩阵可以得出待评企业突破性创新项目的第 k 个风险因素指标 x_k 与所有风险等级的关联度，其中风险关联度数值最大的就表示风险因素指标 x_k 属于其风险等级，公式：

$$\max_{1 \leq j \leq n} K_j(v_k) = K_{i0}(v_k) = K^*(v_k)$$

其中，$K_{i0}(v_k)$ 表示 x_k 处于等级为 i_0 的风险，也可以说明通过风险因素指标与风险等级的关联度计算可以评估企业突破性创新项目风险因素指标的风险状态，评价企业突破性创新项目的优劣势。

14.2.4　确定突破性创新项目综合风险等级

由上述可知，风险关联度矩阵可以得出风险因素指标与风险等级的关联度，以确定每个风险因素指标的风险等级。虽然突破性创新项目的风险特征能由风险指标体系的每个指标所反映，但是，部分不等于整体，若要全面反映突破性创新项目的综合风险状态，就必须将所有指标进行整体分析，才能准确如实地反映整个突破性创新项目的风险状态。

本书在指标权重的确定建立采用主成分分析法结果的基础上，对每个因子中的测量项指标的载荷 z_i 进行归一化处理，得出各测量项在其所属因子的权重 c_i，然后对主成分因子 j 的贡献率确定因子 j 的权重 d_j，进而获得各测量项在整个突破性创新风险评估指标体系的权重 a_i（$\sum_{i=1}^{m} a_i = 1$），则称公式：

$$K_j(R) = \sum_{i=1}^{m} a_i K_j(v_k)$$

为待评突破性创新项目与第 j 等级风险的关联度。

根据上述方法，可计算出突破性创新项目的综合风险等级为：

$$K_{j0}(R) = \max_{1 \leqslant j \leqslant n} K_j(R)$$

则确定突破性创新项目的综合风险等级为 j_0 等级。

14.3 企业突破性技术创新风险评估实证分析

本书选取比亚迪纯电动汽车这一突破性创新项目为例用基于主成分分析法的可拓物元矩阵综合评估方法，对比亚迪纯电动汽车项目现在的风险状态进行综合评估。

14.3.1 比亚迪纯电动车项目风险分析

（1）比亚迪公司简介

比亚迪公司自 20 世纪 90 年代中期以注册资本 250 万元成立，发展到现在，先后在 2002 年 7 月香港主板上市，并创下最高发行价纪录，在 2011 年 6 月回归深圳 A 股同样也表现了强劲的势头；从拥有自己第一个工业园——深圳龙岗葵涌工业园，发展到遍布全国各地、总面积超过 1500 公顷的 11 个生产基地；并从 1998 年 12 月设立欧洲子公司开始，先后在北美、东亚、非洲等国家以及中国台湾和中国香港等地区设立子公司或办事处，建立工厂，而且在洛杉矶成立了北美总部负责北美地区的销售、研发以及售后服务中心；从成立之初的 20 名员工，到现在比亚迪拥有的人员数量超过 20 万人。

比亚迪现在主要从事二次充电电池业务、手机部件及组装等 IT 产业，以及包含传统燃油汽车和新能源汽车的汽车业务，还凭借新能源技术优势主动开拓新能源产品业务。其中，比亚迪自 2000 年成为摩托罗拉（Motorola）第一个中国锂离子电池供应商以来，通过短短几年的发展，凭借在电池技术上的世界领先，已经成为全球最大，技术领先的二次充电电池制造商之一；同时，还是最具竞争力手机部件及组装业务供应商之一，为智能移动终端领导厂商提供设计和生产手机及电脑部件，并提供整机设计及组装的垂直整合的一站式服务。

自 2003 年收购西安秦川汽车有限公司，成立现在的比亚迪汽车有限公司，并且与北京吉驰汽车模具有限公司资产重组，标志着比亚迪公司正式进军汽车领域。从 2005 年 4 月比亚迪 F3 下线，2005 年年底正式上市，比亚迪公司凭借集团产品领先的技术及成本优势和高质量，累计产销超过 200 万辆轿车，已经发展成为国内自主品牌的领导企业。在发展传统燃油汽车业务的同时，发挥自身在电池技术的世界领先优势，于 2006 年研制成功第一款搭载铁电池的 F3e 纯电动汽车，并在此基础上研制开发了不依赖专业充电站的 F3DM，并且在 2010 年 1 月，e6 纯电动车获准公告上市。2010 年 5 月，比亚迪 e6 纯电动出租车，即全球首批纯电动出租车，批量推出上路运营；2010 年 1 月，K9 纯电动客车研发成功。同年 9 月，K9 正式下线；2011 年 1 月，K9 在深圳、长沙分别投入载客试运营；而且先后与德国大众汽车集团签署新能源汽车的商业合作备忘录，还和 Daimler A. G.（戴姆勒）成立合资公司，共同研究开发新电动车，提升比亚迪新能源汽车业务竞争力和汽车品牌知名度，以保障比亚迪集团汽车业务的长期持续成长，确立自己全球新能源汽车领域的领先地位。

（2）比亚迪纯电动汽车项目简介

2011 年 10 月 26 日，定名为 "e6 先行者" 的比亚迪纯电动车在深圳正式上市，售价 36.98 万元。目前，比亚迪 e6 也成了首款在中国大陆地区面向个人用户销售的纯电动家用车型。所以，比亚迪 e6 可以视为比亚迪纯电动车家族研发过程中的阶段性成果，也是其纯电动车技术向商品转化的第一步。相比其他电动车，比亚迪 e6 具备以

下 5 个特点。

第一，铁电池容量大，单次充电最多可行驶 300 公里。

第二，具有标准和快速两种充电模式，在快速模式下 15 分钟可完成充电 80%，普通模式可使用 220V 家用电。

第三，采用单厢式车身，车内空间宽裕适合家用。

第四，比亚迪在深圳地区与南方电网合作，配套充电站覆盖全城，车辆的电池维护方便，同时可根据家庭用户客户的需要，由电网安装单独的家用充电箱。

第五，采用了比亚迪自行研发的"云系统"，部分车辆功能可实现手机遥控。

同时，新能源汽车的发展一直存在政府政策的大力支持。根据《国家"十二五"科学与技术发展规划》，2011—2015 年五年新能源汽车在 30 个以上城市进行规模化示范推广，地方政府将出台各种财政补贴、政策优惠、兴建产业基地、组建产业联盟等支持政策。例如，国家对于个人购买纯电动车有 6 万元的补贴。另外，深圳市也为个人购买纯电动车提供 6 万元的补贴；在北京可享受购车免指标的新能源车扶持政策。

14.3.2　比亚迪纯电动车项目风险评估

（1）比亚迪纯电动车项目综合风险评估

对企业突破性创新风险进行评估：首先，应建立突破性创新的风险因素指标体系及风险等级划分；其次，确定风险因素指标的评价值，然后建立物元模型；最后，确定突破性创新项目的风险等级。对于比亚迪纯电动车项目的综合风险评估包括以下 5 个部分。

第一，突破性创新的风险因素指标体系及风险等级划分。

　　企业突破性创新风险因素指标划分为 5 个等级 = {一级、二级、三级、四级、五级} = {低风险、较低风险、一般风险、较高风险、高风险}。通过熟悉比亚迪公司的专家和比亚迪公司管理人员给各个风险因素指标评分，最终得到了比亚迪纯电动汽车 e6 项目的各个风险因素指标的评价值（见表 14 - 1）。

表 14 - 1　　　　　　　待评企业风险因素指标权重及其评价值

因子	测 量 项	权重	专家评分值(分)
H$_1$	消费者需求变动	0.019	2.69
	竞争产品满足消费者需求程度	0.016	3.25
	现实市场需求	0.015	2.76
	消费者对价格敏感度	0.014	2.63
	潜在市场需求	0.012	1.37
H$_2$	目标消费者数量	0.019	2.47
	市场竞争对手数量	0.019	2.37
	市场价格竞争激烈程度	0.017	3.27
	产业技术更新速度	0.016	1.58
H$_3$	政府政策支持力度	0.016	0.57
	宏观经济形势	0.014	1.56
	知识产权保障机制	0.012	2.13
	宏观政治形势	0.011	0.78

续　表

因子	测　量　项	权重	专家评分值（分）
H₄	消费者购买力	0.018	2.31
	客户对竞争企业忠诚度	0.017	2.79
	目标市场成长速度	0.017	2.35
H₅	产业市场规模	0.025	1.12
	潜在市场规模	0.023	1.23
Q₁	市场调研能力	0.015	1.56
	市场研究资源	0.015	1.77
	市场营销管理能力	0.014	1.93
	现有的销售网络模式对创新产品的适合度	0.014	1.29
	与客户沟通	0.013	1.69
	市场信息了解准确度	0.011	1.65
	市场评价能力	0.011	1.84
	产品宣传能力	0.009	0.97
Q₂	技术协作能力	0.014	0.91
	对技术本身了解	0.013	1.12
	技术评估能力	0.013	1.56
	技术研发进度控制能力	0.012	1.26
	内部技术模品测试能力	0.011	1.23
	创意筛选能力	0.009	1.53
	配套设备研发或者引进难度	0.009	2.54
	企业现有的工程设计能力对于新技术开发的适宜度	0.008	1.34

因子	测　量　项	权重	专家评分值(分)
Q₃	资金供给稳定度	0.017	1.87
	信贷资金来源难度	0.016	1.54
	企业资金实力	0.015	1.76
	企业资金运营能力	0.014	1.57
	创新资金需求量	0.014	3.24
Q₄	决策者风险承受能力	0.015	0.55
	决策者创新能力	0.012	0.78
	决策者竞争意识	0.012	0.67
	对创新成功的信心	0.011	0.63
Q₅	企业组织管理能力	0.025	1.94
	科技研发人员实力	0.021	2.05
Q₆	技术产品的原材料供应	0.018	1.24
	原材料供应难度	0.018	1.33
M₁	需要新的营销体系	0.049	1.57
	技术先进性	0.041	1.12
	企业对新技术用途了解	0.036	1.35
M₂	消费者对创新的了解	0.047	2.38
	消费者学习使用创新技术的成本	0.041	1.59
M₃	技术复杂度和难度	0.035	3.39
	技术成熟度	0.030	3.17
	生产周期	0.021	2.13

第二，确定经典域物元矩阵和节域物元矩阵。

突破性创新风险因素指标 x_i 被量化为模糊值 xv_i，且 $xv_i \in$ [0，5]。即

$$
\begin{cases}
当\ x_i\ 属于低风险时, xv_i \in \left[0,1\right] \\
当\ x_i\ 属于较低风险时, xv_i \in \left(1,2\right] \\
当\ x_i\ 属于一般风险时, xv_i \in \left(2,3\right] \\
当\ x_i\ 属于较高风险时, xv_i \in \left(3,4\right] \\
当\ x_i\ 属于高风险时, xv_i \in \left(4,5\right]
\end{cases}
$$

由此，可以得出企业突破性创新风险的经典域物元矩阵为：

$$
R_{o1} = \begin{bmatrix} N_{O1} & x_1 & <0,1> \\ & x_2 & <0,1> \\ & \vdots & \vdots \\ & x_{55} & <0,1> \end{bmatrix}
\quad
R_{o2} = \begin{bmatrix} N_{O2} & x_1 & <1,2> \\ & x_2 & <1,2> \\ & \vdots & \vdots \\ & x_{55} & <1,2> \end{bmatrix}
$$

$$
R_{o3} = \begin{bmatrix} N_{O3} & x_1 & <2,3> \\ & x_2 & <2,3> \\ & \vdots & \vdots \\ & x_{55} & <2,3> \end{bmatrix}
\quad
R_{o4} = \begin{bmatrix} N_{O4} & x_1 & <3,4> \\ & x_2 & <3,4> \\ & \vdots & \vdots \\ & x_{55} & <3,4> \end{bmatrix}
$$

$$
R_{o5} = \begin{bmatrix} N_{O5} & x_1 & <4,5> \\ & x_2 & <4,5> \\ & \vdots & \vdots \\ & x_{55} & <4,5> \end{bmatrix}
$$

突破性创新风险的节域物元矩阵为：

$$R_p = \begin{bmatrix} N_p & x_1 & <0,5> \\ & x_2 & <0,5> \\ & \vdots & \vdots \\ & x_{55} & <0,5> \end{bmatrix}$$

第三，待评的突破性创新项目的物元矩阵。

如表14-1可见，有专家评分法对待评的比亚迪公司的电动车项目进行评价值，并形成物元矩阵表示。

$$R = \begin{bmatrix} N & x_1 & 2.69 \\ & x_2 & 3.25 \\ & x_3 & 2.76 \\ & \vdots & \vdots \\ & x_{55} & 2.13 \end{bmatrix}$$

第四，计算风险关联度矩阵。

根据风险关联度定义计算待评的比亚迪公司的电动车项目风险因素指标与各个风险等级的关联度矩阵 $K = [K_j(v_k)]_{55 \times 5}$，计算结果如表14-2所示。

表14-2　　　　　　　　　　风险关联度矩阵

风险关联度	一级风险	二级风险	三级风险	四级风险	五级风险
X_1	-0.56	-0.23	0.16	-0.12	-0.36
X_2	-0.44	-0.42	-0.13	0.17	-0.30
X_3	-0.41	-0.25	0.12	-0.10	-0.36
X_4	-0.21	-0.21	0.19	-0.14	-0.37

续　表

风险关联度	一级风险	二级风险	三级风险	四级风险	五级风险
X_5	- 0. 37	0. 37	- 0. 32	- 0. 54	- 0. 66
X_6	- 0. 37	- 0. 16	0. 24	- 0. 18	- 0. 38
X_7	- 0. 57	- 0. 14	0. 19	- 0. 21	- 0. 41
X_8	- 0. 27	- 0. 42	- 0. 14	0. 18	- 0. 30
X_9	3. 07	0. 36	- 0. 21	- 0. 47	- 0. 61
X_{10}	- 0. 26	- 0. 43	- 0. 72	- 0. 81	- 0. 86
X_{11}	- 0. 35	0. 39	- 0. 22	- 0. 48	- 0. 61
X_{12}	0. 39	- 0. 06	0. 06	- 0. 29	- 0. 47
X_{13}	- 0. 36	- 0. 22	- 0. 61	- 0. 74	- 0. 81
X_{14}	- 0. 45	- 0. 12	0. 16	- 0. 23	- 0. 42
X_{15}	- 0. 36	- 0. 26	0. 11	- 0. 09	- 0. 35
X_{16}	- 0. 10	- 0. 13	0. 18	- 0. 22	- 0. 41
X_{17}	- 0. 16	0. 12	- 0. 44	- 0. 63	- 0. 72
X_{18}	- 0. 26	0. 23	- 0. 39	- 0. 59	- 0. 69
X_{19}	- 0. 30	0. 39	- 0. 22	- 0. 48	- 0. 61
X_{20}	- 0. 33	0. 15	- 0. 12	- 0. 41	- 0. 56
X_{21}	- 0. 18	0. 04	- 0. 04	- 0. 36	- 0. 52
X_{22}	- 0. 29	0. 29	- 0. 36	- 0. 57	- 0. 68
X_{23}	- 0. 28	0. 22	- 0. 16	- 0. 44	- 0. 58
X_{24}	- 0. 31	0. 27	- 0. 18	- 0. 45	- 0. 59

风险关联度	一级风险	二级风险	三级风险	四级风险	五级风险
X_{25}	0.03	0.10	− 0.08	− 0.39	− 0.54
X_{26}	0.11	− 0.03	− 0.52	− 0.68	− 0.76
X_{27}	− 0.10	− 0.09	− 0.55	− 0.70	− 0.77
X_{28}	− 0.26	0.12	− 0.44	− 0.63	− 0.72
X_{29}	− 0.17	0.39	− 0.22	− 0.48	− 0.61
X_{30}	− 0.16	0.26	− 0.37	− 0.58	− 0.69
X_{31}	− 0.26	0.23	− 0.39	− 0.59	− 0.69
X_{32}	− 0.39	0.44	− 0.24	− 0.49	− 0.62
X_{33}	− 0.20	− 0.18	0.23	− 0.16	− 0.37
X_{34}	− 0.32	0.34	− 0.33	− 0.55	− 0.67
X_{35}	− 0.26	0.07	− 0.06	− 0.38	− 0.53
X_{36}	− 0.30	0.43	− 0.23	− 0.49	− 0.62
X_{37}	− 0.27	0.16	− 0.12	− 0.41	− 0.56
X_{38}	− 0.56	0.38	− 0.22	− 0.48	− 0.61
X_{39}	4.50	− 0.41	− 0.12	0.16	− 0.30
X_{40}	0.39	− 0.45	− 0.73	− 0.82	− 0.86
X_{41}	0.97	− 0.22	− 0.61	− 0.74	− 0.81
X_{42}	1.42	− 0.33	− 0.67	− 0.78	− 0.83
X_{43}	− 0.33	− 0.37	− 0.69	− 0.79	− 0.84
X_{44}	− 0.34	0.03	− 0.03	− 0.35	− 0.52

风险关联度	一级风险	二级风险	三级风险	四级风险	五级风险
X_{45}	− 0. 16	− 0. 02	0. 02	− 0. 32	− 0. 49
X_{46}	− 0. 20	0. 24	− 0. 38	− 0. 59	− 0. 69
X_{47}	− 0. 27	0. 33	− 0. 34	− 0. 56	− 0. 67
X_{48}	− 0. 10	0. 38	− 0. 22	− 0. 48	− 0. 61
X_{49}	− 0. 21	0. 12	− 0. 44	− 0. 63	− 0. 72
X_{50}	− 0. 37	0. 35	− 0. 33	− 0. 55	− 0. 66
X_{51}	− 0. 27	− 0. 14	0. 19	− 0. 21	− 0. 41
X_{52}	− 0. 60	0. 35	− 0. 21	− 0. 47	− 0. 60
X_{53}	− 0. 54	− 0. 46	− 0. 20	0. 32	− 0. 27
X_{54}	− 0. 35	− 0. 39	− 0. 09	0. 10	− 0. 31
X_{55}	− 1. 00	− 0. 06	0. 06	− 0. 29	− 0. 47

第五，计算待评企业突破性创新项目风险关联度。

由表 14 − 1 可知，各风险因素指标的权重 $a_i (i = 1, 2, \cdots, 55)$，则可以算出待评企业突破性创新项目与第 j 级风险的关联度为：

$$K_j(R) = \sum_{i=1}^{55} a_i K_j(v_k)$$

其中 $j = 1, 2, 3, 4, 5$。

即可得出纯电动车项目与各风险等级的关联度，如表 14 − 3 所示。

表 14 − 3　　　　纯电动车项目与各风险等级的关联度

风险关联度	一级风险	二级风险	三级风险	四级风险	五级风险
电动车项目	− 0. 1414	0. 0279	− 0. 1822	− 0. 3759	− 0. 5553

则待评的比亚迪电动车项目的风险属性为：

$$K_{j0}(R) = \max_{1 \leqslant j \leqslant 5} K_j(R) = K_2(R) = 0.0279$$

即比亚迪公司的纯电动车项目（e6）的风险级别为二级，即较低风险。这与该项目的实际风险情况，基本符合。

（2）各风险因素的风险评估

基于主成分分析法的可拓物元模型不仅可以对企业的突破性创新项目进行综合风险评估，而且可以分析企业突破性创新项目各因子的风险情况，具体包括以下 5 个部分。

第一，研发因子的测量指标权重和评价值。

企业突破性创新项目的研发风险因子如表 14－4 所示。在权重确定方面，本书仍采用 14.1.2 节主成分分析所得到的结果来确定，即测量指标的权重是其在研发因子的载荷值得归一化系数，见表 14－4。

表 14－4　　　　研发因子的风险测量指标权重和评价值

因子	测量指标	载荷	权重	评价值
研发因子	X$_{27}$技术协作能力	0.865	0.154	0.91
	X$_{28}$对技术本身了解程度	0.845	0.151	1.12
	X$_{29}$技术评估能力	0.810	0.144	1.56
	X$_{30}$技术研发进度控制能力	0.732	0.130	1.26
	X$_{31}$内部技术模品测试能力	0.694	0.124	1.23
	X$_{32}$创意筛选能力	0.579	0.103	1.53
	X$_{33}$配套设备研发或者引进难度	0.561	0.100	2.54
	X$_{34}$企业现有的工程设计能对新技术开发的适宜度	0.527	0.094	1.34

第二，确定研发风险因子的经典域物元矩阵和节域物元矩阵。

企业突破性创新项目的研发风险因子的经典域物元矩阵和节域物元矩阵与10.3.2.1节中企业突破性创新风险的经典域物元矩阵和节域物元矩阵相同，故不再重复描述。

第三，确定研发风险因子的物元矩阵。

14.1.2一节中，已经对研发因子的各测量指标进行专家评分得到评价值，因此，研发因子的物元矩阵可表示为：

$$R = \begin{bmatrix} N & x27 & 0.91 \\ & x28 & 1.12 \\ & x29 & 1.56 \\ & x30 & 1.26 \\ & x31 & 1.23 \\ & x32 & 1.53 \\ & x33 & 2.54 \\ & x34 & 1.34 \end{bmatrix}$$

第四，计算风险关联度矩阵。

根据风险关联度定义计算研发风险因子的各测量指标与各个风险等级的关联度，从而获得研发风险因子的关联度矩阵：

$$K = \left[K_j(v_k) \right]_{8 \times 5}$$

如表14-5所示。

表14-5　　　　　　　　研发风险因子的关联度矩阵

风险关联度	一级风险	二级风险	三级风险	四级风险	五级风险
X_{27}	-0.10	-0.09	-0.55	-0.70	-0.77
X_{28}	-0.26	0.12	-0.44	-0.63	-0.72

风险关联度	一级风险	二级风险	三级风险	四级风险	五级风险
X_{29}	-0.17	0.39	-0.22	-0.48	-0.61
X_{30}	-0.16	0.26	-0.37	-0.58	-0.69
X_{31}	-0.26	0.23	-0.39	-0.59	-0.69
X_{32}	-0.39	0.44	-0.24	-0.49	-0.62
X_{33}	-0.20	-0.18	0.23	-0.16	-0.37
X_{34}	-0.27	0.34	-0.33	-0.55	-0.67

第五，计算风险关联度。

从表 14-4 可得，研发风险因子的测量指标的权系数 $b_i(i=1,2,\cdots,9)$，则研发风险因子与各等级风险的关联度为：

$$K_j(R) = \sum_{i=1}^{9} a_i K_j(v_k)$$

其中 $j=1$，2，3，4，5，如表 14-6 所示。

表 14-6　　　　　纯电动车项目与各风险等级的关联度

风险关联度	一级风险	二级风险	三级风险	四级风险	五级风险
电动车项目	-0.2177	0.1820	-0.3120	-0.5388	-0.6542

则比亚迪电动车项目研发风险因子的风险属性为：

$$K_{j0}(R) = \max_{1 \leqslant j \leqslant 5} K_j(R) = K_2(R) = 0.1820$$

即比亚迪公司的纯电动车项目（e6）的研发因子风险级别为二级，即较低风险，说明比亚迪在纯电动车项目上具有不错的企业研发能力。这与该项目的实际情况基本符合。

同理，也可以得出其他因子的风险等级，如表 14 - 7 所示。

可以看出，比亚迪公司纯电动车项目的风险因子中有三个三级风险为需求风险因子、市场潜力风险因子以及技术本身风险因子，三个处于一级风险的风险因子，大多风险因子停留在二级风险上。因此，比亚迪公司在电动车项目上可以为企业针对性地采取对应的措施方法加强风险管理以降低和规避风险。

表 14 - 7　　　　　各因子的风险关联度和风险等级

	风险关联度	一级风险	二级风险	三级风险	四级风险	五级风险	风险等级
宏观环境层面	需求风险因子	- 0. 41286	- 0. 17302	0. 019585	- 0. 12644	- 0. 3964	三级
	竞争风险因子	0. 359021	- 0. 10253	0. 033837	- 0. 16292	- 0. 41727	一级
	宏观环境风险因子	- 0. 15519	- 0. 0831	- 0. 38311	- 0. 58874	- 0. 69156	二级
	市场潜力风险因子	- 0. 0316	- 0. 04233	0. 05715	- 0. 07076	- 0. 13471	三级
	市场规模风险因子	- 0. 20865	0. 172738	- 0. 41363	- 0. 60909	- 0. 70682	二级
企业内部系统层面	市场营销风险因子	- 0. 21177	0. 188684	- 0. 19564	- 0. 46376	- 0. 59782	二级
	研发风险因子	- 0. 22147	0. 182902	- 0. 31007	- 0. 5378	- 0. 65378	二级
	财务风险因子	0. 538074	0. 13172	- 0. 14799	- 0. 32839	- 0. 52713	一级
	决策者风险因子	0. 6209	- 0. 34867	- 0. 67434	- 0. 78289	- 0. 83717	一级
	人事管理风险因子	- 0. 25723	0. 006196	- 0. 00462	- 0. 33641	- 0. 50231	二级
	资源供应风险因子	- 0. 23249	0. 28489	- 0. 35755	- 0. 5717	- 0. 67878	二级

续　表

风险关联度		一级风险	二级风险	三级风险	四级风险	五级风险	风险等级
突破性创新项目	对企业的新颖性	− 0. 20978	0. 286081	− 0. 31948	− 0. 54632	− 0. 65974	二级
	对消费者的新颖性	− 0. 42338	0. 089016	0. 005423	− 0. 32972	− 0. 49729	二级
	技术本身风险因子	− 0. 58716	− 0. 33742	− 0. 09232	0. 093097	− 0. 33542	三级

第15章　企业突破性技术创新风险
演化模拟与防控研究

15.1　企业突破性技术创新风险演化模型构建

15.1.1　风险演化模型的描述图

本书根据突破性创新风险在企业内部传导和耦合机制，在结合突破性创新关键风险指标体系，以及企业组织结构的基础上，从风险接受体的角度，以市场部门、研发部门、财务部门、人事部门以及企业家五个核心单元为例，构建了企业突破性创新风险演化的系统动力学模型，下面分别分析。

（1）市场部门风险

如图 15 - 1 所示，市场部门首先通过市场调研对市场条件、产业情况、消费者需求情况进行风险感知，来确定市场不确定性给企业突破性创新活动带来的风险，如第 13 章中给出的需求风险因子、市场潜力风险因子、市场竞争风险因子、市场规模风险因子、市场营销能力风险因子、技术对消费者的新颖性因子等。再通过自身的风险偏好和自身实力构成的风险承受能力结合企业对市场风险的防范应对能力对市场风险进行防范和规避，形成该部门的风险阈值。当市场部门经过风险感知形成的市场风险大于其能承受和应对的能力即风险大于风险阈值时，市场风险将在突破市场部门开始传导，并蔓延至企业各个部门，以致对整个企业产生影响。

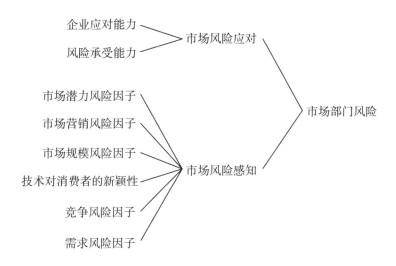

图 15 - 1　市场部门风险的因果关系示意

（2）研发部门风险

如图 15 - 2 所示，研发过程中，项目技术的先进性、复杂性和难度等组成的技术对企业的新颖性和技术自身风险因子以及企业自身的研发能力风险因子，都会不同程度地影响企业突破性创新技术研发活动，挑战研发部门的风险承受能力和企业风险应对能力，从而增大企业突破性创新综合风险，增加企业突破性创新难度。

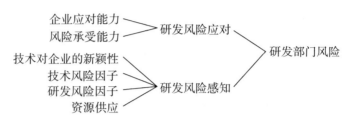

图 15 - 2　研发部门风险的因果关系示意

（3）财务部门风险

企业财务活动与企业突破性创新过程紧密相关，并且由于突破性创新在技术和市场的不确定性带来的对资金的巨大需求，使其在企业突破性创新过程中发挥着重要的作用。也由于财务活动涉及企业各个领域以及突破性创新的各个阶段，决定了企业财务活动的不确定性和多变性，也使得财务风险成为企业突破性创新活动的最关键风险之一。在这里财务部门感知的财务风险主要来自资金稳定性，信贷资金来源、企业资金运营能力以及创新项目资金的需求量组成的财务风险因子，如图 15 - 3 所示。财务部门的风险增加将导致其他部门的资金供给不稳定甚至短缺，将严重影响企业生产经营和突破性创新活动的开展，因此财务部门的风险传导值得我们重点去分析和防范。

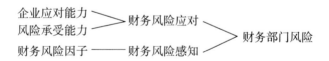

图 15 - 3　财务部门风险的因果关系示意

（4）人事部门风险

任何企业进行突破性创新活动，甚至一切生产经营活动，实现其他资源价值都要通过人力资源，因此人力资源被视为企业最为重要的资源。人事部门即人力资源部门，它感知的风险主要来自人力资源管理方面的风险，其中包括人力资源自身的风险即由员工自身本质条件决定的，和人力资源制度性风险即企业在人力资源管理制度上的不足导致的，如图 15 - 4 所示。例如，第 13 章的突破性创新的关键风险因素指标体系所示，人事管理风险因子包括企业组织管理风险和科技研发人员实力条件两个因素。在企业突破性创新活动中，人事部门时刻面临着来自这两方面的不确定性和风险，通过不断增加自身部门的能力来提高自身风险容忍能力，结合企业自身应对风险能力，以降低和控制风险的传导和蔓延。

图 15 - 4　人事部门风险的因果关系示意

（5）企业家风险

企业家及其企业家精神在以往文献中大多被作为企业经营运作和创新成功的重要条件，但是作为企业主观性风险经常进行风险考虑时被学者所忽略（李晓峰、徐玖平，2009）。在企业生产经营，尤其是突破性创新活动中，企业家作为企业的最后决策人，发挥着无可替代的作用。企业家因为自身条件和特质不同所形成风险偏好、竞争意识、创新能力以及对创新成功的信心都存在差异，以致在对待同样客观条件的项目时感知的风险也不同，从而产生各不相同的决策结果，也因此使得不同企业在面对同样客观风险条件的项目时经受风险损失后果大不相同。同时，企业家作为企业的全局统筹者，不仅要对来自外部宏观环境的风险进行识别分析，还要对企业内部风险进行了解分析。因此，企业家风险不仅包括对外部环境的感知，而且包括企业内部各部门传导过来的风险，其因果关系图如图 15 - 5 所示。

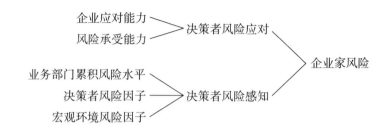

图 15 - 5　企业家风险的因果关系示意

根据以上关系图，我们可以得出企业突破性创新风险演化模型的因果关系图（见图 15 - 6）和系统动力学流图（见图 15 - 7）。

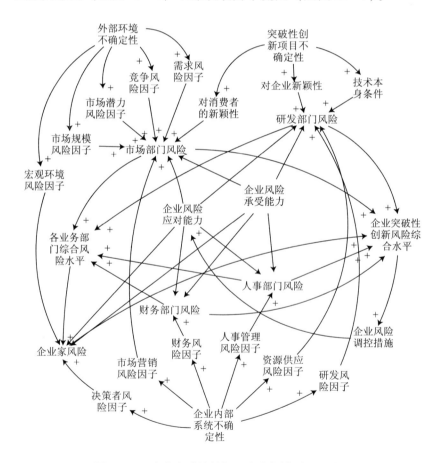

图 15 - 6　企业突破性创新风险演化模型因果关系

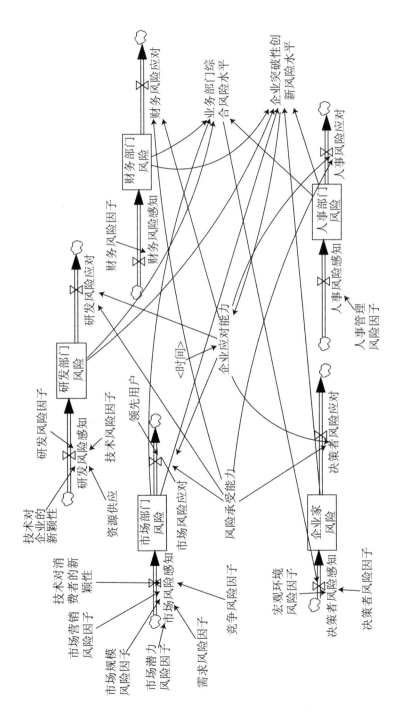

图15-7　企业突破性创新风险演化模型系统动力学流

15.1.2　风险演化模型的方程设计

风险演化模型的方程设计包括以下 8 个部分。

（1）市场部门风险模块

第一，状态变量方程：市场部门风险的存量离散方程形式。

市场部门风险 K = 市场部门风险 × J + DT × (市场风险感知 × JK −
市场风险应对 × JK) × 0.1 × MIN(5 − 市场部门风
险 × J, 市场部门风险 × J)

第二，速率方程。

市场风险感知 JK = LOG(a_{11} × 需求风险因子 + a_{12} × 竞争风险因
子 + a_{13} × 技术对消费者的新颖性 + a_{14} × 市场规模
风险因子 + a_{15} × 市场潜力风险因子 + a_{16} × 市场营
销风险因子, 5) × 5

市场风险应对 JK = LOG(b_{11} × 风险承受能力 + b_{12} × 企业应对能力,
5) × 5

其中，需求风险因子、竞争风险因子、技术对消费者的新颖性、市场
规模风险因子、市场潜力风险因子、市场营销风险因子、风险承受能
力、企业应对能力为辅助变量；a_{11}、a_{12}、a_{13}、a_{14}、a_{15}、a_{16} 为对应的
风险因子在市场部门风险感知时被重视程度，即归一化的权系数。
b_{11}、b_{12} 是描述风险承受能力和企业应对能力在市场风险应对中风险化
解效果的权系数。所有权系数，包括下面涉及的权系数，都确定采用
专家评分法确定。

（2）研发部门风险模块

第一，状态变量方程：研发部门风险的存量离散方程形式。

研发部门风险K = 研发部门风险 × J + DT × (研发风险感知 × JK -

研发风险应对 × JK) × MIN(5 - 研发部门风险 × J,

研发部门风险 × J) × 0.1

第二，速率方程。

研发风险感知JK = LOG(a_{21} × 研发风险因子 + a_{22} × 技术风险因

子 + a_{23} × 技术对企业的新颖性 + a_{24} × 资源供应风

险因子,5) × 5

研发风险应对JK = LOG(b_{21} × 风险承受能力 + b_{22} × 企业应对能力,

5) × 5

其中，研发风险因子、技术风险因子、技术对企业的新颖性、资
源供应风险因子、风险承受能力、企业应对能力为辅助变量。a_{21}、
a_{22}、a_{23}、a_{24}为对应的风险因子在研发部门风险感知的权系数。b_{11}、
b_{12}是风险承受能力和企业应对能力在研发风险应对中风险化解效果的
权系数。

(3) 财务部门风险模块

第一，状态变量方程：财务部门风险的存量离散方程形式：

财务部门风险K = 财务部门风险 × J + DT × (财务风险感知 × JK -

财务风险应对 × JK) × MIN(5 - 财务部门风险 × J,

财务部门风险 × J) × 0.1

第二，速率方程：

财务风险感知JK = LOG(a_{31} × 财务风险因子,5) × 5

财务风险应对JK = LOG(b_{31} × 风险承受能力 + b_{32} × 企业应对能力,

5) × 5

其中，财务风险因子、风险承受能力、企业应对能力为辅助变量。a_{31} 为财务风险因子在财务部门风险感知系数。b_{31}、b_{32} 是风险承受能力和企业应对能力在研发风险应对中风险化解效果的权系数。

（4）人事部门风险模块

第一，状态变量方程：人事部门风险的存量离散方程形式：

$$人事部门风险K = 人事部门风险 \times J + DT \times (人事风险感知 \times JK -$$
$$人事风险应对 \times JK) \times MIN(5 - 人事部门风险 \times J,$$
$$人事部门风险 \times J) \times 0.1$$

第二，速率方程：

$$人事风险应对JK = b_{41} \times 风险承受能力 + b_{42} \times 企业应对能力$$

其中，人事风险因子、风险承受能力、企业应对能力为辅助变量。a_{41} 为人事风险因子在财务部门风险感知系数。b_{41}、b_{42} 是风险承受能力和企业应对能力在人事风险应对中风险化解效果的权系数。

（5）企业家风险模块

第一，状态变量方程：企业家风险的存量离散方程形式：

$$企业家风险K = 企业家风险 \times J + DT \times (企业家风险感知 \times JK - 企$$
$$业家风险应对 \times JK) \times MIN(5 企业家风险 \times J, 企业家$$
$$风险 \times J) \times 0.1$$

第二，速率方程：

$$企业家风险感知JK = LOG(a_{51} \times 决策者风险因子 + a_{52} \times 宏观环境$$
$$风险因子 + a_{53} \times 业务部门累积风险, 5) \times 5$$

$$企业家风险应对JK = LOG(b_{51} \times 风险承受能力 + b_{52} \times 企业应对能$$
$$力, 5)$$

其中，决策者风险因子、宏观环境风险因子、风险承受能力、企业应对能力为辅助变量。a_{51}、a_{52}、a_{53} 为对应的风险因子在研发部门风险感知的权系数。b_{51}、b_{52} 是风险承受能力、企业应对能力在企业家风险应对中风险化解效果的权系数。

（6）业务部门综合风险水平

业务部门综合风险水平是一个辅助变量。表示业务部门在 K 时刻风险水平的加权之和，其辅助方程为：

$$业务部门综合风险水平 = c_1 \times 财务部门风险 + c_2 \times 研发部门风险 + $$
$$c_3 \times 市场部门风险 + c_4 \times 人事部门风险$$

其中，c_1、c_2、c_3、c_4 为各部门风险对业务部门累积风险水平的权系数。

（7）企业突破性创新风险水平

企业突破性创新风险水平，为辅助变量，是指在 K 时刻，企业各部门的风险水平的加权总和。辅助方程为：

$$企业突破性创新风险水平 = d_1 \times 财务部门风险 + d_2 \times 研发部门风险$$
$$+ d_3 \times 市场部门风险 + d_4 \times 人事部门风险 + d_5 \times 企业家风险$$

其中，d_1、d_2、d_3、d_4 为各部分风险对企业在 K 时刻的突破性创新风险综合水平的权系数。

（8）企业风险应对能力

企业风险应对能力，作为辅助变量，是指在 K 时刻，企业能够化解和规避风险的能力。这里，我们假设企业风险应对能力是个时间函数，表示随着突破性创新项目的实施，企业对突破性创新风险的应对能力会逐渐增大。另外，在突破性创新过程中，企业发现风险不断增大，会采取投入研发资金和人员、加大市场营销力度等各种措施来降低风险。因此，这里认为企业风险是企业突破性创新风险综合水平的函数。企业风险应对能力的方程为：

$$企业应对能力 = e_1 \times ABS(Time) + e_2 \times 企业突破性创新风险水平$$

15.1.3 风险演化系统动力学模型参数确定

为了确定参数以对模型进行检验，本书仍以比亚迪公司电动车项目为例，通过专家赋权，确定了企业突破性创新风险演化系统动力学模型的系数。由于本书采用 Vensim 建模软件，因此，将使用其程序情况来表示模型的公式以及参数的设计。Vensim 模型程序清单如下：

（1）FINAL TIME = 100 Units: Month

（2）INITIAL TIME = 0 Units: Month

（3）SAVEPER = TIME STEP Units: Month

（4）TIME STEP = 1 Units: Month

（5）业务部门综合风险水平 = 0.25 × 财务部门风险 + 0.25 × 研发部门风险 + 0.25 × 市场部门风险 + 0.25 × 人事部门风险 Units: 1

（6）人事管理风险因子 = 1.991 Units: 1

（7）人事部门风险 = INTEG[（人事风险感知 − 人事风险应对）× 0.1 × MIN（人事部门风险，5 − 人事部门风险），人事管理风险因子] Units: 1

（8）人事风险应对 = LOG[（0.5 × 风险承受能力 + 0.5 × 企业应对能力），5] × 5 Units: 1

（9）人事风险感知 = LOG[（人事管理风险因子），5] × 5 Units: 1

（10）企业家风险 = INTEG[（决策者风险感知 − 决策者风险应对）× 0.1 × MIN（企业家风险，5 − 企业家风险），0.5 × 决策者风险因子 + 0.5 × 宏观环境风险因子] Units: 1

（11）企业应对能力 = 2.5 × ABS（Time × 0.01）+ 0.5 × 企业突破性创新风险水平 Units: 1

（12）企业突破性创新风险水平 = 0.2 × 财务部门风险 + 0.2 × 研发部门风险 + 0.2 × 市场部门风险 + 0.2 × 企业家风险 + 0.2 × 人事部门风险 Units: 1

（13）决策者风险因子 = 0.651 Units: 1

（14）决策者风险应对 = LOG[（0.5 × 风险承受能力 + 0.5 × 企业应对能力），5] × 5 Units: 1

（15）决策者风险感知 = LOG[（0.3 × 业务部门综合风险水平 + 0.3 × 宏观环境风险因子 + 0.4 × 决策者风险因子），5] × 5 Units: 1

（16）宏观环境风险因子 = 1.234 Units: 1

（17）市场潜力风险因子 = 2.48 Units: 1

（18）市场营销风险因子 = 1.609 Units: 1

（19）市场规模风险因子 = 1.173 Units: 1

（20）市场部门风险 = INTEG[（市场风险感知 − 市场风险应对）× 0.1 × MIN（市场部门风险，5 − 市场部门风险），（0.2 × 需求风险因子 + 0.2 × 竞争风险因子 + 0.15 × 技术对消费者的新颖性 + 0.15 × 市场规模风险因子 + 0.15 × 市场潜力风险因子 + 0.15 × 市场营销风险因子）] Units: 1

（21）市场风险应对 = LOG[（0.5 × 风险承受能力 + 0.6 × 企业应对能力）+ 领先用户，5] × 5 Units: 1

（22）市场风险感知＝LOG[（0.2×需求风险因子＋0.2×竞争风险因子＋0.15×技术对消费者的新颖性＋0.15×市场规模风险因子＋0.15×市场潜力风险因子＋0.15×市场营销风险因子），5]×5 Units：1

（23）技术对企业的新颖性＝1.361 Units：1

（24）技术对消费者的新颖性＝2.011 Units：1

（25）技术风险因子＝3.002 Units：1

（26）政府扶持力度＝3 Units：1

（27）研发部门风险＝INTEG[（研发风险感知－研发风险应对）×0.1×MIN（研发部门风险，5－研发部门风险），（0.25×资源供应＋0.25×研发风险因子＋0.25×技术对企业的新颖性＋0.25×技术风险因子）]Units：1

（28）研发风险因子＝1.388 Units：1

（29）研发风险应对＝LOG[（0.5×风险承受能力＋0.5×企业应对能力），5]×5 Units：1

（30）研发风险感知＝LOG[（0.25×资源供应＋0.25×研发风险因子＋0.25×技术对企业的新颖性＋0.25×技术风险因子），9]×5 Units：1

（31）社会分摊风险能力＝3 Units：1

（32）竞争风险因子＝2.442 Units：1

（33）财务部门风险＝INTEG[（财务风险感知－财务风险应对）×0.1×MIN（财务部门风险，5－财务部门风险），财务风险因子]Units：1

（34）财务风险因子＝1.972 Units：1

（35）财务风险应对＝LOG[（0.5×风险承受能力＋0.5×企业应对能力），5]×5 Units：1

（36）财务风险感知 = LOG［（财务风险因子），5］×5 Units: 1

（37）资源供应 = 1. 991 Units: 1

（38）需求风险因子 = 2. 596 Units: 1

（39）风险承受能力 = 2 Units: 1

15. 1. 4　风险演化系统动力学模型检验

系统动力学模型是一个从概念化到公式化，反复模拟试验的过程，因此，模型的有效性检验是必不可少的。例如，袁利金、蒋绍忠（1988）认为模型的有效性是指所建立的模型，既包括模型目的在内的主要系统结构和变量，又能在模拟中重现真实系统的时间行为。系统动力学模型检验的方法有很多，全面的测试既不便于操作也没有必要（李旭，2009）。本书主要从直接结构检验、行为检验两方面进行模型检验（邵留国，2008）。

首先，在模型构建过程中，本研究通过参阅文献资料，且一直保持与被测试对象的联系，并在必要时进行实地调研，一直进行着结构、参数及数值的一致性检验，因此直接结构检验是通过的。

其次，对模型进行极端条件测试，行为敏感性测试、模型的行为与现实都存在一致性。例如，选取不同的仿真时间间隔 DT（DT = 0. 1，DT = 0. 2，DT = 1）来仿真分析以考察模型的稳定性，如图 15 - 8 所示，系统动力学模型是稳定的。

最后，由于本书构建系统动力学模型的目的是对创新风险演化趋势的模拟以帮助企业降低和规避突破性创新项目风险的措施，又因为突破性创新风险是定性概念，具有主观性，因此，模型的模拟结果与历史只要求大趋势的相似，不要求很高的数值精确度。模型的模拟结

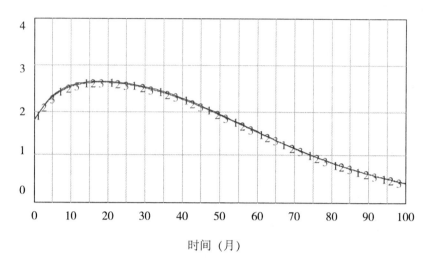

时间（月）

企业突破性创新风险水平：DT 10 ——1——1——1——1——1——1——1——

企业突破性创新风险水平：DT 2 ——2——2——2——2——2——2——2——

企业突破性创新风险水平：DT 1 —3——3——3——3——3——3——3——3—

图 15 - 8　不同仿真时间间隔下的企业突破性创新风险水平仿真比较

果如图 5 - 9、图 15 - 10 所示，与比亚迪公司人员求证，得到了认同。尤其是对市场方面的表现，从研制时对销售前景的看好，到 2010 年仅销售 417 辆，远低于预期的 1000 辆的销售目标；2011 年，比亚迪新能源车 F3DM、e6 和 K9 的销量共计才 1200 余辆，2012 年约 1700 辆。而且从预计 2009 年年底上市，直至 2011 年正式面向个人销售，表明了从研制成功的良好市场预期到上市的几年中，企业市场部门面临着巨大的风险，直至 2012 年略微好转，2013 年提出了增长三倍以上的 6000 辆的预期销售目标。这与市场部门风险的趋势一致，表明了系统动力学模型的有效性。

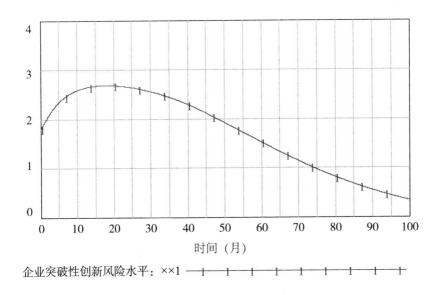

企业突破性创新风险水平：××1

图 15 - 9　企业突破性创新风险水平模拟结果

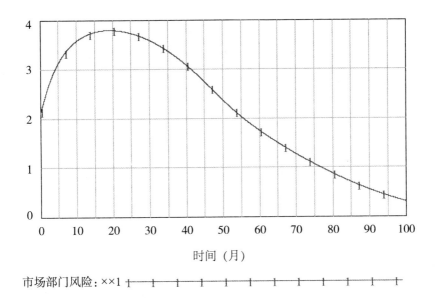

市场部门风险：××1

图 15 - 10　企业市场部门风险水平模拟结果

15.2　企业突破性技术创新风险演化系统动力学模型行为与防控分析

15.2.1　风险演化趋势分析

如图 15 - 11 所示，人事部门风险、财务部门风险、市场部门风险、研发部门风险、企业家风险以及企业突破性创新风险水平曲线都呈现由低到高，再由高到低的倒 U 形。这说明在突破性创新中前

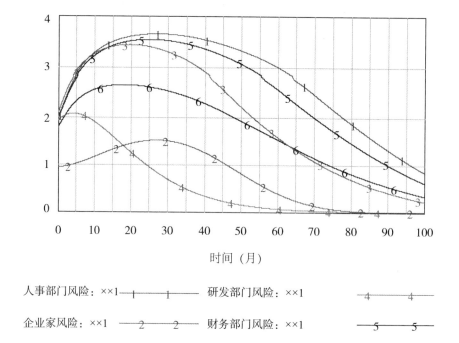

时间（月）

人事部门风险：××1 ———1———1——— 研发部门风险：××1 ————4————4————

企业家风险：××1 ———2———2——— 财务部门风险：××1 ————5————5————

市场部门风险：××1 ———3———3——— 企业突破性创新风险水平：××1 ——6——6——

图 15 - 11　企业突破性创新风险趋势

期的风险增长速度较快，企业在风险应对方面能力和经验不足而导致突破性创新风险快速增长。其中，研发部门风险最早进入高峰期，也是最早出现风险转折点，直至进入突破性创新中期，各个风险逐渐放缓增大步伐，先后迎来转折点。随着企业突破性创新活动的逐步开展，各风险因子信息也渐渐明朗化，各方面不确定性开始缩小，同时随着项目深入开展，企业针对突破性创新项目的风险应对能力逐渐增强，使得企业突破性创新风险开始降低。其中，市场部门风险在中期是降低速度最快的，由于产品正式投产，市场的不确定性较少；企业家风险在初期增长较为缓慢，是因为企业家作为企业决策者和统筹者，不仅需要对宏观环境不确定性和自身条件不足带来的风险进行认知和分析，还要接受不断从各个部门传导而来的风险，因此，随着突破性创新项目开展的逐渐深入，企业家接受的风险信息将越来越多，使得企业家自身风险开始迅速提高，直至各部门风险开始降低才有所转机。

15.2.2 各部门风险因子对企业突破性创新风险演化趋势影响分析

（1）市场部门

在突破性创新活动时，企业面对的市场通常为非主流市场，或者产业内尚未开发的市场，甚至没有出现的市场，因此企业在进行突破性创新活动时需要面对巨大的市场不确定性带来的巨大风险。市场部门风险主要来自需求风险因子、市场潜力风险因子、市场规模风险因子、市场营销风险因子、技术对消费者的新颖性因子以及竞争风险因子。下面分两点予以论述。

首先，根据风险因子在系统动力学模型方程中的位置的平等性，本书从中选取需求风险因子分析其对企业突破性创新风险演化趋势的影响，如需求风险因子取值 xqfxyz 4 为 4.5、xqfxyz 3 为 3.5、xqfxyz 2 为 2.5、xqfxyz1 为 1.5，结果如图 15 – 12、图 15 – 13 所示，虽然需求风险因子对市场部门风险的影响较大，但是总体趋势是一致的。尤其是对突破性创新风险水平的影响就不太明显，即突破性创新风险水平对需求风险因子不敏感。

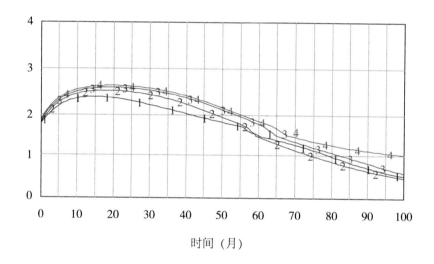

图 15 – 12　需求风险因子变动对企业突破性创新风险
水平的影响分析

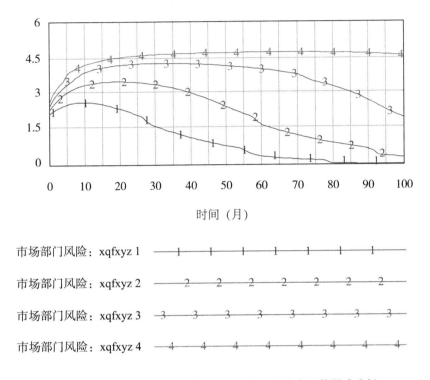

市场部门风险：xqfxyz 1 ————1———1———1———1———1———1———1

市场部门风险：xqfxyz 2 ————2———2———2———2———2———2———2

市场部门风险：xqfxyz 3 ——3——3——3——3——3——3——3——3

市场部门风险：xqfxyz 4 ——4——4——4——4——4——4——4——4

图 15 - 13　需求风险因子变动对市场部门风险水平的影响分析

其次，在突破性创新过程中，由于市场的巨大不确定性，经常会遭受一些外部因素引起的市场突发性事件从而造成需求风险因子的突变，本书采用脉冲函数来表示。例如，在 $t = 30$ 时刻，企业遭受了市场冲击，使得需求风险因子的风险值从 2 上升到了 4.5，并且持续到 $t = 40$ 时刻，仿真结果如图 15 - 14 所示。可以看出，虽然企业在遭受市场冲击时，市场部门风险和企业突破性创新风险综合水平都有一定的提高，但是幅度有限，而且能够较快恢复，说明了企业在进行突破性创新活动时，要持之以恒，不能受市场冲击的影响。

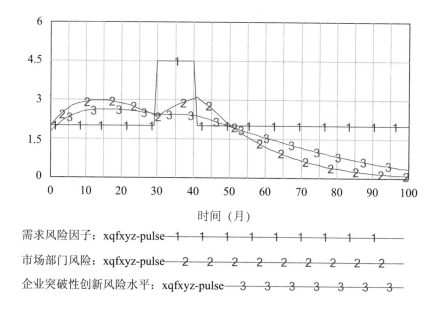

需求风险因子：xqfxyz-pulse — 1 — 1 — 1 — 1 — 1 — 1 — 1 — 1

市场部门风险：xqfxyz-pulse — 2 — 2 — 2 — 2 — 2 — 2 — 2 — 2

企业突破性创新风险水平：xqfxyz-pulse — 3 — 3 — 3 — 3 — 3 — 3 — 3

图 15 – 14　需求风险因子脉冲式突变对市场部门风险水平的影响分析

（2）研发部门

研发部门风险因子主要来自突破性创新的技术不确定性和资源不确定性的两个特点。本研究将以企业层面的研发能力风险为代表因子来研究研发部门风险因子对企业突破性创新风险水平的影响。我们分别取值 yffx 1 = 1.5、yffx 2 = 2.5、yffx 3 = 3.5、yffx 4 = 4.5 来比较分析其影响作用，仿真分析结果如图 15 – 15、图 15 – 16 所示。企业突破性创新风险水平和研发部门风险随着研发能力风险因子增大而增大，尤其研发能力风险在高风险等级时，研发部门风险一直居高不下，使得企业突破性创新在中后期的风险增加较为明显。因此，企业的研发能力自始至终都是企业突破性创新项目顺利进行的基础。企业只有不断增强自身研发能力才能保证突破性创新项目正常实施。

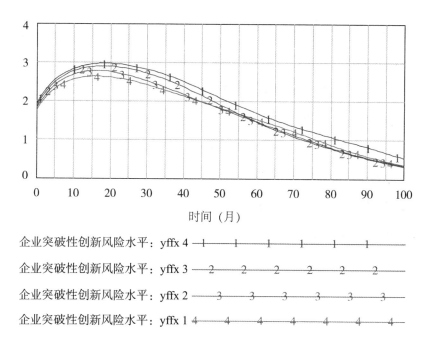

图 15 - 15　研发能力风险因子对研发部门风险水平的影响分析

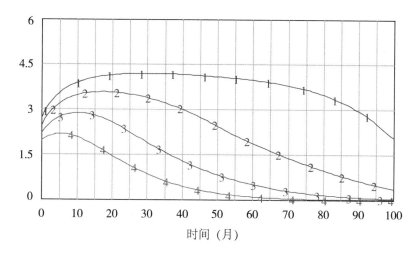

图 15 - 16　研发能力风险因子对企业突破性创新风险水平的影响分析

（3）企业家

很多突破性创新得以顺利进行都取决企业家的坚定和能力，甚至独断专行，可见企业家风险对突破性创新项目得以顺利实施的重要性。本书认为，企业家风险源于企业家本身条件、对外部环境风险和企业内部风险的感知。这里着重从企业家对企业内部各业务部门传导的风险感知系数即调整 a_{23} 的取值，来分析其对企业家风险和企业突破性创新风险的影响。设 a_{23} 依次取 0.2、0.3、0.4，仿真结果如图 15 - 17、图 15 - 18 所示。

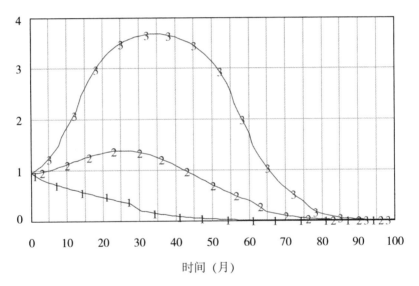

企业家风险：qyj 1 ┼───┼───┼   企业家风险：qyj 3 ─3───3───3─

企业家风险：qyj 2 ──2───2───2

图 15 - 17　部门风险感知系数对企业家风险的影响分析

由图 15 - 17 可见，随着企业家对业务部门风险感知系数的增大，企业家风险快速增大，但是随着项目的进行，企业家风险下降的速度也较快。从图 15 - 18 可见，在中前期，企业家风险随着感

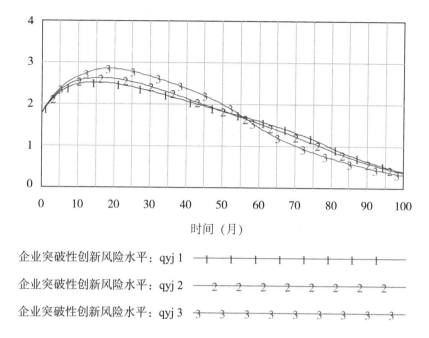

企业突破性创新风险水平：qyj 1
企业突破性创新风险水平：qyj 2
企业突破性创新风险水平：qyj 3

图 15 - 18　企业家对部门风险感知系数对企业突破性创新

风险水平的影响分析

知系数的增大逐渐增大，但是在中后期，企业家表现出来的风险与
之相反。本书认为，由于前期企业家对业务部门风险的感知，虽然
会让企业家自身接受风险增大，但是相应地提高了企业家和企业业
务部门的风险应对能力，并在中后期逐渐显现，使得拥有企业家感
知系数大的企业在中后期的突破性创新风险水平比感知系数小
一些。

15.2.3　风险防控视界下企业突破性创新风险演化模型参数分析

（1）企业风险承受能力对突破性创新风险的影响

由于企业风险承受能力是由企业风险偏好和长期积累形成的自
身实力有关，它不可能在短期内有明显的提高，因此在本书中被设

置成一个常数变量。但是，企业风险承受能力对企业防范和应对突破性创新风险具有重要的作用。所以，这里赋予它不同取值代表企业风险承受能力，分别为 fxcsnl 1 = 2、fxcsnl 2 = 2.5、fxcsnl 3 = 3。对企业突破性创新风险水平的影响。仿真结果如图 15 – 19 所示，在既定的企业突破性创新风险水平初值的条件下，随着企业风险承受能力的增大，在不改变总体趋势的前提下，突破性创新风险水平有明显的下降。

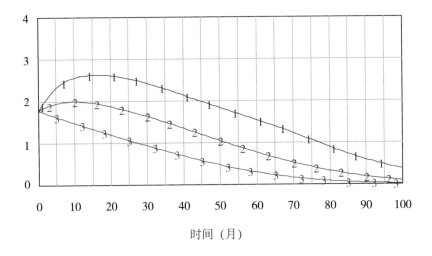

企业突破性创新风险水平：fxcsnl 1 ——1——1——1——1——1——1——1——1——

企业突破性创新风险水平：fxcsnl 2 —2——2——2——2——2——2——2——2—

企业突破性创新风险水平：fxcsnl 3 ——3——3——3——3——3——3——3——3——

图 15 – 19　企业风险承受能力对企业突破性创新风险水平的影响分析

因此，企业在突破性创新过程中树立正确的风险态度，建立合理的具有稳定性的生产经营体系，并且有意识地积累经验以及对突破性创新风险的洞察力，以增强自身的企业承受能力。

（2）企业风险应对能力对突破性创新风险的影响

企业风险应对能力，是企业对突破性创新风险的主动反应，是企业采取化解和规避突破性创新风险。本书假定企业风险应对能力是时间和突破性创新风险水平的变量。

首先，分析企业风险应对能力的时间参数变化对突破性创新风险的影响。这里依次取值为：qyfxyj 1 = 2、qyfxyj 2 = 2.5、qyfxyj 3 = 3。仿真结果如图 15 - 20、图 15 - 21 所示。随着时间系数的逐步增大，企业风险应对能力增长加快，有效地提高了企业风险应对防范能力，进而降低企业突破性创新风险水平。

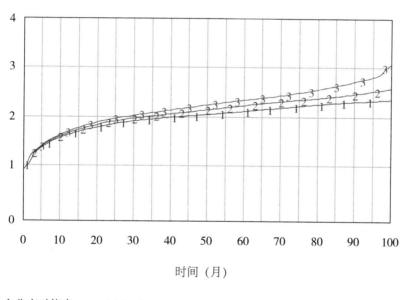

企业应对能力：qyydnl 1

企业应对能力：qyydnl 2

企业应对能力：qyydnl 3

图 15 - 20　不同时间系数下企业应对能力的变化趋势

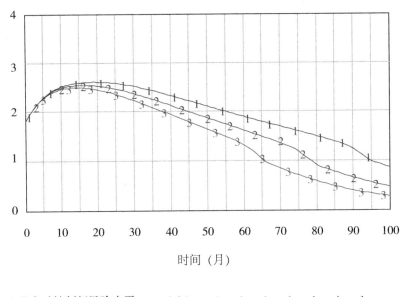

企业突破性创新风险水平：qyydnl 1 ——1——1——1——1——1——1——1——

企业突破性创新风险水平：qyydnl 2 —2——2——2——2——2——2——2——2—

企业突破性创新风险水平：qyydnl 3 ——3——3——3——3——3——3——3——3——

图 15 - 21　不同时间系数下企业应对能力对企业突破性

创新风险水平的影响

其次，依次分别取值为 qyfxyj 4 = 0.4、qyfxyj 5 = 0.5、qyfxyj 6 = 0.6，分析企业突破性创新风险水平与企业风险应对能力的关系系数。仿真结果如图 15 - 22、图 15 - 23 所示。

虽然企业风险应对能力变量和企业突破性创新风险水平之间存在反馈回路，可能会抵消掉部分作用效果，但是由仿真结果可以看出，通过关系系数的增大来放大企业风险应对能力，对企业突破性创新风险控制是比较有效的。

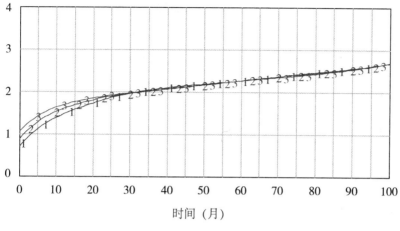

企业应对能力：qyydnl 4

企业应对能力：qyydnl 5

企业应对能力：qyydnl 6

图 15－22 不同关系系数下企业应对能力的变化趋势

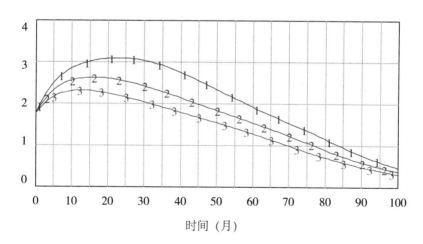

企业突破性创新风险水平：qyydnl 4

企业突破性创新风险水平：qyydnl 5

企业突破性创新风险水平：qyydnl 6

图 15－23 不同关系系数下企业应对能力对企业突破性

创新风险水平的影响

总之，无论从企业风险应对能力与时间系数和与突破性创新风险水平的关系系数上，增大他们的取值都能有效控制企业突破性创新风险水平。因此，企业可以随时间进行风险分散，将突破性创新过程阶段化、次序化并进行合理运筹管理，以降低风险和分散风险的作用；随着突破性创新项目的逐渐深入，关于突破性创新项目的信息量越来越大，应该积极加强信息管理，建立完善和灵活的信息管理系统，既可以准确及时了解内外部风险信息，又可以从源头上减少数据不完备或准确度较低导致的不可预见的变化，为企业采取风险应对措施提供依据；建立具有一定柔性的组织管理体系，以便及时快速地应对突破性创新风险。

（3）领先用户变量的影响分析

在以往研究中，自从 Eric von Hippel 提出领先用户（Lead User）研究方法来发现新产品的潜在市场（Eric von Hippel，1986；Glen L. Urban、Eric von Hippel，1988），领先用户已经成为一个行之有效的措施，如 Richard Leifer（2000）在其突破性创新过程模型中，提出在试验阶段和商业化阶段，尤其是商业化阶段，企业活动重点就是与领先用户的密切互动。霍海涛、孙圣兰、夏恩君（2007）在与渐进性创新进行比较分析的基础上指出，领先用户参与创新过程是突破性创新过程与渐进性创新过程主要存在的两大差异之一。可见领先用户在企业突破性创新过程中的重要性，因此，本研究将此项引入突破性创新风险演化系统动力学模型中对其进行分析研究。另外，值得说明的是，在之前的测试和仿真过程中，为了突出各个风险影响因子对突破性创新风险水平的影响，本研究将领先用户变量取值为0。这里本研究将领先用户变量的取值定为 lxyh 0 = 0、lxyh 1 = 0.1、lxyh 2 = 0.2、lxyh 3 = 0.3 四个值来分析其对市场风险和企业突破性创新风险综合水平的影响，如图15-24、图15-25所示。

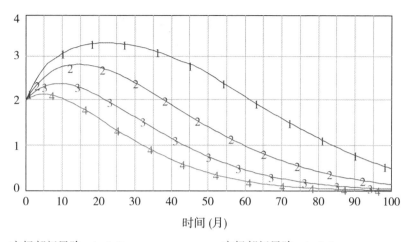

市场部门风险：lxyh 0 ——1——   市场部门风险：lxyh 2 —3——3——

市场部门风险：lxyh 1 —2——2——   市场部门风险：lxyh 3 —4——4——

图 15 – 24 领先用户对市场部门风险的影响

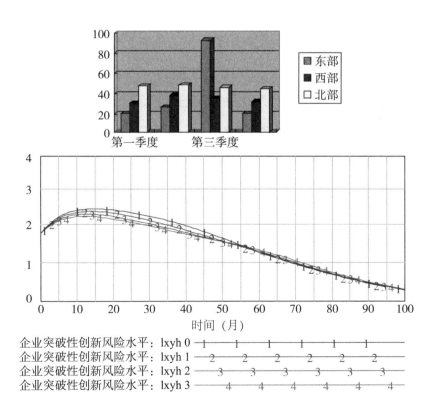

企业突破性创新风险水平：lxyh 0 —1——1——1——1——1——

企业突破性创新风险水平：lxyh 1 —2——2——2——2——2——

企业突破性创新风险水平：lxyh 2 —3——3——3——3——3——

企业突破性创新风险水平：lxyh 3 ——4——4——4——4——4——

图 15 – 25 领先用户对企业突破性创新风险综合水平的影响

首先，如图 15 – 24 所示，领先用户变量的设立对市场部门风险的影响很大，而且并不影响总体趋势，表明领先用户变量并非过度灵敏的变量。这样证实了以往研究强调利用领先用户策略来减少突破性创新项目的市场不确定性，进而降低突破性创新项目的市场风险。另外，也从反面验证了本书建立的企业突破性创新风险演化系统动力学模型的有效性。

其次，如图 15 –25 所示，从整体来看，领先用户变量对企业突破性创新水平的影响不是很明显，但是值得注意的是，在 $t = 50$ 之前，领先用户变量是有较好的效果。根据模型构建的背景是比亚迪电动车项目来说，$t = 50$ 的时刻为 2013 年，此时电动车项目基本经过了试验阶段，正式投产，并且预期销售目标为 6000 辆。因此，在 2011 年正式上市之前，由于比亚迪电动车项目处于研究试制阶段，此时企业的重点就是和领先用户保持密切互动，反复修改和设计产品以适合和引导消费者需求；在 $t = 50$ 时刻已经处于商业化阶段，领先用户的作用已经开始逐渐减弱。

因此，经过系统动力学模型的仿真分析可以看出，在突破性创新过程中领先用户对化解和规避市场风险是有效的，尤其是在研究试制阶段。

15.3　企业突破性技术创新风险防控对策

15.3.1　企业层面的风险防控措施

企业层面的风险防范措施有以下 3 项。

（1）结合领先用户，建立市场导向战略

由上述分析可知，领先用户能有效降低突破性创新的市场部门风险，进而降低企业突破性创新风险水平。但是在突破性创新发展过程中，企业往往需要面对市场具有巨大的不确定性，甚至目标市场比较模糊或尚未形成。企业如何准确及时地寻找和锁定领先用户呢？针对这个问题，本书建议突破性创新企业可以引入反应型和先动型市场导向战略来解决企业面临的各种市场问题（Daming You、Guofan Chen，2012）。反应型市场导向，被以往大多数文献所关注的，即企业试图去发现、理解和满足顾客的显性需求。与之相对，先动型市场导向是在收集相关顾客信息的基础上，在顾客行为对企业产生直接影响之前，事先处理；或者刻意对行为进行影响或者创造变化，即关注的是顾客尚未意识到的潜在需求和引导顾客行为（张婧、赵紫锟，2011）。因此，在突破性创新的产生阶段，由于企业对市场定位尚未清晰，或顾客对突破性创新缺乏认识和了解，对其需求很模糊，先动型市场导向尤为重要，依靠关于顾客的先前经验来预测潜在的顾客和市场需求。这一做法其实在实现过突破性创新的企业中已经比较普遍了（Birgitta Sandberg，2007）。当突破性创新进入激进的演化阶段，突破性创新产品的雏形逐渐清晰和样品的出现，企业能尽快让顾客即领先用户参与到突破性创新发展过程中，对其有更好的了解。此时，先动型顾客导向在企业对市场需求的预测中的作用随之减弱，反应型顾客导向逐渐发挥其效果。但是，这并不意味着先动型顾客导向已经失去作用。随着突破性创新的发展，突破性创新渐渐成熟，企业对突破性创新产品进行商业化运作时，企业的关键问题就是让顾客接受突破性创新，企业需要通过先动型顾客导向战略引导顾客，通过反应型顾客导向战略从顾客收集反馈信息对突破性创新进行完善，保证突破性创新顺利实施（史江涛、杨金凤，2007）。同时，综合运用反应型—先动型的市场导向战略在整个突破性创新发展过程中，可以不再被动地接受和等待领先用户的出现，而是主动地引导和开发领先用户和消费者，既保证了与市场的紧密联系，又保证了企业在突破性创新的市场需求连续性和可预测性。

（2）树立正确的风险态度，增强企业风险承受能力

要增强企业风险承受能力要做到以下4点。

第一，提高技术突破轨道图的技术识别能力。

根据Dosi的技术演化理论，突破性技术创新的识别应把握以下两个关键点：一是描述、分析判断当前技术范式是否已进入其生命周期的末期；二是在新旧技术范式交替阶段，能够辨析和预测哪种新型技术会代表未来的主导范式并占据未来市场。Christensen在《创新者的窘境中》（中信出版社2010年版）提出：技术突破可以通过技术S曲线图来描述机会窗口的开启到关闭的"时段"（见图15-26）。

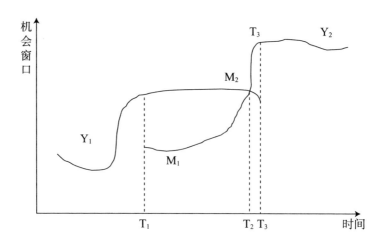

图 15-26　技术 S 曲线示意

当技术发展处于T_1—T_2时，表示此项新技术刚刚出现，其性能低于原有技术且存在极大的不确定性和风险，此时企业可以采取观望

的态度，不要盲目进行资金的投入和技术的转型。当技术发展至 T_2—T_3 阶段时，表明新技术已经成功超越旧技术，并逐渐成为主流技术，这时企业应积极进行技术转型，加大投资力度，大胆进行突破性技术创新（赵杰，2012）。综上所述，成熟企业可以通过对现有技术所处的技术生长曲线的位置进行扫描，合理判断现有技术未来的发展空间，准确选择创新战略。此外，当市场上一项新技术出现时，成熟企业必须依靠技术轨道图来判断新技术所处机会时点的位置，及时看到它的发展潜力，大胆地进行突破性技术创新，从而成为主流技术的标准制定者。

第二，建立具有柔性的企业组织结构。

突破性技术创新是一种颠覆性的创新，要求企业组织结构形式具有更大的弹性，营造宽松灵活的企业环境，以最大限度地激发企业研发人员的创造性和开拓性。企业组织结构的柔性主要表现为由企业结构的弹性和整体的应变性而产生的对外部环境的适应性，即企业柔性越强，适应风险能力就越强。企业在对一个项目实行突破性创新时，会面临来自市场及其外部的诸多不确定性，复杂多变的环境对企业能够快速及时地做出临时调整策略提出了挑战。因此，企业要加强其组织结构的柔性：首先，减少组织的纵向层级。削减管理层次和职能部门，实现管理层的扁平化，有利于加强企业内部及时的信息交流和沟通，强化组织对于外界的反应速度，使组织行动迅速，以适应外部环境变化。其次，由集权向分权过渡。赋予员工更多的权力和自由，充分发挥员工的创造性和能动性，既有助于企业及时发现问题并解决问题，也能为企业营造良好的创新环境。但是，在加强企业组织结构柔性的同时，也要注重保证企业组织结构稳定性，以维持企业的健康运行。

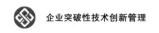

第三，树立正确的风险态度。

学者陈仕亮曾提出企业对风险的偏好对其承担风险将产生重大的影响（陈仕亮，1994；朱国玮，2001），企业对风险的态度过于乐观，即高估了自身承受和控制风险的能力，可能会导致巨大的风险损失；反之，对风险的态度过于谨慎，会让企业失去很多机会，尤其在突破性创新的决策问题上。因此，企业应树立正确的风险态度。

企业风险态度，主要取决于企业家、决策者的风险态度。因此，在面对突破性创新项目的风险时，企业家应树立正确的风险态度，权衡风险与收益的关系，既要敢于冒险，以敏锐的眼光洞察市场机会，为企业抢占市场创新点，又要切实从企业的自身特征和实力出发，具有随机应变的风险防范和处理能力，保证决策的可靠性。

第四，建立完善的人才培养激励机制。

创新人才是维持企业持续创造力的源泉，是决定企业创新水平的关键要素。企业要充分发挥现有人员的效能，建立完善的人才培养激励机制，主要包括人本激励、培养激励、引进激励三个方面。其一，人本激励。人是企业管理的主体，也是企业创新和发展的动力支撑。坚持以人为本的原则，为员工营造一种轻松活泼的工作氛围，促进员工之间的思想交流和个性发挥，重视个人价值的实现，以增强员工对企业的认同感和忠诚度。其二，培养激励。全面提高对员工多方位的培养力度，完善科技人员对创新知识的熟悉和掌握，鼓励技术研发人员快速提高技术创新能力，增强其对现有市场和消费者的了解，以培养成为新世纪的全面创新研发人才。同时，鼓励和培养科研管理人员的创新意识和创新胆识，增加研究开发人员的智力资本回报激励，坚持增强对生产技术人员的能力培养，充分利用并激发相关人员的创新潜质，促进科研人员自身的成长与提高。其三，引进激励。积极启动人才引进计划，尤其对技术带头者、高级管理者等，深化企业人力资源储备，为企业突破性创新提供坚实的智力基础。

（3）增强企业综合实力，提高企业风险应对能力

要提高企业风险应对能力，需做到以下 3 点。

第一，建立科学的信息管理系统。

在突破性创新过程中，企业将面对来自企业内外部风险和不确定性因素的影响，因此通过建立科学的信息管理系统，及时高效地对搜集到的市场信息进行处理、辨伪、存储及推断，辅助管理者对未来的情况进行科学的预测并做出决策。针对企业面临的风险与不确定性来源，信息管理系统也从内部和外部两个方面发挥功能，内部信息管理系统是为了促进企业内部的信息交流与共享，增强企业的风险防范能力和应变能力；外部信息管理系统的主要目的是降低外部因素变化带来的不确定性，减少企业突破性创新的风险来源。

第二，设立专门的风险管理部门。

企业对突破性创新项目的风险管理往往需要企业各部门的协调配合。部门之间的不默契会延误企业对风险调控的时机，从而影响企业决策的有效性。因此，企业应强化各部门风险管理职能，并设立专门的风险管理部门，其职能是企业危机处理、风险分析与监控、项目风险评估等。其一，企业危机处理。突破性创新在带来高收益的同时也伴随高风险，企业必须做好长期的规划并进行预防性管理，如风险的预测、风险应变的应急方案、项目负责人的责权分配等。同时，管理层人员应具备应对风险的胆识和决策能力，最小化由外界的不确定性因素给企业造成的损失，维护企业的公共形象。其二，风险分析与监控。正确分析风险的来源与性质，对于来自企业外部的市场风险、竞争风险、政策风险等，企业应全面了解市场的需求与消费者喜好的变

动情况，改进产品或改变市场策略以应对竞争对手的压力，顺应政府政策来调整企业突破性创新的方向等；对于来自企业内部的资金风险、管理风险等，企业应完善和改进企业的管理方式，加强企业文化的建设。其三，项目风险评估。采用定性与定量结合的方法对项目风险进行规划、识别和估计，建立合理的风险评估系统模型，综合评价项目的风险程度，从而制定科学有效的管理决策，保证突破性创新活动的顺利进行。

第三，合理进行风险分摊。

在面对突破性创新的高度不确定性和巨大风险性时，企业往往显得势单力薄，可以通过横向联合、合作创新等方式对突破性创新项目风险进行分摊，减轻企业抵御风险的负担，使风险损失降至最低限度。企业通过横向联合来实现分摊风险的同时，还可以促进不同企业间的信息、技术交流与互动，形成优势互补、利益相关的群体，既能减少不确定性因素的干扰，降低突破性创新的风险水平，又能通过合作方式促进相互扶持、协同创新，提高整体的创新水平及抗风险能力。

15.3.2 宏观层面的风险防控措施

宏观层面的风险防控措施主要有以下 3 项。

（1）完善法制环境建设

完善法制环境建设包括：加强对创新环境的立法，建立完善的创新环境法律体系，并通过严格、公正、公开的执法，创造良好的创新市场环境和创新人才交流环境，维护产品市场和技术交易市场的健康运行；同时建立健全知识产权保障制度，加强知识产权宣传教育，严厉打击侵权行为，维护持有者的权益，激励创新主体的创造性和自主性。

（2）加大政府支持力度

政府的政策导向是推动企业创新的强大动力，加大政府的支持力度，能极大地调动企业实施突破性技术创新的积极性，并有助于创新活动的扩散和顺利实施。具体来说有三个方面：首先，实施积极的财税激励政策，建立科技贷款担保基金，推广政府担保政策，能够解决突破性创新因为高度不确定性、巨大风险性以及研发周期长的特点出现融资困难的问题，保证突破性创新项目的资金来源，进而增强突破性创新项目的顺利实施的可能性。同时推进税制改革，给予突破性创新企业税收优惠政策，鼓励和激励企业积极实施突破性技术创新。其次，实施积极的政府采购政策，通过政府对采购价格、数量及采购标准等的确定来影响企业突破性技术创新的方向和速度，降低突破性创新项目的市场风险。同时，政府采购政策还能够扩大技术成果交易市场，降低企业技术成果转化和交易的成本，促进技术成果的流动和扩散，有利于为新技术产品和新工艺产品开拓初期市场。最后，加强对企业突破性技术创新的管理。例如，建立国家宏观突破性技术创新的发展监测评估系统，支持企业提高突破性技术创新管理水平的咨询服务与培训系统、政府突破性技术创新政策执行效果的跟踪评估系统以及国家宏观技术创新战略与政策导向的信息发布系统等，通过借助政府手段建立高效完善的管理平台，刺激企业对突破性技术创新风险和不确定性的敏锐性和及时应对能力。

（3）完善科技保险机制

科技保险是科技与金融有机融合的产物，是促进科技、经济结合的有效手段，它能够有效实现突破性创新风险的社会分担，减轻企业创新时承受的不确定性和风险，减少企业突破性创新项目的顾虑，从而促进企业研发成果向产品化转化，增强企业实施突破性创新的信息和安全性，并且能完善我国保险业的业务，刺激保险业健康、全面、快速地发展。

政府应该加强科技风险、科技保险的宣传，主动引导企业参与科技保险以主动防范科技风险，并引导保险业务部门拓展科技保险任务，改变科技保险业务量小、支撑力有限的现状，更好地发挥科技保险的风险社会分摊的特点。

参考文献

译著

[1] Cormac Butler：《风险值概论》，于研等译，上海财经大学出版社 2002 年版。

期刊

[1] 巴曙松等：《经济周期的系统动力学研究》，《系统工程》2009 年第 11 期。

[2] 曹志广等：《证券市场价格行为系统动力学研究》，《管理科学学报》2005 年第 8 期。

[3] 蔡岩松等：《基于系统动力学的企业财务危机预警模型研究》，《管理世界》2008 年第 5 期。

[4] 查先进等：《中国网络环境的系统动力学建模》，《中国软科学》2007 年第 1 期。

[5] 陈虎等：《基于系统动力学的库存管理研究》，《管理工程学报》2005 年第 3 期。

[6] 陈美珍：《系统动力学在企业经营管理中的应用——生产—

库存—销售系统决策分析》，《管理工程学报》1988 年第 Z1 期。

[7] 程广仁等：《基于系统动力学的卫星运营企业规模经济区间测度研究》，《管理世界》2009 年第 2 期。

[8] 程国平等：《房地产投资系统动力学模型的建立及其长期演化行为研究》，《系统工程理论与实践》2003 年第 10 期。

[9] 崔啸等：《北京市商品住宅系统动力学模型构建及其在预警中的应用》，《系统工程理论与实践》2011 年第 4 期。

[10] 高齐圣等：《复杂科学与质量管理研究》，《管理工程学报》2005 年第 4 期。

[11] 郭骁等：《企业代际路径可持续发展的演进机理——基于自组织理论的分析》，《中国工业经济》2007 年第 5 期。

[12] 贺彩霞等：《基于系统动力学的区域社会经济系统模型》，《管理世界》2009 年第 3 期。

[13] 胡斌等：《企业生命周期的系统动力学建模与仿真》，《中国管理科学》2006 年第 3 期。

[14] 胡海菊等：《考虑再制造和产品需求可替代的短生命周期产品动态批量生产计划问题》，《系统工程理论与实践》2007 年第 12 期。

[15] 贾仁安等：《反馈系统发展规划的对策实施效应仿真评价》，《系统工程理论与实践》2011 年第 9 期。

[16] 贾伟强等：《消除增长上限制约的管理对策生成法——以银河杜仲区域规模养种生态能源系统发展为例》，《系统工程理论与实践》2012 年第 6 期。

[17] 蒋春燕：《中国新兴企业自主创新陷阱的突破路径》，《中

国工业经济》2006 年第 4 期。

[18] 季丹等：《破坏性创新：概念、比较与识别》，《经济与管理》2009 年第 5 期。

[19] 李柏洲等：《基于 SD 大型企业原始创新系统动态模型研究》，《科研管理》2011 年第 4 期。

[20] 李明等：《城镇排水自动监测系统项目风险评价指标构建》，《科研管理》2011 年第 12 期。

[21] 李锐等：《产业创新系统的自组织进化机制及动力模型》，《中国软科学》2009 年第 S1 期。

[22] 梁大鹏等：《基于系统动力学的 CCS 产业化模型及稳态研究》，《管理科学学报》2012 年第 7 期。

[23] 刘凤朝等：《国家创新能力形成的系统动力学模型及应用》，《科研管理》2011 年第 8 期。

[24] 柳卸林：《不连续创新的第四代研究开发——兼论跨越发展》，《中国工业经济》2000 年第 9 期。

[25] 毛荐其等：《技术创新风险与评估》，《数量经济技术经济研究》2002 年第 2 期。

[26] 孟笑然：《新技术产业化的风险因素与风险评估》，《科研管理》1994 年第 3 期。

[27] 齐延信等：《突破性技术创新网络组织及组织能力研究》，《中国软科学》2006 年第 7 期。

[28] Robert Hubner 等：《金融机构操作风险新论》，李雪莲等译，南开大学出版社 2005 年版。

[29] 盛昭瀚等：《管理科学：面对复杂性——混沌时序经济动力系统重构技术》，《管理科学学报》1998 年第 1 期。

［30］苏越良：《网络环境下合作技术创新风险》，《系统工程》2005 年第 4 期。

［31］孙虹等：《TMT 组合属性视角的决策解析——以我国企业专用性投资行为分析为例》，《科研管理》2009 年第 1 期。

［32］谭玲玲：《电力行业煤炭需求系统动力学模型》，《系统工程理论与实践》2009 年第 7 期。

［33］唐旭等：《基于系统动力学的中国石油产量预测分析》，《系统工程理论与实践》2010 年第 2 期。

［34］涂国平等：《基于基模生成集核的"公司＋农户＋期货、期货期权"系统基模》，《系统工程理论与实践》2011 年第 5 期。

［35］汪立鑫：《李约瑟之谜的思考和探讨——系统动力学的解释》，《财经研究》2005 年第 7 期。

［36］王超等：《基于 SD 的制造企业物流运作成本仿真与优化》，《系统工程理论与实践》2012 年第 6 期。

［37］王晶等：《受约束供应链模型的复杂动力学行为》，《系统工程理论与实践》2012 年第 4 期。

［38］王其藩：《复杂大系统综合动态分析与模型体系》，《管理科学学报》1999 年第 2 期。

［39］王其藩等：《回顾与评述：从系统动力学到组织学习》，《中国管理科学》2000 年第 S1 期。

［40］王其藩等：《加入 WTO 对中国轿车市场需求影响研究》，《系统工程理论与实践》2002 年第 3 期。

［41］王其藩等：《我国经济增长的动力和障碍——系统动力学在社会经济系统研究中的应用》，《系统工程理论与实践》

1987 年第 4 期。

[42] 吴传荣等：《高技术企业技术创新网络的系统动力学建模与仿真》，《系统工程理论与实践》2010 年第 4 期。

[43] 吴涛：《技术创新风险的分类研究及矩阵分析方法》、《科研管理》1999 年第 2 期。

[44] 吴运建等：《企业技术创新风险分析》，《科研管理》1996 年第 3 期。

[45] 席西民等：《应用系统动力学模型应注意的几个问题》，《科研管理》1990 年第 1 期。

[46] 许治等：《政府 R&D 资助与企业 R&D 行为的影响因素——基于系统动力学研究》，《管理评论》2012 年第 4 期。

[47] 杨砚峰等：《技术创新的企业规模效应与规模结构研究——以辽宁装备制造业为例》，《中国软科学》2009 年第 2 期。

[48] 杨莹等：《企业技术能力提升对技术学习率的动态影响》，《科研管理》2011 年第 8 期。

[49] 袁泽沛等：《技术创新与创新风险的研究综述》，《经济学动态》2002 年第 3 期。

[50] 张笑楠等：《软件外包企业技术能力提升机理研究》，《管理科学》2011 第 6 期。

[51] 张友棠等：《基于行业环境风险识别的企业财务预警控制系统研究》，《会计研究》2011 年第 3 期。

[52] 周勇等：《基于新产品开发的决策情势分析模型研究》，《管理科学》2006 年第 3 期。

外文文献

[1] Alan Webb, "Software for Risk Analysis in Business Projects. Part 1", *Engineering Management Journal*, Vol. 6, No. 6, 2007.

[2] Albarez LH. RStenbacka R, "Adoption of Uncertain MultiStage Technology Projects: A Real Options Approach", *Journal of Mathematical Economics*, Vol. 35, No. 1, 2007.

[3] Anderson E G. Fine J C H. Parker G G, "Upstream Volatility in the Supply Chain: the Machine Tool Industry as a Case Study", *Production and Operations Management*, Vol. 9, No. 3, 2000.

[4] Araon J. Shenhar, "From Low – to High – Tech Project Management", *R & D Management*, Vol. 23, No. 3, 1993.

[5] Audrey J. DorofeeJulie A. Walker, *Christopher J. Alberts. Continuous Risk Management Guidebook*, Camegie Mellon University, 1996.

[6] Bower J. L, *Managing the Resource Allocation Process: A Study of Corporate Planning and Investment*, Cambridge, MA: Harvard Business School Press, 1997.

[7] Brigham Eugene F. and Gapenski Louis, *Financial Management 5th Edition*, Chicago: Dryden Press, 1988.

[8] Brown S. L. Eisenhardt K. M, "Product Development: Past Research, Present Findings and Future Directions", *Academy of Management Review*, Vol. 20, No. 2, 1995.

[9] Corey Phelps, "A Longitudinal Study of the Influence of Alliance Network Structure and Composition on Firm Explorary

Innovation", *Academy of Management Journal*, Vol. 53, No. 4, 2010.

[10] Dawn R. DeTienneChristine S. Koberg, "The Impact of Environmental and Organizational Factors on Discontinuous Innovation within High – Technology Industries", *Engineering Management*, Vol. 49, No. 4, 2002.

[11] Ding, H – B. Peters, L. S, "Inter – firm Knowledge Management Practices for Technology and New Product Development in Discontinuous Innovation", *International Journal of Technology Management*, Vol. 20, No. 5, 2000.

[12] Donna Kelley, "Adaptation and Organizational Connectedness in Corporate Radical Innovation Programs", *Journal of Product Innovation Management*, Vol. 26, No. 5, 2009.

[13] Drew FudenbergJean Tirole, "Preemption and Rent Equalization in the Adoption of New Technology", *Review of Economic Studies*, Vol. 52, No. 3, 1985.

[14] Eric Von Hippel, "Lead users: A Source of Novel Product Concept", *Management Science*, Vol. 32, No. 7, July1986.

[15] Erwin Danneels, "Disruptive Technology Reconsidered: A Critique and Ressearch Agenda", *Journal of Product Innovation Management*, Vol. 21, No. 4, 2004.

[16] Gina Colarelli O' ConnorRichard Hendricks Mark P. Rice, "Assessing Transition Readiness for Radical Innovation", *Research – Technology Management*, Vol. 45, No. 6, 2002.

[17] Gina Colarelli O' Connor, "Research Report: Sustaining

Breakthrough Innovation", *Research – Technology Management*, *Vol.* 52, No. 3, 2009.

[18] Gina Colarelli O ConnorT. RavichandranDaniel Robeson, "Risk management through learning: Management Practices for Radical Innovation Success", *Journal of High Technology Management Research*, Vol. 19, No. 1, 2008.

[19] Gina ColarelliO' ConnorRichard DeMartino, "Organizing for Radical Innovation: An Exploratory Study of the Structural Aspects of RI Management Systems in Large Established Firms", *Journal of Product Innovation Management*, Vol. 23, No. 6, 2006.

[20] Glen L. Urban Eric von Hippel, "Lead User Analyses for the Development of New Industrial Products ", *Management Science*, Vol. 34, No. 5, 1988.

[21] Hambrick D C Finkelstein S, "Managerial Discretion: A Bridge between Polar Views of Organizational Outcomes", *Research in Organization Behavior*, No. 5, 1987.

[22] Hans Georg GemündenSörenSalomoKatharina Hölzle, "Role Models for Radical Innovations in Times of Open Innovation", *Creativity and Innovation Management*, Vol. 16, No. 4, 2007.

[23] Huang F. L. Wang F, "A System for Early – warning and Forecasting of Real Estate Development", *Automation in Construction*, No. 14, 2005.

[24] JaafariA, "Management of risk, uncertainties and opportunities on projects: time for a fundamental shift", *International*

Journal of Project Management, Vol. 19, No. 2, 2001.

[25] Jeremy K. Hall1. Michael J. C. Martin, "Disruptive Technolo-gies, Stakeholders and the Innovation Value – added Chain: a Framework for Evaluating Radical Technology Development", *R&D Management*, Vol. 35, No. 3, 2005.

[26] Jimme A. Keizer Johannes I. M. Halman, "Diagnosing Risk in Radical Innovation Projects", *Research – Technology Manage-ment*, Vol. 50, No. 5, 2007.

[27] Jonathan D. Linton, "Forecasting the Market Diffusion of Dis-ruptive and Discontinuous Innovation", *Engineering Manage-ment*, Vol. 49, No. 4, 2002.

[28] Kevin Zheng ZhouChi Kin (Bennett) Yim David K. Tse, "The Effects of Strategic Orientations on Technology and Market – Based Breakthrough Innovations", *Journal Marketing*, Vol. 69, No. 2, 2005.

[29] Linda S. Gilbert, " Going the Distance: Closeness in Qualita-tive Data Analysis Software", *Social Research Methodology*, Vol. 5, No. 3, 2002.

[30] Lumpkin, G. T. Dess, G, "Clarifying the Entrepreneurial Ori-entation Construct and linking it to Performance", *Academy of Management Review*, Vol. 21, No. 1, 1996.

[31] Meadows, D. H. D. L. MeadowsR. JorgensW. W. Behrens, *The Limits to Growth: A Report for the Club of Rome's Project on the Predicament of Mankind*, New York: Universe Books. 1974

[32] Miller D. Friesen P, "Innovation in Conservative and Entrepre-

neurial Firms: Two Models of Strategic Momentum", *Strategic Management Journal*, No. 3, 1992.

[33] Noda TJoseph L Bower, "Strategy Making as Iterated Processes of Resource Allocation", *Strategic Management Journal*, *Summer Special Issue*, Vol. 17, No. S1, 1996.

[34] Otway DRees O, "Efficient and Timely Mutual Authentication", *Operating Systems Review*, Vol. 21, No. 1, 1987.

[35] Richard Leifer Gina Colarelli O ConnorMark Rice, "Implementing Radical Innovation in Mature Firms: The Role of Hubs", *Academy of Management Perspectives*, Vol. 15, No. 3, 2001.

[36] Robert I Mehr Susan L. WagnerJohn R. Sulga, *Fundamentals of Insurance (Second Edition)*, R. D. Irwin Homewood, 1983.

[37] Robert L. Anderson David J. Ortinau, "Exploring Consumers' Postadoption Attitudes and Use Behaviors in Monitoring the Diffusion of a Technology – Based Discontinuous Innovation", *Journal of Business Research*, Vol. 17, No. 3, 1988.

[38] Robert W. Veryzer Jr, "Discontinuous Innovation and the New Product Development Process", *Journal of Product Innovation Management*, Vol. 15, No. 4, 1998, .

[39] Sihem Ben Mahmoud – JouiniFlorencCharue – Duboc, "Enhancing Discontinuous Innovation through Knowledge Combination: The Case of an Exploratory Unit within an Established Automotive Firm", *Creativity and Innovation Management*, Vol. 17, No. 2, 2008.

[40] Smith P. G, "Managing Risks as Product Development Sched-

ules Shrink", *Research Technology Management*, Vol. 42, No. 5, 1999.

[41] Stefan Michel Stephen W. Brown Andrew S. Gallan, "An Expanded and Strategic View of Discontinuous Innovations: Deploying a Service – dominant Logic", *Journal of the Academy of Marketing Science*, Vol. 36, No. 1, 2008.

[42] Steven R. GrenadierAllen M. Weis, "Investment in Technological Innovations: An Option Pricing Approach", *Journal of Financial Economics*, Vol. 44, No. 3, 1997.

[43] Tao Z P Li M Y, "System Dynamics Model of Hubbert Peak for China's oil", *Energy Policy*, Vol. 35, No. 4, 2007.

[44] Zhou K. ZYim C. K Tse D. K, "The Effects of Strategic Orientations on Technology and Market based Breakthrogh Innovations", *Joural of Marketing*, Vol. 69, No. 2, 2005.

后　　记

　　20 世纪 90 年代以来，人类进入知识爆炸时代，从发明到实际应用的时间越来越短。学者们发现，按照渐进性技术创新理论的主流观点，在企业技术创新活动中，很多现象不能得到满意解释，许多在渐进性技术创新取得成功的大公司经常陷入创新困境。基于上述原因，学者们将研究视角转向突破性技术创新。自此，突破性技术创新作为一个技术创新理论的重要研究方向不断得到学术界的重视，成为当前国际学术界研究的热点课题。

　　就我国现实而言，与发达国家相比，我国突破性技术创新能力仍然十分欠缺。据有关统计表明，美国的技术创新有 78% 为首创或技术突破型，这已成为美国经济持续发展的主要动力。然而我国的技术创新大多属于模仿创新或者二次创新，突破性技术创新较少。缺少突破性技术创新已经严重地制约了我国企业技术水平的提高和核心竞争力的形成。我国企业要想在世界上占有一席之地，就必须重视和加强突破性技术创新。但是，由于我国现有的相对成熟的技术创新知识和理论大多基于渐进性技术创新，而突破性技术创新的规律与其有本质不同，因此，开展突破性技术创新研究是一项既艰巨又具有重大现实意义的任务。

　　本书从系统科学视角，以技术创新网络为基础，系统研究了企业在进行突破性技术创新活动中面临的主要问题，并构建了相关理论体系。全书共分为 15 章，首先在文献总结回顾的基础上，分析了企业突破性创新组织柔性，并提出了其相关利益者治理体系。其次，对企业进行突破性技术创新活动时，面临的主要决策问题进行了研究，构建了企业突破性技术创新期权博弈模型、创新模式动态选择模型、基于泊松分布的投资决策模型，从理论上揭示了企业在突破性技术创新活动中的决策机制。然后，基于供应链视角，对企业突破性技术创新活动中，创新伙伴选择问题，以及供应商、制造商参与创新问题，进行了深入分析，总结了突破性创新在供应链层面上的主要规律。最后，针对企业突破性技术创新中，面临的主要不确定性因素及其带来的风险因素，进行了预警研究，并提出了相应的风险防控措施。相信伴随着我国创新驱动战略的实施，越来越多的企业会参与到突破性技术创新活动中，而本书相关的理论研究，可以为企业实践提供一定的指导。

　　在本书的编著过程中，受到了国家自然科学基金面上项目（复杂环境下我国企业突破性技术创新资源配置优化研究，编号 71172100）资助，在此表示诚挚的谢意。

　　全书由中南大学商学院游达明教授和杨晓辉讲师主撰，参与编写的还有中南大学陈国藩、马北龄、刘卫柏等博士生。李志鹏、黄燕兴、许佳佳、吕晴硕士等参与了部分资料整理、文稿校对工作。

　　在本书写作过程中，我们参阅并引用了大量的文献资料，在参考文献中进行了列举，如有遗漏，敬请谅解。在此对文献作者表示诚挚的谢意。

囿于时间仓促，作者学识有限，书中有不足之处恳请学界同仁与读者赐教。

游达明

2017 年夏于长沙岳麓山中南大学